障害理解のリフレクション

行為と言葉が描く
〈他者〉と共にある世界

佐藤貴宣・栗田季佳 編

ちとせプレス

はじめに

共生社会やソーシャル・インクルージョン、ダイバーシティなどさまざまな文脈で、障害について知り、理解する機会が求められている。たとえば、法務省人権擁護局はおもな人権課題として障害のある人を挙げ、「障害のある人を含む全ての人々にとって住みよい平等な社会づくりを進めていくためには、（中略）社会の全ての人々が障害のある人について十分に理解し、必要な配慮をしていくことが求められています」と障害理解の必要性を述べる。[*1] このように、障害の理解は基本的に望ましいこととして捉えられ、ホームページに啓発ページが設けられたり、テレビで取り上げられたり、学校で障害を理解する教育（いわゆる障害理解教育）が行われたり、研修会で機会が設けられたりする。

かつては話題に挙がることもなく、当然のように障害のある者は教育の対象外とされ、本人の意思とは無関係に健常者に近づくための治療や訓練が行われ、就労や暮らしの場から排除されてきたことを考えれば、隔世の感がある。しかし、この求められ、望まれる障害理解を額面通りに受け取り、より適切で効果的な障害理解の方法を解説するのは本書の目的ではない。

本書のタイトルで「リフレクション」と銘打っているように、本書の執筆者らは従来の障害理解を振り返り、その脱却を試みる。今日の障害理解の説明の中心にあるのは、いまだ、身体の特徴であるとか、思考のスタイルであるとかといった、個人に見出される安定的な特性である。そして説明の後には、その特性に応じた支援のあり方や関わり方のポイントなどが挙げられ、環境や関係によって生きづらさや困難は軽減されるといった話が続きがちだ。

そういった説明に接して「興味をもった」とか「関わってみたい」「あの人の振る舞いの理由がわかった。これからは関わり方を変えてみよう」とどれほどの人が思うだろうか。かえってその逆で、障害とはまさにわざわざ説明の機会が設けられるような特別なものに感じられ、道徳的メッセージを受け取って、口に出すことや関わることに抵抗感を抱くこともあるだろう。知れば知るほど、「めんどうくさそう」に感じる。この世界に飛び込むには覚悟が必要で、「何かしてあげたい」と使命感をもったとしても、それは当事者にとってありがた迷惑だったり、意外に大変で疲れてしまい、逃げたくなったりするかもしれない。

本書は、障害のことを自分から切り離して一方的に見つめ、教科書的に述べたり、あるべき接し方を説いたりしない。それではまた読者の心を緊張させ、硬い姿勢で向き合わせるか、そっぽを向かせてしまうことになりかねない。障害といえば、善意や慈悲、人権問題や差別といったお堅いイメージがまとわりついているが、「違う」ことは純粋に興味をひく現象であるし、障害を見つめると私たちの暮らす社会がどのような社会なのかが見えてくる。

本書には多様なバックグラウンドの執筆者が集っている。執筆者は研究者の一面をもつが、障害のある当事者、障害のある子をもつ保護者、障害のある者と共にすごす者、障害分野でフィールドワークや市民活動を行っている者、教員経験者、そして普段、障害の問題を正面から扱っていない者もいる。障害はそれについて知ろうと知るまいと、「みんな」に関わるテーマであるからだ。関心をもつ者のみの議論は世界を閉ざし、コアさがより結束を強くして、周囲との隔たりを深くし、「あちら側」の問題とする。編者は障害者問題をそうしたくない。障害を専門としようとしまいと、本書の執筆者は、障害を個人的問題として捉え、改善と適応を目指す障害観への批判のまなざしを共有したうえで、それぞれが身を置く領域で、新しい障害理解へとつながる視点を提供してくれる。

ここで具体的に、本書の構成と各章のコマーシャルを少々述べておく。本書の視座とリフレクションの実際について論ずる序章を皮切りに、二部構成となっている。第Ⅰ部は、行為が描く〈他者〉と共にある世界である。保育から小学校、中学校そして高等教育の現場、成人障害者の生活において、障害がどのように位置づき、人々に受け止められ、理解されているのかを見ていく。エピソードや現状を示すデータは、きっと読者にとっても身近に感じられるだろう。

第1章は保育学をバックグラウンドとする水津幸恵さんによる、一人の子どもをめぐるまなざしの探求である。今日、チェックリストや個別のカルテなど、個人化したまなざしを子どもに向け、「普通」「定型的」な発達と見比べる動きは保育の現場にもひたひたと押し寄せている。しかし、そのような存在として子どもを見るとき、子どもが示す思わぬ輝きに出会う機会を私たちは失ってしまうかもしれない。ここに表れてくるいくつものエピソードは、「子ども」や「障害」というものの不確定性を示している。

第2章は、佐藤貴宣さんによる「インクルージョン実践への状況論的アプローチ」である。教育におけるインクルージョンとは、障害のある子どもを他の子どもが学ぶ普通学級から排除しないことである。しかし、そのようなことができる現状ではない、制度が変わらないと、理解が深まってからでないと無理だ、という声が数多くある。インクルージョンは頭の中に描くものでも制度の仕組みにあるのでもなく、実践することによって達成されるというのが本章タイトルの「状況論」の立場である。障害のある子どもが、ただ「目が見えない」だけの「普通」の子どもとして学級に溶け込んでいく過程をあなたは見るだろう。

前章とは対照的に、通常学級にいられない子どもたちの背景に迫るのが第3章、原田琢也さんの「社会的に不利な状況にある子どもたちが『発達障害』とされていく仕組み」である。今日、少子化にあって特別支援学級・学校の在籍者は増加の一途をたどっている。これを「必要な支援を受けられるようになった」歓迎すべきものと捉える風潮もあるが、はたしてそうであろうか？　本章から、障害が文脈から独立した客観的な基準に基づいて認識されるものではなく、人々の間で曖昧に理解され、利用され、制度的につくられていることがありありと伝わってくる。

第4章ではしばしば教育現場で行われる障害の疑似体験について、村田観弥さんが実際に行った講義を題材に、大学生の振り返りが紹介されている。障害理解体験はしばしば「大変な中で生活している」「遭遇したら助けたい」といった他人事で建前的な、薄い理解にとどまることが課題に上がる。しかし、本章で取り上げられる学生たちは個別の障害について「わかった」「得た」ことよりも、「わからない」こと、「知ることのできない」ことに想像をめぐらせ、かつそれに対して気後れしたり開き直ったりということもない。興味深いのは、ここで行われている疑似体験自体は、多くの現場で実践されているものと変わらないアイマスク体験と車いす体験なのである。何が異なるのだろうか？本章を読んでみてほしい。

ここまでの章は保育・教育という公的な場における大人と子ども（若者）のやりとりに着目してきたが、第5章は、生活という私的空間における介助をめぐる人間関係を垣間見させてくれる。介助経験をもつ前田拓也さんが描く現場はリアリティがある。親元から離れ、他者の介助を受けながら自分の暮らしを実現する障害者の自立生活。障害者が「できない」ことを「できる」介助者が補い、その人の生活を支えるのが介助者の役目である。しかし、この「できる－できない」こそが、障害者の主体性を否定し、さまざまな意思決定の場面から追い出してきたいわくのある基準である。介助者はこのジレンマとどう対峙するのか、させられるのか、本章にはユーモアを感じる向き合うヒントがある。

坂井田瑠衣さんの第6章は、視覚障害者の歩行訓練をフィールドとして、異なる身体感覚を頼りにする人同士が同じ場をどう共有しているかが論じられている。歩行訓練といえば、支援する人－される人という二分的役割の典型的な場面であろう。しかし、そのような見方は、ごく一側面であるにすぎない。むしろ、もっと注目すべき不思議な現象がここに見られるのだ。私たちは、健常者といわれる者同士であっても、異なる身体をもった人間同士である。違いの程度問題であって、私たちはこの身体という物理的隔たりを越えて、どうやって相手と物事を共有し、同じ言葉を用いてインタラクシヨンできているのだろうか？

第6章までの実践編に続く第Ⅱ部は言葉が描く〈他者〉と共にある世界として、思想的な議論に移る。私たちは日々の実践や行いをある枠組みで見ている。しかしそのものの見方は固定的ではなく、別の様式でも可能である。たとえば、ある人はそれを「問題行動」だといい、ある人はそれを「切実な訴え」だという。以降では、普段じっくりと問い突き詰めないようなテーマが論じられることで、別の視点の扉が開かれる。

第7章の渡邊芳之さんは性格心理学の研究者である。心理学は障害の説明とその行動メカニズムの解明に取り組んできた、障害理解に多大な影響力をもつ学問領域である。心理学はこのように、障害を一般の心理学概念から引き離したテーマとして扱い、特殊なもの、異質なものとして位置づけてきた。それでは、たとえば性格のような私たちが日常用いる心理学概念に障害は包摂（インクルージョン）されうるのだろうか？「障害は個性だ」というような主張を考えれば、包摂の可能性はあるようにも思われる。障害と性格の対比によって、私たちがそれぞれの言葉に何を見出しているのかが見えてくる。

前章に見るように、障害の概念はけっして固定的ではなく、変化しうるものである。新しい障害の概念が提示されたり、中身が変わったり、消えたりもする。第8章の浦野茂さんは、このような特徴が顕著である精神障害の概念の中で、多重人格を取り上げ、私たちが概念を用いて何を理解しようとしているのかについて丁寧に議論を重ねる。そう、私たちは何かを理解するために、概念を用いるのである。むしろ、どのように用いようとするのかという、意図や戦略が概念を動かす場合もある。とかく、新しい概念に触れると「私も当てはまるかもしれない」と発見する人がおり、それを聞く者は真実か否かに目が行きやすい。しかし、それが新しい概念を用いた理解の本質ではない。本章で、読者は「私」を探す物語に触れることになるだろう。

第9章では、本書のテーマ「障害理解のリフレクション」として、渋谷亮さんが「障害」ではなく「普通」を問う。「日本」以外にも国があることを知ることによって「日本」と名づける必要性が生まれるように、どのような概念も他と関わることなく独立して成立しない。概念は他から派生したり相対化されたりして浮かび上がる。私たちは障害にばかり注目し、説明したがり、定義もしているが、その周辺概念との関係を見なければ障害を問い直すことは不可能なのである。しかし、普通や健常はうまく定義できない、にもかかわらず、私たちをとらえる概念である。本章は、障害の理解の仕方にとどまらず、普通や健常という規範に苦しむ私たちを少し自由にしてくれる。

また、本書にはコラムが二本挿入されている。当事者研究者の秋風千恵さんは自身の差別体験についての語りをもとに、障害者であり女性であるという二重の差別のもつ特徴を説く。そして、障害の問い直しは当事者の声から展開されてきたが、遠ざけられがちな知的障害の人の声を聞くにはどのような方法があるのかを、打波文子さんが紹介する。

逆説的ではあるが、「新しい障害観」の契機はどこにでもあり、誰の周りにも広がっている日常にある。私たちが身を置いているこの社会、場所、接する人や物事を理解する枠組みを、別の仕方で見返すことが、これまでの障害観を抜け出る糸口になる。本書の各章は独立しているため、いずれから読んでいただいてもかまわないが、第Ⅰ部ではみなさんも各章のエピソードの一員となって参加していただき、第Ⅱ部で章とともに思索にふけっていただきたい。本書を読み終えたとき、障害についての理解が深まるよりも、それを通してあなたの世界の見方がリフレクションされれば幸いである。

二〇二二年一〇月

編者を代表して
栗田 季佳

目次

はじめに（i）

序章　障害理解のリフレクションはどのような実践か……1

1　障害のモデルという図　3
2　障害が浮かび上がる地　6
3　障害理解のリフレクションをめぐる自己エスノグラフィ　10
4　おわりに　19

第Ⅰ部　行為が描く〈他者〉と共にある世界

第1章　「障害」をいったん横におくということ……23
保育の場でのある子どもの対人葛藤から

1　はじめに　23

2　「突然」の「気になる」姿というまなざしを超えて　25
3　具体的な他者と出会うということ　28
4　もう一つの物語　32
5　人付き合いのなかでの人間理解の共感的まなざし　35
6　少し先の未来から　39
7　おわりに　42

第2章　インクルージョン実践への状況論的アプローチ

「コミュニティの相互的構成」と二つの生活形式……47
1　はじめに　47
2　分析の方針と枠組み　51
3　フィールドの概要　54
4　事前的措置としての基礎的環境整備　58
5　学級コミュニティの相互的構成と社会的コンピテンス　60
6　結語　81

第3章　社会的に不利な状況にある子どもたちが「発達障害」とされていく仕組み……85
「障害」はいかに使われているのか
1　はじめに　85
2　通常教育からの流出現象　88
3　流出現象の帰結　91
4　社会的に不利な状況にある子どもが学校で「問題行動」を起こしやすくなる理由　94
5　社会的に不利な状況にある子どもの表す学習や行動上の課題が発達障害に混在することになる要因　100
6　結び　116

第4章　障害疑似体験を「身体」から再考する……123
1　障害疑似体験再考　123
2　体験活動の実際　130
3　何が起きているのかを「身体」から考える　143

第5章 介助を教わり「失敗」する 身体障害者の介助現場における介助する／される関係を通した「障害者を理解すること」……155

1 はじめに 155
2 障害者運動における「自立生活」とは何か 158
3 介助を障害者に「教わる」 162
4 介助者間の相互行為から見る 172
5 結論──「反省」する健常者になる 181

第6章 「同じ世界を知る」ことはいかにして可能か 視覚障害者の歩行訓練から……185

1 はじめに 185
2 事例一：世界に対する感覚経験を促す 190
3 事例二：世界に対する感覚経験を表明する 194
4 事例三：世界に対する感覚経験をいち早く表明する 199
5 「同じ世界を知る」ことの諸相──状況依存性と複感覚性 203

コラム① 障害とジェンダー──交差性の視点から──209

第Ⅱ部　言葉が描く〈他者〉と共にある世界

第7章　障害はなぜ「性格」と呼ばれないか……217
障害個性論と性格の概念
1　障害個性論における「個性」　218
2　障害と性格　228
3　おわりに　239

第8章　精神医学の概念を用いて自己を理解すること……241
文化的環境、行為の遡及的再記述、道徳的評価
1　はじめに　241
2　虚偽記憶論争とその背景　244
3　過去の不確定性　247
4　経験と想起の概念空間　249
5　物語　253
6　意味論的感染　255
7　意図的行為の記述依存性　257

8 遡及的再記述と意図的行為 259
9 道徳的問題と経験的知識 261
10 想起の共同的実践の意義 264
11 おわりに 270

第9章 「普通」を生き延びる……275
知的障害における自立／依存をめぐって
1 はじめに 275
2 自立と依存の絡まり合い 278
3 「普通」の変容 285
4 正常と異常――G・カンギレムとM・フーコー 292
5 「普通」をつくる――E・F・キテイ 298
6 おわりに 304

コラム② 知的障害者からの情報発信――新たな理解の契機として――307

あとがき（313） 図表の出典（321） 注・文献（353） 索引（360） 執筆者紹介（362）

序章
障害理解のリフレクションはどのような実践か

●栗田季佳●

「障害は生前の罪による因果応報である」とか、「仏さまの教えに背いた結果、罰である」といった言説を耳にすれば、「今時そんな考えをもつ人がまだいるのか」と現代の私たちはあきれ驚く。主として障害理解は何らかの目的のもとに行われる。誤解や偏見と見られる言説を訂正するために、障害のある人と交流するために、人権啓発のために……。たいていそこにはあるべき障害像が想定されている。私たちは、江戸時代の人たちより現代の私たちの方が障害を正しく理解できていると思っている。昔よりもいまの方が教育や福祉が整っており、障害者にとって暮らしやすい社会であろうと想像する。また、障害や病気の原理の解明が進めば、その知見に基づいて治療でき、よりよい支援ができ

図序 -1　ルビンの盃

（出典） Pind（2012）より作成。

るだろうと予見する。

しかしそれは根拠のない楽観的な進歩主義に基づく想像である。江戸時代には、先の言説は「正しい」障害理解であった。それゆえ、人は神仏に祈ったり、キヨメの儀式を行ったりした。それに対して、江戸時代の人は「おかしい」「そんなことをしても無意味だ」などと言わなかっただろう。むしろ今日の「正しい」障害理解を発すれば、素っ頓狂な話として一笑に付されるか、狂言を吐く者としてそれこそ病者扱いされるかもしれない。

そこがどのような場であるかによって、その見え方は変わる。図序-1は「ルビンの盃」と呼ばれるが、人の顔が見えているときは白色が背景となっており、盃が見えているときは黒色が背景となっている。何が背景（地）かによって、私たちが注目する対象（図）の見え方が変わってくる端的な例である。同じように、文字のない時代であれば読み書き障害が成立しえないように、私たちが、いま、「障害である」と考える対象も、地が変われば見えなくなることもある。

私たちはいつも図にばかり注目し、地は後ろに退いているが、地こそが図を支える重要な成分である。私たちが捉えるいかなる対象（図）も、背景（地）なくして存在しえないし、地が変われば同じ対象も姿を変える。

しばしば求められる「正しい」障害理解とは、正しさを裏づける背景のもとに浮かび上がる認識である。正しさを生み出す地を問うことなく、障害という図のみに着目することは、障害理解のリフレクションをその地平の内側に閉じた狭いものとしてしまう。序章では、本書が行うリフレクションの視座を基本的な用語とともに説明し、心理学者である編者の栗田がたどったリフレクションの経験について述べる。

1　障害のモデルという図

まずは障害の図に当たる部分を取り出し、障害理解の類型について述べておこう。巷で言われる障害の○○モデルとは、障害をどのように捉えるのかを表す整理の表現である。障害の道徳モデル、リハビリテーション・モデル、悲劇モデル、人権モデルなどさまざまに障害に対する見方を名づけ、指摘する。これらはいずれも、その観点から障害を理解しようとする捉え方である。

なかでも、よく議論の対象になるのは医学モデル／個人モデルと社会モデルである。ある子どもが授業中ぼーっとしていて学習についていけず、友達関係も良好でないために、医療機関にかかったところ、ＡＤＨＤという診断がおりたとしよう。まわりの大人は、集中できるように症状を抑える薬を処方し、子どもの特性を捉えるアセスメントを実施して、集中力を高めるトレーニングを行うといったように、困り事に対処した。これは、困難の要因を個人的特徴に見る個人モデルであり、障害を治療しようとする医学モデル、また行動の背景にある心理プロセスに注目して介入する心理学モデルである。

ここでは、disability（できないこと）は望ましくない個人的特徴であり、できることを目指すことは自明視され、不問にされている。一方、個人的特徴に還元するのではなく、社会における価値観や制度、産業構造などに基づいて障害が構築されていると見なすのが、社会モデルである。社会モデルでは、個人に現れるdisabilityがそのようなものとして——つまり、望ましくないものとして——立ち現れてくる背景に目を向ける。したがって、社会モデルでは、学習できないことを問題とする捉え方を相対化し、誰のどのような社会的価値や仕組みによって生まれてくるのかを問うことから始まる。

イギリスの入所施設解体を掲げた身体障害者運動から生まれてきた社会モデルは、イギリスにおいては障害者を無能力化する制度的障壁、アメリカにおいては障害者を疎外する健康至上主義のような社会的態度により重点をおくという違いはあれど、いずれも社会変革を求める点で共通している。[*1]したがってアプローチは個人に限定されず、本人とそれを取り巻く社会環境や人間関係を調整することによって困難を乗り越えようとする。先ほどの例では、学習の意味を再構築し、その子が学習に参加できる環境とは何か、友達はその子をどのように見ているかを考え関係性にアプローチすることが、社会モデルの射程である。

従来、障害のある人の処遇は、本人でなくおもに専門家集団によって決定されてきた。その専門家集団は障害を定義する権限をもっており、その支配的権威であった医学や心理学が捉える障害観が中心となることは当然であろう。それらの抑圧性を指摘し、抵抗と解放を目指す運動とそれを支える思想として、社会モデルは当事者から立ち上がってきた。障害の社会モデルの構築は、障害者の主体性の回復とともにあった。今日では国連で採択され、日本も批准国である障害者権利条約においても、障害の定義は社会モデルが採用され、障害者基本法もそれに倣っている。

しかし、日本の社会を見渡してみると、条約が求める姿に移行しているようには感じられない。施設ではなく地域で暮らす仕組みは十分でなく、強制的な精神科病院入院と長期化はいまも続いており、普通学級に障害のある子どもが就学する権利は保障されていない。社会モデルを基盤とした政策は乏しく、いまも障害の有無は生活を一変させる属性であり続けている。同様に、人々の意識も社会モデルがスタンダードになっているとは言い難い。いまも障害のある子どもが普通学級に就学することは「親のエゴ」で「かわいそう」であり、病気が重ければ「治療に専念するのが第一」、障害が重ければ親元を離れて一人暮らしをするなんて「できっこない」「そこまで無理しなくてもいいじゃない」と言われる。

付言するが、本書は医学モデルや個人モデルに基づく障害理解を乗り越えようとしているが、いまさらあらためてそれらの批判を展開し、社会モデルを正統に位置づけたいわけではない。もちろん、障害者権利条約で示されている障害者の権利の実現と、社会モデルの発想に基づいた国の制度改革と国民理解の義務は、法治国家であるならば政府は実行すべきである。しかし、ミクロなレベルで、人が社会モデルを理解していないこと、支持しないことを個人の勉強不足だとか資質に求めるならば、それはまた個人モデルへと回帰する。私たちはみな、日本の文化と社会に生き、個別の関係に囲まれている。ゆえに、その地で「正しい」とされることに影響を受ける。

あるモデルが支持されるには、支持され維持されるに足る「地」がある。医学モデルや心理学モデル、社会モデルもある「地」のもとで正当性を獲得する。次節では、図を成立させる地、背景へ目を向けよう。

2　障害が浮かび上がる地

今日の日本社会においては、障害が図として浮かび上がるのは当然のことのようである。どのように理解するにせよ、「障害」とされる特徴は、私たちの関心のまととなる。車いすの人が街にいれば、電車でぶつぶつ独り言を言っている人を見れば、注目し、「障害者かな」と想像する。すでに学習し終えた私たちは、ある特徴が「障害」と見なされることを知っている。しかし、誰も最初から言葉を知っていたわけでも、その理解の仕方を知っていたわけでもない。人が理解しようとする対象は、最初からそのようなものとして「ある」のではない。

そもそも、対象に関心が向けられなければ、それは浮かび上がることはないし、追究するほどに関心が高くなければ、説明を要するまでもなく見過ごされる。障害も常に人々の関心を集めるわけではない。ある人は「私は耳の悪い連中のことなど、ぜんぜん気にしていませんでした。言葉になまりのある人間のことを、いちいち気にしないのと同じです」という。これは、聞こえの程度に関係なく、誰もが手話を当たり前のように用いていた時代のマーサズ・ヴィンヤード島を知る者の声である。[*2] 私たちの社会では、勉強ができない、車の運転が下手、手話ができないなど、disability（できないこと）は多数認識される。しかし、そのどれもが、同程度、同じ評価で認識され、すべてが「障害」と捉えられるわけではない。

一方、高い関心が向けられれば、人は探求心をもって対象をより深く見つめ、原因や意味、影響などを調べ、説明しようとする。ただ個人的な営みであれば、それで終わり、せいぜい身近な人たちとのやりとりの中で影響をもつだけだ。しかし、説明に対して影響をもつ者が存在する。それは、時代の理解を形づくる人たちである。科学革命以前であれば、人々の理解のベースにある超自然的世界観、その解釈を示す教会や神社や寺などの宗教家たちが力をもっていた。今日であれば科学的知見を提供する研究者や、その知識普及の実践を担う教師集団や医療関係者が影響力をもっている。何（What）をどのように（How）理解するのか、How はたんに What の特徴によって規定されるのでなく、多分に時代の世界観という地の影響を受けており、すでに方向づけられていたりする。

まとめると、図と地の関係において、二つのことがいえる。こんにち、私たちが「障害」と見なす特徴が、関心の対象として浮かび上がるという事実、そのものに地の影響があるということ。また、浮かび上がった「あるもの（後に障害と名づけられるもの）が、そのようなもの——科学的なもの、宗教的なものなど——として浮かび上がることにも、地の影響があるということ。

地のあり方は、「障害」という図のあり方を変え、異なる帰結を生み出す。同じ特徴であっても、ある時代のある場所では魔女狩りにあったり、虐殺されたり、慈善の対象になったり、社会に溶け込んでいたりする。このように、障害者の取り扱いは大きく異なるが、その違いは社会や人間の成熟性の問題ではなく、人が共同する存在であることによる。どういうことか述べよう。

私たちはみな、最初からあることができるわけではなく、他者と関わり合いながら、実際の活動に参加することによって物事を学ぶ。子どもはみずからに投げかけられる言葉や周囲の会話を観察し、試したりまねたりして発した表現を受け止めてもらい、修正されたり言い足されたりしながら、そのコミュニティの言語を学んでいく。わからない言葉があれば教えてもらったり、文脈から意味を取り込んだりしながら学び、さらに参加できる会話が広がっていく。

学習と参加は同時であり、参加しながら学び、学ぶことで参加は拡張される。また、参加するということは、受け入れられているということであり、そのコミュニティの営みの一部に関わるという点で、アイデンティティ（共同体の一員であるという感覚）を形成する。ジーン・レイヴとエティエンヌ・ウェンガーは、学習が共同体の参加に基づいており、参加の拡張こそが学習であると、従来の個人的達成に基づく学習理論を覆す論を展開し、大きな反響を呼んだ。これを正統的周辺参加と呼ぶ[*3]。

教える側に立つ医師も教師も支援者も親でさえ、みな初学者からスタートする。後に研究者となる者も、最初は講義に参加するだけであろう。そこで語られる特有の言葉――専門用語、言いまわしなど――を知り、考え方を教わり、みずからも使うようになる。使い方が違えば訂正される。その言葉を知っている、使うということは、そのコミュニティの一員であることを表すのだ。調査の方法論を学び、演習や論文制作でみずから実践する機会がある。実践することによって、受動的であった知識はより実感を伴い、みずからに浸透する。学会発表や研究会など学外の活動に参加することによって新たな知識が取り入れられると同時に、つながりが増え、活動の新たな可能性（たとえば新しい研究計画、共同研究、別の研究会への参加）が開かれる。そして研究者として職を得、人前に立つとき、人に教えたり伝えたりすることを通してさらに人々へと影響をもたらしていく。

このようにして、人はある現象――ここでは障害――を、そのようなものとして――心理的特徴など――見ることを学んでいき、後には古参者として新参者に影響する側となっていく。人はコミュニティが見る現実――ある特定のできなさを個人の障害と見る――を共有していくのであり、共有を通して、そのコミュニティの一員となっていく。現実をすべて共有する者など存在しないであろうし、確認することもできないが、共有する現実が多いほど、多くを語らずともわかり合え、そのことを心地よく感じるだろう。現実を共有することは、そのコミュニティの活動に参加する前提であり、そこで受け入れられるということであるからだ。

逆に、あまりに異なる現実を生きる者同士の話はかみ合わず、わかってもらうために、あるいはわかるために、多くの労力を要する。学派や派閥の異なる者同士の対話が困難なのも、知的障害者とそうでない者のコミュニケーションが難しいのも、現実の共有が少ないことにあるといえる。とくにそのコミュニティの存在の本質や意義など、根幹に関わる現実を否定したり、脅かしたりする発言や行為をする者は、批判されたり無視されたりして、追い詰められることもある。ゆえに、同調しないマイノリティはそのコミュニティで〈語る言葉をもたなかったり〉、〈語れなかったり〉するのだ。

しかし、マイノリティの考え方が周りを変え、広がり、根づいて、常識へと変化することもある。「自分たちの考えを表現する正当な声や言葉を見つけ出すこと」を可能にする場があれば[*4]、たとえ最初は小規模であったとしても、他者をどんどんと巻き込み、固定しているように見えた概念を突き動かしていく可能性が生まれる。障害のモデルの変遷は、まさにそのような歴史を語っている。今後も、人々がなす共同体のありようによって変化していくであろう。

3 障害理解のリフレクションをめぐる自己エスノグラフィ

変化は社会的に起こる以前に個人の中で生じる。変化を起こすリフレクションの経験が個人の中に生まれるとき、それは個人的でありながら、社会的でもある。人は何もないところから急にリフレクションするのではなく、そこには広い意味での学習があり、みずからと外部とのやりとりの中で生じてくるからだ。その相互作用を見る方法として自己エスノグラフィ（またはオートエスノグラフィ）

がある。自己エスノグラフィとは、「自己の経験の記述を通し、個人と文化を結びつける重層的な意識のありようを開示していくもの」である。[*5] 障害の社会モデル然り、精神障害者に始まり、いまやさまざまな人が取り組む当事者研究[*6]など、障害理解のリフレクションは障害当事者の間で盛り上がりを見せているが、本来は障害のある当事者に限ったことではない。ここでは、障害のない（とされる）編者・栗田の障害理解のリフレクションに関わる自己エスノグラフィを述べたい。

障害のある子どもの世界観を知りたいと思って、大学で特別支援教育を専攻した私であったが、徐々につまらなくなっていった。当然のように呼び掛けられるボランティアには偽善めいたものを感じていたし、みんなで一緒に何かするという教育学部の協調的な規範にもなじめなかった。「あなたは障害のある子の教育者になりたいんでしょ、だったらこれぐらいやらなきゃ」という押しつけがましさを感じたし、ボランティアにせよ教育実習にせよ事前に関わる人たちのことを教師や主催者から知らされ、こういうことはしてはいけない、これは大事にしてほしいなどと求められ、非常に窮屈であった。教育者はよく子どもの成長・発達への喜びを口に出すが、私は正直どうでもよく、できたからといってどうなるのだと思っていたし、何かできるとすぐほめるのも嘘くさく、変だと感じていた。それでも、教育実習で出会った親元を離れて寮生活をする子どもが、文化祭に親が来てくれるかを心配する姿には心が痛んだ。

退学も考えたが、レールを外した人生を送る不安を超えられず、大学は卒業することにした。となると、卒業論文を書かなければならない。何をテーマにしようか迷っていたところ、態度を調べる心理学研究を知った。特別支援教育はきれいごとをよく語るが、現実は美しいことばかりではないし差別もある。このギャップを、私たちが障害のある人をどう見ているのかという態度の観点から研究しようと考えた。

権威者に指示されれば致命的な電気ショックを他者に与えてしまうという否定したくなる現象も、歴史の出来事として語られれば、何だかんだと理由をつけて「私は違う」と言い逃れできるが、普通の人々を対象とした心理学の実験結果は、望もうが望むまいが、人間の真の姿を突きつけているように感じた。教育は理想や情熱で人間を語っているように見え、冷めた目を向けていた私は、心理学の科学的根拠が冷静で確かなものに思えた。卒業論文を執筆するにあたって心理学研究室に出入りし、大学院生に多くのことを教えてもらった。特別支援教育の仲間の前で言うには憚られる疑問も、心理学界隈の人たちの前では口に出すことができ、解放感があり居心地がよかった。

大学生活終盤になってやっと面白くなってきた学問をこのまま終えたくなかったことと、将来何になりたいのかを定められず、大学院進学へ意識が向いた。大学院では心理学を専攻することにした。

大学院でも引き続き障害者に対する態度を研究テーマとし、傍らで発達障害の子どもの療育ボランティアをしていた。そこでは、放課後、センターにやってくる子どもに学習支援を行っていた。本心では先のような理由からボランティアに積極的になれなかったが、研究室にばかり籠るのもよくない、知り合いもできるし、気分転換にもなる、どこか学ぶこともあるだろうと、間接的なモチベーションではあったが、誘いに乗って四年ほど続けた。私の役割は学習の補助と、支援者が保護者と面談しているときの子どもの遊び相手であった。その後、同じセンターの新しい取り組みとして、外国籍の発達障害児に対する学習支援が小学校で始まり、みずからも活動の主体となって、課題を作成して実施することにもなった。

障害に関する研究をしているわりに、それ以外に障害のある人とすごすことはほとんどなかった。障害者を取り巻く社会状況を知ろうと街に出ることはなく、決まった場所のみに出入りしていた。心理学の実証研究に関わる文献ばかり読み、同じ心理学講座の大学院生や教授陣とばかり話をし、研究に明け暮れていた。同じ大学内に異なるアプローチで障害研究をする人たちがおり、歴史のある当事者団体もあった。しかし当時は非常に近くにいながら、接するどころか存在を知ることもなかった。

私の大学院生活は、効率を優先した非常に合理的な生活であったと思う。研究者の世界に publish or perish（論文を出版しなければ消える）という言葉があるが、すでに博士取得者の進路問題は深刻であり、publish and perish（論文を出版しても消える）の時代だと言われたのを覚えている（とはいえ、実際にほとんどの先輩は研究職に就いていたし、研究室の雰囲気は張り詰めておらず、競争主義的でもなかった）。私は、三十路近くになって研究職につけなくても、なんとでも生きていけるわ、と鷹揚には構えられなかった。親にも散々迷惑をかけたうえで応援してもらっていたし、悠長にしていられない、できることはしようと、つまり、論文の出版をはじめ業績を上げることに執心していった。

研究、もっといえば論文を書くために必要か否かというフィルターで、意識的にも無意識的にもあらゆる物事を取捨選択していたと思う。講義も、先行研究を読むときも、統計学のトレーニングも、人との接触もそうであった。障害者を取り巻く日本の状況はインターネットや文献で知ることができ、手持ちにないネットワークをあえて切り開いて、話を聞きに行こうとはしなかった。ボランティアで子どもや保護者と接しても、普段の生活については聞いた覚えがない（あるいは忘れている）。発達障害のある外国籍児童の学習支援の研究をしたときも、支援学級でばかりすごし、特別支援学級の先生の話は聞いても、通常学級の先生の話は聞かなかった。

障害のある人への態度の研究をするときに、障害とは何か自分の頭でイチから考えるのでなく、一般的に障害者とされる人、つまりは医療の対象となっている障害者をピックアップし、主流の心理学モデルと方法論に基づき――いずれも英語圏――、日本で実施可能な形に改変して、態度を測定していた。写真を分類する課題において、パソコン画面上に表示される車いすに乗る人、手話を使う人、白杖をつく人は障害者として、実験参加者に分類を求めた。障害のある子どもへの介入プログラムを研究論文にするときは、障害のある子どもが問題を抱えており、その背景にある心理プロセスと本研究の介入がいかに適合しているのかを記述する。オッカムの剃刀によって、研究対象児の障害以外の姿や、子ども自身の声はそぎ落とされた。これらの行為そのものが、障害を人の中心に位置づけ、「障害者」を構成していく一つの実践であったと、いまは振り返る。しかし当時、みずからの行為の意味は焦点になかった。

障害のある子どもの、障害以外の部分を知らなくても、日本の障害者差別の現実を知らなくても、英語圏で示された心理学モデルについて知識をもち、論理的整合性がとれ、実施可能な研究環境にあって、結果が出ていれば研究になってしまう。何のための研究か、自分がやっていることがどのような意味をもつのか、自分の言葉で説明しなかったし、求められてもできなかっただろう。なまじ差別に関わる研究テーマであったため、それらが曖昧でもたやすく正当化できていたとも思う。人間の研究をしているのに人から学ばず、理論からばかり学んでいた。このようなことは研究者倫理としてよく挙げられるのだが、私にとっては「研修を受けてハイ終わり」程度にすぎなかった。

大きな変化は特別支援教育の教員養成を担う大学に着任してからであった。そこではじめて障害者運動に出会った。それまで障害者運動には過激なイメージがあり、研究者が関わることではないと思っていた。じつは、運動をしている人たちの書物をくわしく読んだことも話を聞いたこともなかったのだが……。その人たちは穏やかでユーモアがあり、けれども真剣に熱く、生きるとはどういうことか、考えていた。私ははじめて、障害のある人と、「障害者」としてでなく「○○さん」という個別の存在として仲良くなり、肩肘はらず、お酒を飲んだり、軽口をたたいて冗談を言い合ったりするような関係をもった。

できないままでどうしていけないのか、できるようになって喜ぶのは誰か——それまで出会った多くの優秀な研究者の誰一人問わなかったことを、名の知れない障害のある人に聞かれ、考えたことのないことばかりで何も答えられなかった。私は研究者が残した問いと研究者のもち合わせの答えをなぞるだけであったのだ。だんだんと、かすかに抱いていた違和感が大きくなっていった。日本語で書く論文の価値が低く、インパクト・ファクター[*7]の高い雑誌に英語論文が掲載されていることが研究者としての至上の価値であるかのような、心理学のエリート主義的な志向、論文化できるから取り組んでいたものの、障害のある子どもへの介入研究に魅力を感じなかったこと、かといってメイン・テーマであった障害者への態度に関しても、偏見が低減したからといって現実にどのような意味があるのか疑問だったこと、これまで外に向いていた問いがみずからへと向かっていった。

ある一定の価値体系で編まれた世界に閉じこもり、そこにしか身を構えていないとき、それが偏っていることには気づかない。ある個人的特徴を障害と捉えるコミュニティばかりにあっては、そう見なす限り、障害は個人的特徴であり続ける。私はその世界の住人でしかなかった。

振り返ると、みずからの役割や価値を問い返す機会がじつはあった。支援学級に在籍する子どもの一人は、サッカーが好きな子であった。昼休みに校庭で同じような年格好の子どもたちとサッカーをする姿を見たことがある。そのとき、彼は声を出して周囲のプレーに反応し、時折サインを出すものの、ほとんどパスはまわってこなかった。さみしそうな佇まいで周りのプレーを見ていた。別のとき、支援学級ではおしゃべりの止まらない子どもの、通常学級ですごす様子を見にいった。縦に二席ずつ列になった一番後ろの出入り口付近に、はみ出るように用意されたのが彼の席であった。にぎやかな授業中、彼は居心地悪そうに下を向き、隣の二人はおしゃべりしていた。

特別支援学級での子どもたちは、概してのびのびしていて、明るく、やんちゃな子もいたが、怒られたり喧嘩したりしながら、多くの子どもが経験していることを経験しているようであった。しかし、支援学級から一歩外に出たときには、特有のまなざしにさらされ、まったく異なる姿を見せた。私は学習支援をしていたが、正直、子どもが学習に困っていたり自信をなくしたりしているようには見えなかった。昼休みや通常学級での様子の方が苦しそうであった。私はソーシャル・スキル・トレーニングも実施し、そこで標的にした行動には変化は見られたものの、現実のソーシャルな場面では何も意味をなしていなかった。

このときの経験が私の中で忘れ去られていないのは、おそらく、いまへとつながる「生まれつつある経験」であったからだと考える。哲学者の鷲田清一は、何かわからないが引っ掛かっていること、知るには知ったが納得できないこと、それは生み出された結果でなく、生まれつつある経験によって問い直されるという。[*8] しかしそのような経験も、芽吹くことなくずっと埋もれていた可能性もある。

私の場合、たまたま出会いがあった。あるがままの存在を認められない苦しさを抱えながら、笑い飛ばしたり闘ったりしながら、存在をかけて生きる姿に共感と憧れを抱き、その人たちと一緒にいると自分を偽ることなく自分らしくいられた。その人たちとの出会いが私を変え、障害の見方を変えていった。編者の佐藤貴宣さんとの出会いもこの大きな流れの中にあり、本書が導かれた。障害は本人の中にあるのでなく、そう見出す者の存在があって生まれてくる構築物であり、その意味で自分には関係のない他人の問題ではない。本人たちは困っているのでなく社会が問題とすることによって困らされており、じつは困っているのは障害がないとされるこちら側なのだが、障害者が困っていた方が都合のよい人たちがいる。

これらは実証心理学の研究者として、客観的に第三者の立場から障害者を見ていた頃には気づけなかったことであった。私を心理学へ誘ったのは、特別支援教育のマジョリティになじめない孤独からの逃走、自分で考えることの自信のなさに対する隠れ蓑だったのかもしれない。いま、障害のある人たちと一緒にいて「ありがとう」と言ってもらうと喜びを感じるし、障害者問題に熱くなるように、私は教育や障害のある人に関心がなかったのではなく、その場に参加できず、そのコミュニティに疎外感を抱いていただけなのであろう。

人間も社会も実際を見ることが大切だと考えるようになり、実験で測定する偏見や態度を研究するのをやめ、現実に起きている差別についてさまざまな人たちの話を聞かせてもらうようになった。過酷な差別の体験について聞かせてもらうと、聞いた責任を感じるし、不用意な言葉を使ってしまい叱られることや相手を傷つけることもあって苦しい場面もある。実証研究に勤しんでいた頃の方が、ずいぶん気楽であったと思う。

以前は人間性に触れなくとも、深い関係を築かなくとも、研究できた。子どもが「辛そうだ」と思う場面はあっても忘れられたし、自分の行動を変えることもなかった。心理学の調査や実験も、下準備は必要であるし、統計学も難儀したが、一定の論理的枠組みに沿っているので、内容が変わっても絵柄の違うパズルを組み立てるように進めることができる。私にとって実証科学的な心理学研究はシステマティックに動くことができ、論文も（いまよりは）書きやすく、データ収集を選べば、それなりにコンスタントに論文を生産していくことが可能な領域であった。

しかし、現実は複雑で単純に分析することはできないし、価値は論理的に答えを出せないため、このような筋道をたどれない。五里霧中で進めていく研究は非常に時間がかかるし、不確実さの中にあって悩ましい。時折、投げ出したくなるし、業績を量産し、英語論文をバリバリ書いている研究者を見ると、悔しさを感じなくはない。けれども私は、いまの自分の方が、「自分」らしく、自分の中に他者が息づいていると感じる。研究者の型に自分を当てはめて、孤独な競争をするよりも、自分と向き合い、発見するもがきとともに楽しみがあり、共に社会を変えていこうとする仲間と行動するいまの方が生きた実感がするのだ。

4　おわりに

序章にしては、編者の個人的経験をいささか述べすぎた感がある。しかし、理路整然と本書の前提知識を述べ、読者にリフレクションを求める前に、すべきことがあると思ってのことである。個人の反省は自分の中で納めて、今後の研究者としての成果で示せという考えもあるだろうが、私はもっと、人が自分の迷いや揺らぎを人と共有してもよいと考えている。往々にして、多数派の中で感じる違和感は、「自分が間違っている」「周囲に合わせなければならない」と思わせ、違和感を抱くもとの経験的意味を脱構築する機会を逸してしまう。迷いを発した声を誰かが受け止めてくれれば、きっと新たな道が見えてくるはずだ。

障害理解のリフレクションには二つある。一つは、障害を、特徴をもったある図として見つめ、内側の構成に注目するという、「図」のリフレクション。もう一つは、障害とはなにがしかを固定せず、「地」を見つめ不確定な「図」として障害を問う、「図と地」のリフレクション。地は変化するものであり、あるとき図を根本的に変える地と出会うことがある。行き詰まりを感じているならば、地へ目を向け、それとともに図をリフレクションすることをお勧めする。

「図と地」のリフレクションには異なる地に立つ他者を必要とし、そのような他者との出会いは常に用意されているわけではない。しかしそのような他者との出会いも、「突飛なことを言う」「変わった人だ」と排除されれば、そこでリフレクションの機会は失われてしまう。私がいる「正しい」地に立ち、私の目から他者が見ている図を見るのでなく、正しさを脇に置き、異なる目をもつ他者の地に立って図を見ようとするとき、リフレクションは始まり、私に根を張る地から、一歩踏み出すことができるだろう。リフレクションは誰かに上から与えられる受け身の結果ではなく、「私」が行う終わりなきプロセスである。本書を読む際も、本書の中身を理解し、正しさを獲得しようとするのでなく、異なる目をもち異なる状況にある〈他者〉である執筆者とぜひ出会ってほしい。

第Ⅰ部

行為が描く〈他者〉と共にある世界

第1章 「障害」をいったん横におくということ

保育の場でのある子どもの対人葛藤から

●水津幸恵●

1 はじめに

私は保育・幼児教育の分野でフィールドワークを通して研究を行ってきた。具体的には、保育の場における子どものけんかやいざこざといった対人葛藤に関心をもち、子どもたちがどのようにぶつかり合いながらともにすごしているのか、そしてその傍らにある大人が子どもの対人葛藤をどのようにまなざしているのかを、年単位での縦断的な観察によって収集したエピソードを通して考察してきた。

子どもの対人葛藤に惹き込まれたのは、学生時代、私自身が実習生として、つまり「大人」として子どものけんかやいざこざに関わるときに、あまりにも「うまく」いかなかったからであった。思わず手が出てしまった子に「どうして叩いたの?」「自分が叩かれたらどんな気持ちになるかな?」「どうしたらいいかな?」と関わる。そうすると、子どもの気持ちからはどんどん離れていってしまう。子どもの思いに寄り添いたいと願っているのに、その思いとは裏腹にうまくいかない。

保育現場に通うことを重ね、私自身が葛藤しながら考えるなかで、そのうまくいかなさの根にある「常識」に気づいた。それは、子どもは未発達であるために他者とぶつかるので、大人が介入し教育しなければならない、という常識である。より具体的にいえば、子どもは自己中心的で他者の気持ちを推論的に理解することができないために他者とぶつかるのであり、対人葛藤は脱中心化と他者視点を取得する発達の機会[*1]なのだという前提が、広く浸透していることに気づかされたのである。これは対人葛藤の原因を子どもの内側に求めるものであり、子どもの発達によってそれは解決されるという枠組みである。

この章には、子どもの内側にある「障害」は登場しない。子どもを未発達な存在とは見ない。それではなぜ子どもは他者とぶつかり合うのか。他者との葛藤は子どもに何をもたらすのか。少し遠まわりになるかもしれないが、ある子どもの対人葛藤を伴う一連のエピソードを通して、新たな「障害」理解とは、「障害」をいったん横においた個別具体的な人間理解に端を発しうることを示したい。

2 「突然」の「気になる」姿というまなざしを超えて

ここから取り上げるエピソード[*2]の主人公はシュンである。シュンは、ある幼稚園の四歳児クラスの一学期にとくに他者とぶつかることが多く見られた男児であった。具体的には、シュンが相手を突然叩いたり、大切にしているものを勝手にとっていったり、不運なときにはそのものが壊れてしまったりするといった具合であった。

たとえばある日のこと、同じクラスメートが自作した大切な電車のおもちゃを、シュンは突然とっていってしまう。なぜ、シュンは突然そんなことをしてしまったのだろうか。

ここで「突然」といったが、その行動だけを切り取って見れば「突然」に見えるだけであり、彼からすればそれは、必然的な何かを表現する行為である。では、彼のその行為は何を表現していたのか。じつは、シュンは前日、そのクラスメートと一緒にお寿司屋さんを開いて遊んでいた。しかしその翌日、そのクラスメートはお寿司屋さんをしていたのと同じ場所で、今度は別の人と電車ごっこをしていたのである。

こう言ってしまうと他愛のないことのように聞こえてしまうかもしれないが、クラス替えを経た進級後、新しい場で新しい人に囲まれるなかで自分の好きな遊びを見つけて遊んですごすということは、ときに心細さや緊張感をはらみ、エネルギーを使うものである。その中で誰かと一緒に楽しく遊んだ時間というのは、次の日を園ですごすうえでのたしかな拠りどころになるだろう。そんなシュンにとって、翌日の電車ごっこの光景を見て、思わずそこにある電車をとっていってしまいたくなった気持ちは、けっして「突然」には感じられない。

これに対して、シュンの姿を「未発達な存在」として見るとどのように見えてくるだろうか。四歳児のシュンの「物をとる」という行動は、発達段階に即すると、他者視点取得が未熟であるため、つまり発達的に未熟であるために、おもちゃをとられたり壊されたりして相手がどのように思うのかがわからないがゆえの行動と捉えられうる。彼の生活の文脈を踏まえず、その行動だけを切り取って焦点が当てられた場合、彼のその「突然」の行動は、衝動的で社会性が低く、人との関わりや集団での生活において「気になる」姿として捉えられる可能性もある。[*3]

このような考え方は、知らず知らずのうちに私たちの無意識に常識として入り込んできている。実際、保育者を目指す学生の多くが——私自身もそうであったが——、子どものけんかやいざこざといった対人葛藤への関わりに対して「うまく解決ができない」という難しさを感じており、経験年数が四年以下の若手の保育者は子どもの対人葛藤に対して、「自分の使っているものを何も言われずにとられたら悲しいよ。ひと言貸してって確認してみようね」といった「説諭」を子どもに対して行うことが多いという研究結果もある。[*4] 子どもの行為の意味を知ろうとするよりもまず先に、大人である自分が問題を解決しなければならない、子どもを教え育てなければならないと駆り立てられてしまう背景には、子どもが未発達であるがゆえに他者と葛藤するのだという先入観があるのではないか。

一方で、経験豊かな保育者は、子どもがおかれている状況や子ども一人ひとりの気持ちやいまの課題、いわばその子どもにとってのテーマを理解し、まず子どもの気持ちを受け止めるといった「自己回復を支える」関わりや、子ども同士の相互理解や交渉を促す「共生の体験を支える」関わり、またあえて関わらずに見守るなど、さまざまな関わりの選択肢をもちながら関わっている。[*5]もちろん経験年数が一概に影響するわけではないが、日々、子どもと関わり合うなかで子どもの心に真に届く在り方をリフレクティブに探求する時間を重ねる保育者は、子どもの対人葛藤において、子どもに教えねば、子どもを育てねばと関わるよりも先に、その他者といまここでぶつかり合うことの、その子どもにとっての意味を知ろうとするようになっていくのだといえよう。

ここで「リフレクティブに探求する」というのは、哲学者であるドナルド・ショーンのリフレクション論[*6]に依拠している。ショーンは、従来の専門家観を批判し、「省察的実践家（reflective practitioner）」というアイディアを提起している。具体的には、専門的知識や技術をいかに有し、それらをいかに適切に適用できるかではなく、驚きに開かれてその状況と対話的に省察し続ける営みに専門性を見出している。[*7]従来の専門性の捉え方における知識や理論の適用は状況の判断や処理の手がかりにはなりうるが、目の前の子どもや状況を自分の枠組みで見ることからは免れない。それでは、子どもと信頼関係を築いて子どもが心から納得する関わりを行うことは難しいのだということを、子どもと出会い続ける保育者は体感しているだろう。子どもに大人として、そして専門職として関わるにあたって無意識のうちに立ち上がってくる教え育てようとする思いをいったん横におき、子どもの状況や思いを理解しようと関わることが、結果としてその子どもがみずからよく生きようとする生活へとつながっていく。そしてその営みを外側から事後的に捉えると、育ちとして見えてくるという方が真の教育や保育の営みと子どもの生活の実際に近いのではないか。一方で、それを困難にする枠組みが含まれていることが、教育や保育といった仕事のアンビバレントな側面であろう。専門的な職業としてその行為の責任やその効果の確実性が問われると、教え育てなければと駆り立てられることに通じる。そこで少しでも踏みとどまるために、違う方向への一歩を模索するために、技術的合理性に裏打ちされる専門性とは異なる、人と出会い共にすごす者の専門性について、次の出来事から考えてみたい。

3　具体的な他者と出会うということ

その後、別の日のことである。シュンが、先ほどと同じクラスメートをポカポカと叩いて、走り去って行ってしまうということがあった。この日の彼は、朝からどこか落ち着かない感じがあった。経過の詳細は割愛するが、走り去って行ったシュンは、しばらくして担任保育者のもとに静かに現れた。その後の展開は以下のようであった。

シュンは担任保育者のもとに現れると「爪をつくりたい」と言った。保育者はそれに応え、シュンのイメージを尋ねながら、紙で円錐を作り指先にはめる「爪」をつくっていくことにする。そこへ、シュンが叩くところを端で見ていたヒロトが近づいてきて、「先生、シュンくんを怒ってよ」と言った。保育者が「シュンくんはいま、先生の言うことも聞いてくれないんだよ」と応じる。するとヒロトはシュンの名前をもじったフレーズを挑発するように繰り返しはじめた。シュンはそれに応えることなく、静かに爪をつくり続けた。しばらくして傍で別の遊びをしていた女児が唐突に「先生にしたらー?」と言う。すると、ヒロトはシュンではなく保育者の名前をもじって繰り返しはじめ、その場から立ち去って行った。

興味深いワンシーンである。ここでヒロトは、クラスメートを叩いたシュンが叱られないことへの疑問を保育者に率直に伝えている。それに対する保育者の応答は、ヒロトの要望や疑問に直接答えるものではなかった。保育者の「いま、先生の言うことも聞いてくれないんだよ」という言葉を受けたヒロトは、シュンの名前をもじったフレーズを繰り返しはじめる。その声色はシュンを揶揄するような調子ではあったのだが、どこか何かを確かめているかのような気配もあった。そしてヒロトは、それには応じることなく爪をつくり続けるシュンの姿を目の当たりにする。挑発的なフレーズに応じないというシュンからは、いまは触れられたくないという、ヒロトを押し返すような静かな強さが感じられる。ここにシュンとヒロトの間で静かで確かなぶつかり合いが起きている。

それと同時並行的に、別の遊びをしていた女児が唐突に「先生にしたらー?」と言った。そしてそれをきっかけにヒロトはシュンの名前をもじることをやめ、保育者の名前を何度かもじった後、その場から立ち去って行ったのであった。女児が何を感じていたのか、何を意図していたのかはわからない。そもそも何かを強く意図した意識的なものとは感じられなかったのだが、この場においてこぼれる言葉が、ヒロトに乗じていくものではなく、むしろそこに裂け目を生じさせて異なる展開を生むものであったこと、また、それを受けたヒロトが保育者の名前をもじって繰り返しながらその場を立ち去って行ったということは興味深い。おそらく、そうすることがそのときその場での二人にとっては自然だったのであろう。

もし、保育者のヒロトに対する応答が別のものであったなら、展開は異なったかもしれない。「叩く人は怒られるべきだ」という善悪の観点でシュンの行動を捉えるのではなく、「言うことも聞いてくれない」ような何かがいまシュンにはあるという可能性に投げ出されるような、そんな余白のある保育者の言葉の余韻の中で、女児の言葉がこぼれ、ヒロトのシュンへと向かっていく雰囲気はほどけていったのである。それはとめどなく流れゆく生活の中の、ほんの数分のことである。だが、このような一瞬がどれほど貴重だろうか。この出来事を通して、ヒロトの身体にはきっと、善悪という客観的なものさしで判断しようとするのではなく、シュンという人その人自身をまなざす感覚が残ったのではないだろうか。

これは、他者を「一般化された他者」として見るのではなく、「具体的な他者」として関わり、知ろうとすることといえる。[*8] 客観的な善悪の判断を行おうとするとき、人は他者の行動に対して原則に基づいた判断を下そうとする。たとえば有名なローレンス・コールバーグの道徳判断発達理論は、原則に基づく公正な判断が発達に伴って、いかにできるようになっていくかの段階を描いている。この発達段階において、女性は高次の段階に到達しにくいとされていた。なぜならば、女性は道徳問題を「人間関係におけるケア（care）と応答責任（responsibility）」の問題として考え、自分と関わる個別具体的な他者に対してその人をケアする責任を感じ、それゆえにその人の具体的な文脈に即してその人にとってよりよい判断を探る傾向にあり、普遍的な原則に基づいて公正な判断を行っていなかったからである[*9]。ここで主眼としたいのは、性別による本質主義に陥ることではなく、道徳の考え方そのものの転換である。これに関して、教育哲学者のネル・ノディングズは、愛や心の自然な傾向から応答する関係の中で、いわばかけがえのない具体的な「あなた」との関係の中でケアが沸き起こってくるところに、人間がよく生きようとする根源があることを指摘した[*10]。つまり、「あなた」という人間を理解しようとケアし、そしてケアされる関係性が築かれるなかで、私たちは他者とともによく生きようと倫理的に考え続けていくのである。この立場に立つとき、叩くのはよくないと指導するのではなく、「言うことも聞いてくれない」何かの可能性を感じるなかでシュンと関わり、ぶつかり合うことの意味が浮き立ってくる。そこで対人葛藤は、具体的な他者との出会いの契機となりうるのである。

4　もう一つの物語

じつはシュンは、一方の親が外国にルーツをもつ子どもであった。シュン自身は日本語を話すことはでき、園での日常会話に大きな支障はないようであったが、一方の親は日本語がそこまで得意ではなく、シュンは家庭では日本語と一方の親の母語の両方を用いていた。担任保育者によれば、進級してすぐの四月の朝、誕生会で黒板に書いてあった友達の名前を「読めない」からという理由で全部消してしまい、そのことでまずかったとかなり落ち込んで、その後もちょっとしたことで怒ったり泣いたりする、といったこともあったという。

そこに焦点を当てれば、シュンにはコミュニケーションに障害があるともいえ、その障壁を同定し取り除くことが、彼に生じうる種々の問題の根本的な解決に通ずるという仮説を立てること、いわばそのように物語ることもできるかもしれない。もちろんここでの障害とは、彼の言語能力にというのではもちろんなく、他者とのやりとりにおいて言語の違いによる障壁があるという意味である。ただいずれにしても、つまり言語の違いによる障壁と考えても個人の言語能力に障害を見出すときと同様に、彼へのアプローチは言語によるコミュニケーションのみに焦点化されやすいのではないだろうか。しかしながら、この一連のエピソードにおいてそのようなアプローチはなされておらず、保育を傍らで見ていた私がシュンに関してそれを強く意識したこともなかった。もちろん、彼の生きる世界を知ろうとするうえで、彼の言語面における状況は一つの手がかりとなる。一方で、それは必ずしも唯一の原因とはなりえない。

ちょっとしたことで気が立ってしまう、「受け入れられていない」「つながれていない」と感じると思わず手が出てしまう。そんなシュンが「悪い」と捉えられそうになることもあるなかで、担任保育者によってなされたのは、周囲の子どもたちのそのような善悪判断的なまなざしを崩し、彼の状況や彼自身を知ろうとする人間理解的なまなざしを向けることであった。担任保育者は、この日のシュンとヒロトについて以下のように語っている。

四歳は白黒はっきりさせてもあんまりいいことがないことも多いんだよね。誰が悪い彼が悪いっていう感じになっていくとみんな自分は悪くなりたくないし、そうすると「誰ちゃんが悪い」ってはっきりさせたくなってくる。みんな、ものを考えなくなる気がするんですよね。シュンくんはこういうところもあるけど、こういうところはすごく優しい人だから、その人がこれをやったってことは、どういうことなんだろう、とか。そうすると（そういうことを考えられるようになると）、人なんて強くないから、自分だって何かやっちゃったときも、変に隠したりとか逃げたりせずに、こういう心の状況でやっちゃったんだなって反省するというか、そういうふうになれるんじゃないかなって思う。

よい／悪いを判断する－されるの関係の中では、誰もが自分は悪くはなりたくなく、そうすると余計に誰が悪いのかはっきりさせたくなる。そこでは自分の正当性を守ることに重きがおかれ、自分を開いて他者と関わり続けていくことはできない。そうではなく、その人が、その状況で、その行為をしたことの意味を知ろうと考え続けること、そのためには関わり続けることが必要であるし、そのような関係の中では関わり続けることができる。それは人間の弱さや矛盾、また、たとえいまこの時点で何か誤りがあったとしても、現在や過去だけではなく未来の変化まで見通した関わり合いである。

この点で、「ものを考えなくなる気がする」という言葉は示唆的である。ものを考えなくなる、というのは結論を出して思考を停止する、ということである。わからなさに身をおくことに耐えきれないときほど、端的に結論を出してしまいたくなる。一方でヒロトは「シュンが悪い」という考えを揺さぶられることを通して、わからなさに投げ込まれている。そして、頭で論理的に考えていくというよりも、そのわからなさのなかに身をおいてシュンという人に関わることを通して、シュンに何か事情があるということを感じていったのだ。

これに関して、イギリスの詩人であるジョン・キーツは、不確実さや不可解さ、疑惑の中にあっても事実や理由を求めずにいられる状態を「ネガティブ・ケイパビリティ」とし、すぐに事実や理由を求めようとしてしまうと「不可解さの最奥部にあって、事実や理由から離れて存在するすばらしい真実らしさ」を見逃してしまうのだと述べている。*11 早急に事実や理由を求めようとするとき、私たちはすでにもっている知識や考え方の範囲内における論理的な思考によって理解しようとしやすいだろう。一方で、ヒロトはわからなさに投げ込まれるなかで、静かに爪をつくり続けるシュンの横顔を受けながら、自分の投げかけの違和感をなんとなく感じ、そして自分の行為を変えていく。相手や状況を感じることに開かれたとき、私たちは埋め込まれている関係の中で行為しながら「ものを考え」続けることができる。[*12] それは、安易な善悪判断に陥ることを妨げ、その人自身を知ろうとする人間理解の共感的なまなざしを向けることへと導いていく。

5 人付き合いのなかでの人間理解の共感的まなざし

ここでいう、その人自身を知ろうとする人間理解の共感的まなざしは、伊藤亜紗が「多様性」に比して述べた「一人の中にある無限」へのまなざしともいえる。[*13] 伊藤は、よい／悪いやできる／できないなど二元論的に人間を捉えるまなざしを越えようとするときに「多様性」を落としどころにすることの危うさを鋭く指摘している。少し長いが引用する。

人と人との違いを指す「多様性」という言葉は、しばしばラベリングにつながります。あの人は、視覚障害者だからこういう配慮をしましょう。この人は、発達障害だからこういうケアをしましょう。もちろん適切な配慮やケアは必要ですが、まさに倫理ではなく道徳の領域で、個人が一般化された障害者のカテゴリーに組み込まれていく。いつもいつも同じ役割を演じさせられるのは誰だって苦しいでしょう。

当たり前ですが、障害を持つ人はいつでも障害者なわけではありません。家に帰ればふつうのお父さんや年頃の娘かもしれないし、自分の詳しい話題になれば、さっきまで介助してもらっていた人に対して先生になることもあるでしょう。（中略）

こうした一人の人が持つ多様性は、実際にその人と関わってみないと、見えてこないものです。一緒にご飯を食べたり、ゲームをしたり、映画を見に行ったりするふつうの人付き合いのなかで、「〇〇の障害者」という最初の印象が、しだいに相対化されてくる。（中略）人と人のあいだの多様性を強調することは、むしろこうした一人のひとのなかの無限の可能性を見えにくくしてしまう危険性を持っています。

このことは、裏を返せば、「目の前にいるこの人には、必ず自分には見えていない側面がある」という前提で人と接する必要があるということでしょう。それは配慮というよりもむしろ敬意の問題です。この人は、いま自分に見えているのとは違う顔を持っているのかもしれない。この人は、変わるのかもしれない。変身するのかもしれない。いつでも「思っていたのと違うかもしれない」可能性を確保しておくことこそ、重要なのではないかと思います。*14

「外国にルーツをもつ子ども」「ちょっとしたことで手が出る子ども」、そのようなラベリングは、そのような子どもの特性を理解してそれに即した対応しようとするものである。そこに合理性はある一方で、カテゴライズによる「一般化された他者」としてその人を見ることによって、その人自身の具体性を覆い隠すものともなりうる。そこから抜け出すために必要であると伊藤が述べているのが、「実際にその人と関わって」みる、しかも「普通の人付き合いのなか」で、である。

人と深く関わる仕事でありながら、むしろそれが「仕事」であるがゆえに、この「ふつうの人付き合いのなか」でというのが難しいのが、教育や保育、福祉の営みではないだろうか。子どもの姿に対してある共通したものさしを当てることで得た何らかの確かな答えに基づいて教育しようとすることは、適切な対応を導く一方で、日々直面するその子どもの「わからなさ」を手放すものとして機能しているといえるかもしれない。しかしながら、それでは子どもと本当に関わることはできない。これに関して鈴木忠は、先述したネガティブ・ケイパビリティを「何ものでもなくいられる力」と訳し、この「何ものでもなくいられる」ことの実質的な意味とは、自己を消し去ることによって「何ものにもなれる」ことであると述べている。[*15] 教育したいとするその野心が生じさせうる枠組みや適切さへのこだわりをいったん横において、何ものとしてでもなく人間同士としてリフレクティブに関わろうとすることが「一人の中の無限」へのまなざしへと通ずるのではないか。それは子どもを、相手を、一人の人間として敬意をもって見ることでもある。そしてその大人のまなざしの中で、子どもたち同士の間にもそのような関係性が築かれることが肝要となるだろう。

これに関して、ここまでのシュンのエピソードとは別の園での話を一つ紹介したい。保育後の保育者間での振り返りに筆者が参加したときのことである。そこでは「気になること」として、二つのことが話題になった。一つは、五歳児クラスのユウのことを生活のふとした場面で「かわいいねぇ」と撫でるクラスメートがいること、もう一つはそのユウに対して怒ったりケンカをしたりするようなことが見られないことであった。ユウは四歳児クラスからその園に在籍している。彼の身体の動かし方はややぎごちなくゆっくりで発話は少ないが、いつも快い笑顔ですごしている。四歳児クラスの頃は、まずは園のさまざまな遊具や遊びの場に興味をもってそこに行っては遊んでみる、そしてまた別のところに目が向くとそこに行って遊んでみるということをよく楽しんでいた。そうして遊ぶなかで他の子どもたちとも出会ったり、一緒に園生活をすごすなかで関わり合ったりするときを重ねることを通して、友達と一緒に遊ぶことも楽しむようになった。その日は六〜七人で色鬼をして遊ぶことを楽しんでおり、そこではこれまで一緒にすごす時間を嬉しく重ねてきたことが感じられた。その上で保育者が考えていたのは、たしかに互いの存在を受け止め合って一緒にすごしているが、本当の意味で彼らは互いを認め合い、関係を築いているのだろうかという問いであった。ユウの笑顔は思わず撫でてしまいたくなるような愛らしさもあり、ユウが相手を不快にさせるようなことをする姿はそもそもあまり見られず、クラスメートにとってはそれらの関わりも自然なことなのかもしれない。しかし、ユウを対等な存在としてではなく、自分よりも幼い存在として、気遣ったり我慢したりしなければならない相手として感じているときもあるのではないだろうか。保育者のそれぞれの思いが出し合われた。難しい問いに私も一緒に悩みながら、その話し合いでは「こうに違いない」「だからこうするべきだ」と具体的な解決策をすぐに出そうとするのではなく、互いの気づきや思い、考えを出し合い、そこで保育者間での子どもへのまなざしが重なったり交わったりすることを通して、本当の意味で互いを認め合いながら共にすごすとはどういうことなのかが探求されていた。

そこで話題になったのは、その日の子どもたちのある一場面である。色鬼で鬼役の子どもが「白!」と言ったとき、ユウは上を指差し、「雲!」と声を挙げた。その声に傍にいたクラスメートたちもぱっと空を見上げる。「本当だ、雲も白い」という子どものつぶやきがどこかからこぼれた。驚きと面白さに色鬼も我も忘れて一緒になって雲を見上げる瞬間。このとき、ユウはかわいい存在でも気遣われる存在でもなかっただろう。一緒にいた子どもたちは、ユウという人の発想が面白いというさらなる一面に触れている。そして、一緒に何かを面白がったり互いの発想に驚いたり感心したりする、そんな「人付き合い」が生まれていたのではないだろうか。

6 少し先の未来から

さて、その後のシュンについてである。もしかしたら読者の中には「その後シュンはどのように育っていったのか」について、気になっている方がいるかもしれない。最後に、四歳児クラスを終える三月のある日のシュンとシュンを取り巻く人たちの間での出来事を紹介したい。

朝、同じクラスのミホが落ち込んだ様子で登園し、登園後、担任保育者の膝の上で涙が止まらなくなってしまう。そんなミホを心配して、シュンを含む数名のクラスメートが集まってくる。そのうちの一人の、近くでままごと遊びをしていたアリサがミホのために絵本屋さんを開こうと絵本を並べ出すと、シュンは商品として並べられた絵本をミホに渡すために勝手に全部取っていってしまった。そのショックでアリサも思わず泣き出してしまう。保育者は泣いている二人ともに寄り添いながら、「優しいんだけど、ちょっとだけ乱暴なのよね」と言葉をかけると、アリサは落ち着き、別のところから絵本を取ってきて並べ、そこでままごと遊びを再開した。

その後、保育者は園庭にいる他の子どもたちに呼ばれる。保育者はようやく涙は止まったミホの手はしっかりとつないだまま、部屋と園庭の境目で園庭にいる子どもたちに関わっていたところ、シュンはそっとミホの手をとって自分の方に握らせ、ミホを部屋の中へと誘った。保育者は二人の様子を注意深く見ながら、「シュンくん、任せたよ」と伝え、シュンにミホを託した。

部屋の隅に並んで座り、いざ話を聞こうとしたとき。シュンは大きなくしゃみをし、鼻水がだらりと垂れた。鼻を覆った手までべとべとになって困っていたシュンを見たミホは、ポケットからそっと自分のティッシュを差し出す。シュンは照れたように「役に立つもんだな」と言いながら、そのティッシュで鼻水をきれいにふき、鼻水が落ち着くと、「朝、どうしたんだよ」、「お母さんに怒られたのか？」とミホの話を聞きはじめる。そして、ひと通り話を聞くと、ミホの朝のうがい用のコップを探してきてそこに水を汲み、手渡した。ミホは水をゆっくりひと口飲むと、立ち上がって流しに行き、うがいをした。その後、二人は一緒に絵本を読んですごしはじめた。

絵本を全部とっていってしまうシュン。それが「優しいんだけど、ちょっとだけ乱暴」な彼のミホを心配しての行為であることを、保育者をはじめ周囲のクラスメートたちは感じている。絵本屋を始めようとしたアリサが泣き出したとき、それを心配する人はいても、シュンを責める声はまわりからあがらなかったことが、それを表している。一方で、アリサが本をとっていかれてしまったことに驚き、自分の思いを実現できないことに悲しくなって泣かずにはいられなかったのは、彼女にとっては当然のことである。彼女はミホと毎日のように一緒に遊ぶ仲であり、彼女もまたミホのことを心配していたので、それはなおのことであっただろう。けれどもなのか、だからこそなのか、彼女はシュンのことを責めることはなく、その悲しみを共感的に理解してくれる保育者のもとで気持ちを立て直していった。このときの「優しいんだけど、ちょっとだけ乱暴」という保育者の言葉は、伊藤の言う「一人の中にある無限」を思い出させる。優しくて、ちょっとだけ乱暴で、少し照れ屋で、いざというときに頼りになる。もちろんそうでないときもあるかもしれない。相手がよいか悪いかではなく、そんなまるごとの人間同士の付き合いの中でぶつかり合いが起きてきたのだと感じることが、シュンもミホのことを思っての行為だったのだと思い至ることにつながったのかもしれない。ちなみにこの後、絵本を読み終えたシュンとミホはアリサのいるままごと遊びへと参加していくのだが、そのときアリサはシュンを「お父さんになってね」と迎え入れている。

いざ話を聞こうとしたシュンが大きなくしゃみをして鼻水が垂れて困るというのも、場合によっては省略されそうになるが、たしかな人間の生活の一片である。そんなシュンにティッシュをそっと差し出すミホはどこか落ち着いていた。ミホは守られる存在、助けられる存在であるだけではない。これに関して、先述したノディングズは、ケアされ、ケアしようとする関係性が築かれるなかで、私たちは他者と共によく生きようと倫理的に考え続けていくのだと述べた。ノディングズは、ケアをケアする人のうちで完結する一方向的な行動ではなく、ケアされる人の応答も含めた関係性の中でなされるものであるとし、それをケアリングと呼んでいる。[*16]また、ケアは固定的な役割ではなく生活の折々でそれは代わりうるものであり、ケア――他者に温かい関心を寄せること――における喜びが重ねられていくことでその関係は築かれ続けていく。そこでなされているのは互恵的な「人付き合い」であり、ケアされることの喜びとケアすることの喜びの両方があるだろう。ケアしケアされながら、そしてときにぶつかり合いながら、彼らは共にすごしている。

7 おわりに

ここまで、ある子どもの対人葛藤の具体的なエピソードを中心に、新たな「障害」理解について考えてきた。本書と筆者が共有している問題意識とは、ひと言で言うならば、「障害」が障害のある人を、「その人自身」として、つまり一人の人間として見ることを困難にしうることへの問題意識である。それは保育の場における子どもの対人葛藤の文脈でいえば、子どもがぶつかり合う行動の原因を子どもの未発達に見出し、教えるべき対象として見ることによって、子どもを「その人自身」として見て関わろうとすることを困難にするということである。両者がともに私たちに投げかける問いは、人間をどのような存在として見るかということである。

子どもの対人葛藤において、子どもの未発達の存在と見なして大人が教育的介入を行おうとする働きかけが無意識のうちに起こってくるその背景には、子どもは自己中心的で他者の気持ちを推論的に理解することができないために他者とぶつかるのであり、対人葛藤は脱中心化と他者視点を取得する発達の機会[*17]なのだという前提が、広く浸透していることを挙げた。これはジャン・ピアジェの発達段階理論を足場としたコールバーグの道徳判断発達理論が背景にあり、そこでは原則に基づく公正な判断がいかにできるようになっていくかの段階が描かれている。それは、個人（individual）の完成に向かった発達理論である。ここで挙げた理論に限らず、私たちの一生は個人の完成に向かう道筋として描かれやすく、そこで子どもは未発達の存在と位置づけられる。一方で本章では、対人葛藤を人間同士のぶつかり合いの中で相手や自分のことを感じていく、具体的な他者との出会いの契機と捉えた。この対人葛藤の捉え方において前提とされるのは、個人の完成ではなく、関係的自己（relational selves）――私たちが埋め込まれている関係によって構成される自己――が互いに健やかに暮らすことのできるケアリング関係を築いていくことである[*18]。それはすなわち、人間を分断された個人ではなく関係的な存在と捉え、社会を完成された個人の組み合わせによって構成されるものではなくケアしケアされる関係によって構築されるものと見なすものである。

これは、障害を個人に見るのではなく関係の中で起きてくるものとして見るという考え方への転換と相通じている。障害のある人を、異なる存在として見るのでもなく、未発達の状態と見るのでもなく、関係の中で起きてくる状況として捉えるのである。従来、「障害」という概念は、いわゆる「健常」と分けることによってその人の行動をわかろうとしてきた。もちろん、それによってその「障害」に対する理解は進み、対応できることもあるだろう。一方で、その「障害」がその人の生活にとってどのような意味をもち、それがいかにその人にとっての障害となっているか否かというその人自身の具体に目が向けられないまま、「わかったつもり」なってしまわれやすいのではないか。たとえば、シュンのエピソードでいえば、親の母語が外国語であるということが彼の日本語でコミュニケーションに影響を与えている可能性を視野に入れることは重要である。一方で、たとえばそこでシュンのちょっとしたことですぐに手が出てしまうという行為の原因を言語の問題に集約するだけではそこで思考は止まってしまい、彼の言語獲得やその発達が解決方法とされてしまうかもしれない。

重要であるのは、その人自身がどのような世界を生き、何を感じ、何に葛藤し、どのように生きたいと思っているのかを知ろうと関わることであり、いま広く共有されている「障害」の分類や概念は、相手の世界を知ろうとする手がかりやその上でそれを共有して互いに暮らしやすい社会を構築していくためのツールの一つとして役立てようとすることが相応しいのではないだろうか。だからこそそれを完全に放棄するというよりも、関わり合いの中では「いったん横においておく」のである。

共に暮らしていく者同士としてその人自身に関心をもって関わること。関わることを通して、症名や病名ではない、その人自身が感じている個別具体的な状況にある障害を知ること。関わり合いながら、ケアリング関係を築き、暮らしをつくっていくこと。そこから新たな「障害」理解が始まるのではないだろうか。

第2章 インクルージョン実践への状況論的アプローチ

「コミュニティの相互的構成」と二つの生活形式

●佐藤貴宣●

1 はじめに

本稿では、インクルーシブ教育の推進が求められる今日の学校世界に焦点を当て、障害児と健常児との同一学級処遇を志向する公立小学校での日常的実践を状況論の知見に依拠して読み解くことを試みる。

二〇一四年に日本が批准した障害者権利条約はその第二四条で、「あらゆる段階のインクルーシブ教育制度」の確保を定めている。その批准に向けて二〇一一年に可決・成立した改正障害者基本法でも、第一六条で、「可能な限り障害者である児童及び生徒が障害者でない児童及び生徒と共に教育を受けられるよう配慮」することを国及び地方公共団体に対して求めている。そして、中央教育審議会初等中等教育分科会は二〇一二年の報告で、「基本的な方向性としては、障害のある子どもと障害のない子どもが、できるだけ同じ場で共に学ぶことを目指すべきである」と提言したのだった。こうした状況を背景に、「インクルーシブ教育」の概念は現在の教育シーンに広く浸透し、通常学校での障害児への教育や支援のあり方に関する議論をおおいに喚起するとともに、それぞれの学校現場において多様な実践を導くキー・コンセプトの一つとなっている。

教育システムへの障害児の包摂について考察する榊原賢二郎は、インクルーシブ教育とは空間的配置と参加機会、双方の保障を加味した概念だと述べる。[*1] そのうえで、普通学級に所属する障害児に人的支援を提供するような制度は、「参加を保障するための支援と空間的統合の両立」を可能にする「包摂的異別処遇」であると位置づける。[*2] 実際のところ、障害児の包摂に向けた今日の学校現場での実践においては、たいていの場合、特別支援学級籍の障害児を普通学級へと組み入れていくというパターンが主流である。[*3] 空間的統合をベースに、特別支援学級の担任教師（以下、適宜「支援担」）が普通学級へと入り込み、障害児の参加を保障するのに必要となる各種の指導実践・支援活動を実行していくというのが、現在のインクルーシブ教育における主要な実施形態なのである。[*4]

では、普通学級への支援担の入り込みを見込んだうえで、障害児の包摂を達成していこうとするとき、あらためて問うべきはいったい何か。それは、すなわち「包摂の内実」であり、「参加」の概念によって指示される現実のあり方であるように思われる。「障害の解消とは参加機会を保障すること」[*5]であり、教育におけるインクルージョンとは「学習者の参加を拡大する過程」[*6]であるとされる。その意味で、普通学級において支援担を活用するというのは、当の学級に所属する障害児のディスアビリティを低減するための主たる合理的配慮措置であり、「包摂的異別処遇」のあり方として重要であるに違いない。

とはいえ、包摂をめぐるその議論は、必ずしも制度的に保障される限りでの「参加」のアスペクトに留まるものではないだろう。「参加」とは、たんに授業場面での学習活動への障害児の統合を保障するための個別支援としてのみ理解されるべきではないということである。西倉実季が社会的排除概念を整理しつつ述べるように、社会への「参加」について考察する際には、「他者との結びつきや社会的交流も含めてより広範に捉える視点」や「関係性の問題」がより切実なテーマとして浮上する。[*7]そうした議論を学校現場の文脈へと敷衍してみるならば、「子どもと子どもの関係を構築する」こと、「子ども同士の関係づくりを基盤とした学び」こそがインクルーシブ教育の原理としてひときわ重要視されるということになる。[*8]

このように、学校におけるインクルージョンの実践は、ひとまず関係性を考慮した参加の問題として捉えかえすことができる。ところで、現にインクルージョンの原理によって再編されようとしている公立の学校とは、いったいどのような場所なのだろうか。公立学校は、「校区」と呼ばれる通学区域をもち、平等の原則に基づいて、住民同士の一定のまとまりや結びつきからなる「地域社会」に根差して発展を遂げてきた。その「地域」には、多様な生活スタイルや来歴、生活背景を有する人々が住んでいる。彼らの子どもたちの多くが入学してくることからしてみれば、地域に根差した公立学校とは、さまざまなバックグラウンドをもつ子どもたちに開かれた存在ということになるだろう。子どもたちは、たまたま出会った公立学校の教室の中で、「異質なもの同士の相互作用」を引き起こし、新たなものを不断に生み出していく。*9

上記の理解に立ってみて気がつくのは、障害児だけが特定の学級に「参加」するのでないという素朴な事実である。小学校に入学した子どもたちは、新年度の初めに否応なく特定の教室をあてがわれることにより、そこでの生活を余儀なくされる。彼・彼女らはみな、学校や学級に見られる慣習的な振る舞い方や思考様式を徐々に身に着け、集団形成の主体として相互に学級コミュニティを組織し、共同体への参加の度合いを強めていく。教師たちが関与するのもまた、特定の子どもの集合からなるクラスであり、子どもたちとともに、それ独自のローカルな学級秩序をつくり上げる活動に参加していくことになる。諸対象の相互連関のうちに場所の概念化を図ろうとするドリーン・マッシー*10の言葉を借りるなら、公立学校の教室とは、多様な人々が「ともに投げ込まれている（thrown togetherness）」場なのである。

そのようにして、個々の学級は、障害児を含め、そこに参加するメンバーの日常的実践・コミュニケーションを通じて日々相互的に構成され続けている。であれば、インクルーシブ教育をめぐる諸々の実践を考察していくにあたって必要となるのは、「参加」それ自体の論理や方法、形式を問う視点なのではないだろうか。本稿ではそうした認識に立脚したうえで、公立小学校での調査によって得られた経験的データを素材としながら、普通学級の担任教師ならびに当の普通学級に入り込む支援担、そして障害児を含む子ども同士のやりとりにスポットを当て、日常活動への参加を組織化しながら、学級コミュニティを協同してつくり上げていくメンバーの方法・実践形式について考察していくことにする。

2 分析の方針と枠組み

学級コミュニティにおける参加の組織化というトピックを取り上げるにあたって、本稿では、状況的学習論における「コミュニティの相互的構成」のアイディアに依拠した分析を行っていく。状況的学習論では、学習を個人の内的な変化として捉えるのでなく、特定の〝状況に埋め込まれた〟(situated) 実践的・協同的な達成と見る。このとき、学習が「状況に埋め込まれている」というのは、「学習が成立するような状況を他者との関わりにおいて構成し続けることこそが学習であり、状況の協同的構成と学習はその本質において分離できない」ということを意味する。[*11] したがって、状況的学習論は、状況の構成と学習活動とは本来的に分離できないと考えるのだが、そうした見方はエスノメソドロジーの思想から強い影響を受けて発展した。[*12]

であるがゆえに、状況論的な認識論に立つとき、コミュニティもまた他者との関わりにおいて協同的に構成されるものとして扱いうる。上野直樹[*13]によれば、「コミュニティとは、特定の実体を持ったグループとか、社会組織としてではなく、ある種の行為とか実践と見なされるべきものである。（中略）コミュニティの相互的構成という見方に立つなら、それぞれのメンバーのコミュニティへの参加は、単一のすでに与えられたコミュニティへの適応の過程としては語ることができない。あるいは、コミュニティは、入れ物のようなものではないし、あるコミュニティに参加することは、その入れ物に入るというようなものではない。コミュニティへの参加といったことは、そのコミュニティをメンバー間で相互に可視化し、組織化する中で実現される」。そうした視角から、本稿においては、学級コミュニティを特定の実体をもった所与の社会組織としてでなく、そこに参加するメンバーの日常的実践によって／として、まさにその場でつくり続けられているものと捉え、その構成作用を分析していくことにする。

その際、とくに着目したいポイントが二つある。その一つは、道具使用に関わるトピックである。種類や程度の異なるさまざまなインペアメントを有する障害児たちが各地の普通学校に就学・在籍するようになるなか、その必要に応じて教室に配置され使用される道具のバリエーションはおのずと豊かなものになる。たとえば、医療的ケアを必要とする子どもが在席することになるなら、（看護師配置を伴いつつ）人工呼吸器や気管カニューレ、たんの排出を行うための吸引機、経管栄養のためのチューブなど、医療器具が教室の中で使用される道具のリストに加わることになるだろう。つまり、障害のある身体を普通学級へと組み入れていくことを企図するインクルージョンの実践とは、まずもって当の子どもが有するインペアメントに関連／連接する道具を学校・学級空間の中に配置し、それらを日常の活動に準じてそのつど使用していく実践と分かちがたく結びついているということである。「ある特定の知識や道具を使うことは、あるコンテキストやコミュニティの中でそうしたものを使うことであると同時に、特定のコンテキストやコミュニティを可視化し、また、組織化する行為にほかならない」[*14]。こうした事実を基点として、本稿においては、道具の使用とそれを通じて組織される日常の相互行為の中で、障害児の参加はどのようにデザインされているのかということについて考察してみようと思う。

いま一つ注目したいのは、学級のメンバーたちは、障害児との関係性に関する固有の適切性をいかにつくり上げていくのかということである。インクルーシブ教育をめぐる言説は、とかくマジョリティ中心にアレンジされた普通学級へと障害児をどのように組み入れていくべきかという問いのもと、学級と参加の関係を単線的で固定的に捉えがちであった。そうした問題構成において、参加の主体は障害児で、参入対象は健常児の生活現実だということがアプリオリな前提となっている。だが、学校の日常を仔細に観察してみると、そこには障害児によって生きられるリアリティへの健常児の参加やアクセスをデザインしようとする諸々の実践を見出しうる。そこに観察されるのは、健常児の生活形式と障害児の生活形式との遭遇という事態である。

「生活形式」とは、ルートヴィヒ・ウィトゲンシュタインの後期哲学の基本概念の一つであるが、それは、人間の言語や活動が「さまざまな非言語要素、すなわち社会的・文化的生活のコンテキストと一体になっている」ことを示すための概念である。[*15] この概念の使用にあたって、その力点は通常、言語活動と人間生活との相互規定的関係におかれるところではあるが、本稿では、人々の世界の感受の様式、もしくは生きられる秩序（lived order）といった意味合いをも包含する概念として用いることにする。二つの生活形式の接触と融合により新たな生活形式が形成されるというモチーフを基底に据え、学級コミュニティの構成過程を描き出していく。こうした探究は、障害児によって生きられる秩序へと健常児が正統的かつ周辺的に参加していくのに要する技法を開示するとともに、障害児のいる学級コミュニティの秩序を構成していくメンバーのコンピテンスを明らかにすることへとつながるものと期待できる。

3　フィールドの概要

本稿がフィールドとするC小学校は、関西のX市のほぼ中心に立地する公立小学校である。周知のように、一九七〇年代、近畿地方や関東地方を中心に、「共生共学」や「校区保障」などのスローガンを掲げ、障害児を地域の学校に就学させようとする市民運動が興隆する。X市もまた、解放教育の文脈と連動する形で関西の「共に学ぶ教育」の運動をリードしてきた地域の一つであり、同市の教育運動は、インクルーシブ教育の研究者である二見妙子に言わせれば「最もラディカルであった」ということになる。[*16] そして、障害児と健常児の共学を志向する教育実践の伝統は、「共生共学のエートス」を血肉化してきた現場教師たちの日常実践を通じて、一定の変容を被りながらも日々更新され続けているのであり、当地の小中学校には普通学級での障害児と健常児との同一学級処遇を重視する、「原学級保障」の論理が息づいている。この「原学級」（障害児が所属する普通学級）という呼称には、特別支援学級のような障害児のみによって構成される学級ではなく、健常児とともに学ぶことのできる普通学級こそが障害児が本来在籍すべき学級であるという趣旨が込められている。

C小学校が立地するのは、市内でも比較的落ち着いた地域とされるエリアである。といっても、学校の周囲には大企業の社宅や公営住宅などが混在しており、住民の階層的なばらつきはかなり大きい。比較的裕福な家庭の子どもから、一人親家庭、ステップ・ファミリーの子ども、生活困難層の子どもまで、就学児童の家庭背景・生活条件は多様である。

同校の児童数は二〇一五年五月の時点で四八八名であり、学級数は六つの特別支援学級とあわせてトータル二一学級である。障害種別ごとに編成される特別支援学級の在籍者数上限は八名だが、特定の子どもが特別支援学級籍となるか否かは、保護者からの申し出による場合の他、保育所や幼稚園から支援対象児として引き継ぎながら、保護者の了承を得て特別支援学級籍とする場合とがある。特別支援学級籍の子どもは二二名で（二〇一五年五月時点）、そのなかには、診断を得ているものや障害者手帳を交付されているもののみならず、手帳の交付を受けていないものもいる。C小学校においても、「原学級保障」の理念のもと、特別支援学級籍の子どもの座席はすべて同学年のいずれかの普通学級に配置されており、原学級から障害児を「取り出す」形での指導は行っていない。

障害児が所属する普通学級に支援担当スタッフとして入り込むのは、支援担に加えて、特別支援学級籍の児童生徒の生活介助や学習補助のために同市の制度により雇用されている「小・中学校介助員」である。たとえば二〇一六年度のC小学校では六名の支援担と、小・中学校介助員一名に加え、授業の合間の時間帯を縫って支援活動に参加する音楽専科の教員一名の八名がローテーションを組みながら、支援対象児童の所属するクラスに代わる代わる入り込み支援活動を行ってきた。健常児と障害児との同一学級処遇という方針は、C小学校においても校長のイニシアチブによって主導／堅持され、その原則は朝の職員会議など全体会議の場面で繰り返し確認／周知されてきたのである。[*17]

ここで特筆すべきなのは（X市立の小学校の多くでそうなのではあるが）、教員の間で支援担と普通学級担任の役割交代が毎年のように行われているという点である。役割を固定化することなく、すべての教員が特別支援学級担任と普通学級担任、双方の立場を順次経験することから、教師たちは各々の役割に付帯する仕事の特徴やパターンに関する理解をベースに、水平的なコミュニケーション関係を樹立し、連携／協同して働く柔軟な仕組みを編み出してきた。実際、授業の進め方や要支援児童の指導の仕方などについて、支援担と原学級担任（以下、適宜「原担」）が授業中や休み時間、放課後を問わず頻繁に話し合っているのを目にすることができた。さらに、支援担と原担との議論を踏まえ、通常の形式では要支援児童が十分授業に参加できないと判断された場合、授業の方法や形態に一定の変更が加えられるということもしばしばであった。

また、支援担の間では放課後の時間帯などを利用してこまめにミーティングがもたれている。支援を必要とする児童についての情報を交換し合ったり、（出張などに伴う）スタッフ配置の変化に応じて入り込みのローテーションのスケジュールを調整したり、など、日常の業務配分に関わる実際的な打ち合わせがその主たる目的である。加えて、これとは別に、C小学校では、「原支担者会」と呼ばれる会議が年間五回、主に学校行事を控えた時期や年度末に開かれる。この会議では、すべての学年の原担と支援担とが一堂に会し、運動会や学芸会、マラソン大会や遠足など、全体での協同を必要とする学校行事についての意思疎通を図ったり、要支援児童に関する情報の共有や引き継ぎなどが行われる。とりわけ、C小学校に在籍する要支援児童についての評価や見立てを教員集団全体で定期的に共有し合う機会として原支担者会は重要な機能を果たしている。

本稿では、二〇一五年四月に同校に入学した全盲男児（健太〔仮名〕）と周囲のクラスメートや教師たちとのやりとりや関係について検討していく。筆者は、C小学校において健太が入学した二〇一五年四月から二〇一八年三月までの間、彼の所属する学級を中心に週に一度のペースで参与観察を続け、その後も、不定期ながら、健太が卒業するまで何度かフォローアップの調査を実施してきた。ここでは、そうした調査によって得られたデータのうち、おもに健太が一年生のときに行ったインタビューや記録したフィールドノートを分析のためのリソースとして用いることにする。なお、健太が所属する一年三組の児童数は三〇名である。原学級担任のKは二〇一五年度に教職経験三七年目になる六〇代の女性である。二〇〇八年度に同校に着任し、退職後も校長からのたっての願いで、引き続き再任用により勤務していた。また、健太の第一学年の特別支援学級担任は三〇代女性のNである。教職経験は二〇一五年度に七年目となり、C小学校は入職後二つ目の赴任校で、二〇一三年四月に着任している。

4　事前的措置としての基礎的環境整備

最初に、健太の入学時の校長の語りを参照しながら、事前の基礎的環境整備という観点から、健太の受け入れをめぐる学校の対応についておおまかに整理しておこう。[*18] 校長は、健太の入学についての情報を、保護者とつながりのある視覚障害当事者の知り合いからすでに一、二年前に得ており、「そういうお子さんが入ってくるんだなっていう心構えはありました」と語っている。

折を見て健太の保護者と面会し、あらためて入学の意思を確認した校長は、数人の教員と連れ立って、健太が通っている市内の公立幼稚園を訪れ、本人の普段の様子を見聞きしたり、当時全盲児が在席していた同市内の別の小学校を訪問し、受け入れまでの手順や現在の取り組みなどについての情報を集めたりした。加えて、本人と保護者が週に一度のペースで通園していた視覚障害児のための療育（児童発達支援）施設での見学やヒヤリングを行ってもいる。それと同時に、必要な箇所（校門と昇降口と体育館をつなぐ経路など）への点字ブロックの敷設であったり、点字プリンターや点訳関連ソフトウエアの導入など、施設・設備面での整備も進められた。それに伴い、教職員向けに点訳教材の作成に関わる研修なども実施されていた。

これに加え、教室配置についての検討もなされ、一年生のうちはトイレに近い方がいいのではないかという判断から、最もトイレに近い教室を健太の所属するクラスに割り当てることとなった。そのうえ、健太の下足入れは、容易に見つけられる場所がよいだろうということで、一学年の列の一番上の右端とすることが決められた。さらには、壁伝いに歩くことを想定して、健太が常用するルートを中心に、廊下の障害物を撤去したり、本人の手の触れる高さの掲示物を取り除いたりした。校内環境に関わるこうしたアレンジメントは、複数の成人視覚障害者や視覚障害対象の特別支援学校などからのアドバイスを得て行われてきたものである。

また、点字教科書についても、早くから教育委員会に申し込み、学期のはじめに遅滞なく提供されるよう手配した。このようにして、校長をはじめ教職員たちは、健太の入学に先立って、できる範囲で就学以前の状況を確認することにより、そしてまた視覚障害についての認識を深め、視覚障害児への教育・支援についての知識や知見を蓄積・共有することにより、地元の小学校で健太をスムーズに受け入れられるよう環境を整備し、準備を進めてきたのだった。*19

ではいよいよ新年度を迎えるにあたって、健太が所属する一年三組の教室でなされたのはどのような環境調整であっただろうか。一学期が始まってしばらくの間、子どもたちの座席は廊下側の一番前の席から出席番号順で機械的に割り当てられており、健太の席は最前列の真ん中にあった。その後、ゴールデンウィーク明けに席替えが行われ、健太は最前列の最も窓際の席へと移ることになる。これに合わせて、クラスメート全員の机の右上に、平仮名と点字でそれぞれの名前を併記したシールを貼ることにし、ランドセルなどの荷物を入れるための健太の個人ロッカーの位置も窓際の一番上側とされた。これらは教師たちの打ち合わせによる決定なのだが、それらは健太に対して、クラスメートの名前を知らせ、それらの座席との相対関係のもとで自分の席の位置を認識しやすくするとともに、動線を単純化し、登下校時の荷物整理など日常の移動を自力で行えるようにするための配慮であった。[20] また、健太の座席の近くの窓際には、健太の学習に関わる道具をおくためのスペースとして本棚と机が並べて配置された。ここには点字用紙やレーズライター、ラインテープやシール、タックペーパーや視覚障害者用定規、点字盤やパーキンスブレーラー（以下、適宜「パーキンス」）などの他、点字教科書も収納されており、健太は授業の際ここから必要に応じて教科書などの道具を取り出すことになったのである。[21]

5　学級コミュニティの相互的構成と社会的コンピテンス

●学級活動への参加の組織化

一般的に学校の教室は、他者との共同的関係を基盤としながら、学力形成を志向する教育活動が展開する場として定義される。その教室で教師たちは実際どのような活動に従事しているのか。ここでは支援担Nの活動をメインに検討する。[22] 原学級への入り込みの場面においてNにとって中心的な課題となるのは、クラスの活動への健太の参加をどのように組織していくかということである。[23] 以下のエピソードは、一学期が始まって間もない頃に記録されたフィールドノートからの引用である。まずはこれを足がかりに、Nの実践とそれを支持する論理や方法について考察していこう。[*24]

算数の授業。五までの数の学習を行っている。果物の集合が複数描かれ、それぞれの集合の下に正方形のマス目が描かれたプリントが配布されている。子どもたちは三つ以上の果物からなる集合の下のマス目の中に円を描く課題に取り組んでいる。Nは健太の机の右横に座り込み、彼の作業をサポートしている。健太にも他の子どもと同様のプリントが配布されているが、彼に渡されたプリントの果物の上にはシールが添付してある。Nは、健太に対して、三つ以上のシールの集合を円で囲むように指示していた。健太はシールの数を指で数えながらその周りをボールペンでなぞって円を描いていく。プリントの下にはレーズライターのゴム板が置かれており、なぞった部分が浮き上がることで、描いた円を指で触知できるようになっている。【FN20150428】

ここでは、他の子どもたちと全盲である健太に同じプリントを配布しながら、Nは、健太に対して、クラスの他の児童とは異なる種類の指示を与えている。そのことについてNは同日の放課後に行ったインタビューで次のように答えている。

★：これはN先生が工夫されてるってことですよね？

N：そうです。これは健太くん〔には〕難しいので、このシールのまわりを囲むっていうことは、触ってたらできそうなので、そういうふうにしました。

★：N先生としてはみんなと同じ教材を使わせるっていうことに、一つ大事にしてる部分があるんでしょうか？

N：そうですね、担任のK先生の声で一緒に動けるということをいまは意識させたいなと思ってるので、集団を意識して。

全盲児に数の概念を教授するという目的のみを志向するのであれば、おはじきやビー玉といった具体物を用いるなど、もっと別の、より適当な教授法を策定することは可能であるに違いない。しかし、この場面でNは、そうした具体物を使用してはいなかった。それに対し、上記のインタビューで筆者は、「みんなと同じ教材を使わせるっていうことに、一つ大事にしてる部分があるんでしょうか」と述べることで、暗に、この方法とは別のよりよい教授の仕方があるのではないかとの疑問を投げかけ、「みんなと同じ教材を使わせる」ことへの説明を求めている。

Nは即座に、「そうですね」と応じ、「担任のK先生の声で一緒に動けるということをいまは意識させたいなと思ってるので、集団を意識して」と語った。そうした応答によってNが述べようとしたのは、クラスメートが用いているものに近似した教材とそれに依拠した指示を与えることで、健太にも学級集団の一員として原学級担任のKの声に同期した行為を行わせようと企図していたということである。

元来Nにとって、健太に「集団を意識」させることはとりわけ重要なミッションなのであった。一年三組に入り込む際、Nは健太に向けて適宜周囲の子どもの様子などを伝えるなどして、できるだけ経験を共有化させ、能動的に学級活動にコミットすることを促そうとしてきた。この際Nは健太の学級へのコミットメントを、活動への参加と情緒的な結びつきという二つの側面から捉えていた。

学級活動に健太をコミットさせようとするNの実践の端的な例は、係についてのエピソードである。二学期、健太は配布物を配る係になっていたのだが、自分の身のまわりの処理に手間をとられて係の活動には参加できていなかった。だが、少しずつ余裕をもてるようになるなかで、健太も係の活動への意欲を見せはじめる。そのタイミングを見計らって、Nは健太に対して活動に参加するための方法についてアドバイスを行っていた。

★：係の人の名前を覚えておくみたいなことをおっしゃってたと思うんですが、あれはどういうことですか？
N：健太君は配りたいって言ったんですけど、何を配るかっていうのは配りの人〔活動をともに担う子ども〕に聞いたらわかるじゃないですか。「配り誰なの？」って言ったときに「わかんない」って言って一人で行動しようとしたから、そうじゃなくって、チームを組んでやった方がいいから、何するにも「何々さん何するの？」って、わかんなかったら聞くと。じゃあ、その何々さん

がわかんなかったら聞けないから覚えた方がいいよって。【IN20151113】

何かしらの活動を行おうという意欲を抱くことがあったとして、当該活動を始めるためには、その内容を把握せねばならず、その把握のためには、同じ活動に従事する他の児童に教えてもらわなくてはならないということがある。だが、そのメンバーの名前がわからなければ尋ねることはできないし、呼びかけることすらままならない。だから、同じ配り係になっているメンバーの名前を覚えておくことがことさら重要なのだということである。こうしたロジックは、一見するととるに足らないものであるのだが、それでも視覚的なインプットの不在を前提とした際、相手を特定して呼びかけるというやり方は、名前と声とを一致させるのに役立つということもあり、健太が活動のイニシアチブを握るに当たってことのほか重要な方法となる。そうした点を念頭に、Nはときにいささか冗長とも思えるやり方で指導し、クラスでの諸々の活動への健太の参加を組織してきたのである。

加えて、Nは健太と他の子どもとの間に情緒的なつながりを形成することもまた、学級への健太の参加を形づくる重要な要素であると考えていた。そのためには、他者への関心を育むことが欠かせない。「最近健太くんのことで気がついたこととかありますか」という筆者の問いにNは「まわりに関心をもてるようになりました」と述べ、次のように続けた。「一学期はね、人〔クラスメート〕が怒られてても注意されてても我関せずで自分のこと話し出してたんですよ、『健太くん、それはクラスのことやから聞かないといけないよとかなんとか言って』、でも、一学期終わりぐらいまであんまり関心はなかったんですけど、ついこの前、K先生が『健太くんわかった?』って言ったら、聞いてたみたいで、複雑な話でもわかったんです」（【IN20150908】）。またNは、「荷物持ってあげる」というＩＵの下校時の申し出に対して、「自分で持てる」と言って断り、逆に「僕がＩＵさんの荷物持つよ」と申し出た健太の様子を見て、これはいままでなかったことで、大きな成長だと評価していた（【FN20151106】）。こうした語りからも了解されるように、どれだけ学級のメンバーとして周囲のクラスメートの動向に関心を払い注意を向けられるようになったか、どれだけ他者がみずからに向ける情動への感受性を高められてきたかといった点は、Nにとって健太の成長を見定めるための重要な指標の一つとなっていたのである。

そして、授業場面においても、Nは一貫して児童の集合体である学級の一員として健太を授業に参加させようと心を砕いてきた。授業中、Nは教科書やパーキンスの準備を手伝ったり、Kの全体に対する指示（たとえば「下敷き入れてください」）を、健太固有の作業課題（たとえば「パーキンスに紙セットして」）へと再定義するなどして、学習活動への健太の参加をデザインする役割を担っている。[*25] その場合でも、健太に「K先生の声を聞きながら書くんだよ」と指示するなど（【FN20150908】）、あくまで原学級担任であるKの話を聞きながらノートをとるようにと指導してきたのである。このとき、健太に他の児童が用いているのとまったく異なる形状の教材を与え、他の児童に対するのとまったく異なる指示を行ったのでは、仮に、その教材が学習指導のツールとして効率的であったとしても、その使用を通じて原学級担任の指示に当該学級の一員として従う姿勢や能力を育成することにはならないだろう。つまり、健太も、小学校一年生の児童であり、いわゆる「学校的社会化[*26]」の初期段階にあるのだから、他の児童と同様に集団を意識させ、「担任のK先生の声で一緒に動ける」能力や態度を育成することがまずもって重要であるというわけだ。[*27] 付言するなら、「児童」には「教師」の指導に従う義務があるのだと常識的に考えられることからすれば、「担任のK先生の声で一緒に動ける」ようになっていくこととは、すなわち健太にとって一年三組の児童としてのアイデンティティを状況内在的に達成していく過程でもあるということなのである。

ここで明らかなことは、いま／ここの授業実践がたんに学習指導の文脈に定位した活動として構想／遂行されていたにとどまらず、生活指導を通じた学校的社会化の文脈に指向した活動としても成立し成し遂げられていたのだということである。まさに北澤毅も指摘するように、小学一年生における一学期の授業とは「学習指導の装いを保ちつつ徹底した生活指導がなされる場[*28]」であるということだ。そうした実践状況のもと、シールを添付したハンドメイドの副教材は、レーズライターの使用、ならびにシールの集合を円で囲むという指示とともに、学校的社会化と学習活動の組織化を同時的に推し進めようとする、小学一年生の教室でのローカルな活動の文脈へと埋め込まれていく。

そのとき、Nによって作成されたプリントは、〝境界的オブジェクト〟(boundary object)としての性格を帯びることになる。〝境界的オブジェクト〟とは、異なったコンテクスト、分業、コミュニティの間にあって、それらを接合しつつ、そのどちらでもない新たなコンテクストを創発するアーティファクトである。[*29] つまり、当のプリントは盲児用の教材の使用による「合理的配慮」の文脈と、学習活動に織り込まれた「学校的社会化」の文脈とを結びつける道具として存在していたのであり、全盲児をメンバーとする学級コミュニティの新たな構成に埋め込まれ、その組織化を可能にする中核的なリソースとして適切に運用されていたのである。

●道具使用を媒介とするコミュニティの生成

むろん、健太とNのこうしたやりとりは、普通学級における授業場面に健太を参加させていくための合理的配慮措置の一環としてあるのだが、それは二人の間で完結するような閉じた体系として存立しているのではない。点字教科書や立体加工を施したプリント教材、レーズライターといった盲児用教具など視覚的インペアメントに優位な関連をもつ、他の子どもが用いているのとは異なる道具の使用ならびに触覚を用いた健太固有の学習活動は、一年三組の教室でのローカルな活動の文脈へと組み込まれ、そのもとで可視的になるよう組み立てられているだけでなく、当該クラスの欠くべからざる状況の一部として、それに続く相互行為のための文脈を構成してもいる。この点はNにも十分に意識されていたことである。

★：N先生がつくった特別なプリントでやってる健太くんの様子を見て他の子どもたちはどんな感じですか？

N：今日、TMさんは、「なんでそうしてるの、そうすると見えるようになるの？」って言ってました。で、「見えるようになるわけじゃなくて、触ったらわかるんだよ」っていうふうに言って、でもいまいちまあ、まだ小さいのでわかってないっていう感じはあるんですが、あれを重ねていくと、健太くんはこうするんだな、みたいなのがまわりの子に浸透してくるのかなと思って。

【IN20150428】

当初、障害児は多くの子どもにとって未知の存在であるに違いない。それどころか、小学一年生の子どもにとって、視覚障害とはどういう状態であるのかをイメージするのはけっして容易なことではないだろう。最初の接触局面にあって健太は、異質性を備えた他者として健常児たちの前に現れる。そもそも、両者に与えられる生活形式は相異なっており、生活形式の違いは日々の生活の仕方、暮らし方（ライフスタイル）の流儀における差異を生む。言ってみれば、健太の生活形式と健常児たちの生活形式とが並存する一年三組のコンテキストのもとで両者は出会うのであり、個々のメンバーは、双方の生活形式とそれに裏打ちされた各々の流儀とが創発するコミュニティの中へと参加していくことになるのである。[*30] Nも一学期を振り返るインタビューにおいて、健太の他者性を念頭に、「健太くんをまず知るということ、子どもたちはたぶん、知らない環境から来てるので」と目標としたポイントについて語っていた（【IN20150831】[*31]）。

そうであるからこそ、ここでNは「健太くんはこうするんだな」ということが「まわりの子に浸透して」いく状況を、望むべき一つのあり方として提示する。そのうえでNは、目指すべきそうした状況は、教室において健太への学習支援を日常的に行うなかで、当の状況を共有し、目撃する周囲のクラスメートたちに対して、「なんでそうしてるの」か、「見えるようになる」のでなく、健太は「触ったらわかる」のだという説明を「重ねていく」ことで、漸次的に実現していくのだと推論している。

それればかりではない。こうした地道な営為に並行して、健太の流儀をより直接的かつ明示的にクラスに向けて示そうとする実践もなされていた。それは、学習で用いる道具使用あるいは授業への参加の形式にスポットを当てるという仕方で行われる。たとえば、ある日の帰りの会で、「これ言っといた方がいいやろか」と問いかけるKに応じて、Nは、クラス全体に向けて、「健太くんはこれからこれを使って点字を書いてお勉強します」と点字盤を指し示しながらアナウンスしていた（【FN20150516】）。健太の学習形態を、クラス全体が関心を向けてよい／向けるべき対象としてハイライトしようとする教師たちのこの種の振る舞いは、健太も同じコンテキストを共有するクラスの一員なのだという理解を遡及的に立ち上げながら、健常児たちの日常性の中へと健太の独自性を組み込むための一つの方法なのであった。

さらにここで注目に値するのは、健太のために配置された盲児用の教材や教具がたんに触覚を用いる健太の学習活動にのみレリバントな道具としてあったわけではないという事実である。点字や点図は子どもの興味を引く対象でもある。ほどなくしてパーキンスやレーズライター、点字盤はクラスの子どもたちにとって格好の遊び道具となっていく。休み時間になって、健太がその使用をやめるや否や、ある子どもたちは点字用紙やタックペーパーを棚から各自取り出してきて、点字の五十音表を見ながら代わる代わる点字を打って遊んでいた。また別の子どもたちはレーズライター用紙にボールペンや色鉛筆などで図形や絵を描いて遊んでいた。教師たちも、子どもたちがそれらを遊びのためのリソースとして用いることを容認しており、とくに使用を禁じたり制限を加えたりすることはなかった。その結果、これらの道具は、「教具」として健太独自の学習活動の文脈を際立たせる一方で、「遊具」として健常児たちの遊びの文脈を拡張する機能を果たしてもいた。

実際、一年三組の子どもたちは徐々に点字盤やパーキンスといった道具の使い方に習熟し、点字での読み書きに慣れ親しんでいく。点字を一覧表に頼らず読めるようになった子どもも少なくない。このように見てくるならば、視覚障害に関連する道具への自由なアクセスを保障し、その利用可能性を担保しておくこととは、その一連の道具と優先的に結びつく健太の流儀へのアクセシビリティをクラスメートに対して開放しておくことなのだといってよいように思われる。であれば、一年三組の子どもたちが、そうした道具を使いこなせるようになっていくこと、点字に熟達していくことについてはどのように理解すればよいだろうか。上野[*32]によると、ある特定の知識や道具を使うこととは、特定のコンテキストやコミュニティを可視化し、「自分は、あなたと同じ仲間だ」といったことを社会的に表示しているということになる。こうした議論を踏まえるならば、子どもたちが健太が常用する道具への自由なアクセスを獲得していく事態とは、道具使用における経験の深まりと重なりを契機に、もしくは道具へのアクセス権の保有を基点として、共通のアイデンティティを仮構的に生成し、健太の流儀もしくは参加形式に対する理解可能性を向上させていく過程なのだといってよいだろう。

加えて、健太を含む複数の子どもたちが同一の道具に志向しながら共同で活動する様子も観察されている。その一例を図書室での活動に見て取ることができる。図書室の真ん中あたり、みなの目に最も目に触れやすい位置にある本棚には、点字の本のコーナーが設けられており、そこには子ども用点字図書のほか、いわゆる「さわる絵本」も多数配架されていた。それら点訳書籍のたぐいもまた学校司書によって選書され随時入れ替えられていたのだが、いずれも健常児たちにとってもアクセス可能であった。図書室を訪れる多くの子どもがそれらを手にとるのを目にすることができたし、それらを借りていく者もいた。

その中に、『テルミ』という学習絵本がある。これは、視覚障害児向けの雑誌なのだが、晴眼者と視覚障害者とが共同で利用することを想定し、点字だけでなく、絵や図形も発泡印刷され触察できるようになっており、点字の箇所にはすべて活字が併記されている。[*33]

ある日の昼休み、健太はOSと誘い合って図書室へ行く。KTもそれについていく。図書室では同じクラスのNSとも合流し、それぞれが好みの『テルミ』を手に取り、机に向かい合って座り、迷路を四人でなぞって遊んでいた。【FN20151119】

「道具が道具であるのは、複数の感官と固有なしかたで連接されるものとして《規範的に》構造化されているから」だと西阪仰は言う。[*34] この場合、『テルミ』においても規範的に、点字は触るべきものとして触覚に連接され、活字は見るべきものとして視覚に連接され、発泡印刷された絵や図形は視覚と触覚の双方に連接している。四人の児童が協同的に構成する迷路遊びの参加フレームは『テルミ』におけるそうした「複合感性的構造[*35]」を基盤として成立しているのであり、『テルミ』自体もまた、それが組織する遊びの参加フレームに不可分な構成要素として組み込まれているのだといってよい。その意味で、こうした道具もまた、〝境界的オブジェクト〟として、異なった認知様式をもった健太と他の子どもたちの間をつなぎ、相互交流を促進する機能を果たしていたのだといえるだろう。

以上、ここでは健太の流儀を一年三組の教室の文脈へと埋め込もうとする実践について検討してきた。それに続けて行ったのは、道具使用をめぐる実践の考察である。視覚障害にレリバントな諸々の道具は、新しい協同性を生成する触媒となっている。それらは第一義的に健太のインペアメントと優位に結びつく道具なのではあるが、同時に健常児にとって遊びを組織するアーティファクトでもある。子どもたちはそれらを遊びのコンテキストに導入し、他の遊具と並列的に取り扱うことにより、遊びのフレームの拡大を図っていた。要するに、一年三組の子どもたちは、盲児用の道具を健太とは別様に用いることにより、ないしは、健太と共同使用することで、双方の流儀を横断する共通のアイデンティティをともに樹立し、特有の秩序をもつ学級コミュニティを、道具の越境的使用を媒介として、相互的に構成していたのだ。

●社会的コンピテンスと状況的学習

ここまで、学級コミュニティが全盲児と健常児との流儀の創発特性として生成するという点について述べてきた。だが、具体的にそれがどのような機序によって創出されてきたのかについては、いまだ十分明らかにできていない。山田富秋[*36]によると、「ローカルな状況の協働的組み立てを可能にする」のは、社会的コンピテンス、つまりは実践的な方法や知識、能力であり、人々はそうしたコンピテンスを何らかの仕方で獲得していく。学校的文脈に限って見るならば、先にも少し触れたように、諸々のコンピテンスは就学前教育における方法的社会化に基礎づけられた学校的社会化の過程を通じて徐々に身体化されていくものと見なされる[*37]。

そうであるなら、ここであらためて問うべきなのは、実際に学級コミュニティを内側から協働的に組み立てていくにあたって必要となる社会的コンピテンスを子どもたちはどのように獲得してきたのかということである。この点を考察するうえで決定的に重要なことは、学級コミュニティを組織化するために獲得すべきコンピテンスには、視覚を使用せずに生活する健太が日常的に用いている方法や能力についての実践知・方法的知識も含まれるということである。三学期が終わりに近づく頃には、移動するときにさりげなく手引きしたり、手をとって一緒に動作しながら説明したり、手順や進行具合を逐次言葉で知らせながらグループ活動を行ったりなど、クラスの子どもたちはすっかり健太のやり方になじんでいた。では、流儀を異にする健太とのコミュニケーションにおける、それら独特のコンピテンスを晴眼児童たちはどのように学び取り、共有化してきたのであろうか。

N：難しいんですけど、見えてるかのようにお話をする子がいて、ここになーとか、ここに何色があってとか、そういう話をもうちょっと健太くんにわかるように、言葉で伝えるようにっていうのはK先生がすごい言ってくださっていることで、私もそばにいるときには友達とかに伝えていってるかなと思います。【IN20150831】

「人々が社会的状況に参入しその中でふるまうときには」「他の人々に分かるような仕方で、自分のふるまいを他の人々のふるまいに対して配置していく」ことが求められる。[*38] 日常の教室場面でNないしKが晴眼児童に対して繰り返し求めてきたのも、「ここになーとか、ここに何色があって」と「見えてるかのようにお話をする」のでなく、「健太くんにわかる」ような仕方でみずからの行為を配置していくことであり、そこでのコミュニケーションの基本形は「言葉で伝えるように」という形で定式化されている。朝の授業前に健太の机にプリントをもってきたYRに対してもNは「声出してあげて、これ何かって教えてあげて」と語りかけていた（【FN20151009】）。このように、健太にわかるような仕方で行為せよという指導は、しばしば当人同士の相互行為を仲介するような形式をとって反復されてきたのである。[*39] だが、健太とともに居合わせるということに結びついた行為調整上の課題はこれだけにとどまらない。

N：歩き方いいでしょ？　けっこう何人にも言ったんですよ。

★：それは教えていくわけですか、こうやるんだよって？　健太くんに肘もたせるんだよって？
N：そうです。なんか最初は肩をもって自分が後ろだったので、後ろじゃなくて、自分が前に行くのって言って。こうやってするんだよって言ったらできました。【IN20150908】

子ども同士で活動を組み立てていくことを考慮するなら、晴眼児童たちは健太と行動を共にするための技法についても学ばねばならない。そのため、Nは機会を捉えて手引きの仕方についてもたびたびレクチャーし、意識的に健太の手引きを周囲の子どもたちへと委ねるようにしてきたのだった。

その実、多くの子どもが積極的に健太の手引きを担おうとした。たとえば、プールの後の休み時間、NSは健太を手引きしながら廊下のロッカーまでおさるファイル（授業プリントをまとめるためのバインダー）を片づけに行き、再び健太を連れて戻ってくる（【FN20150619】）。このとき、「これ健太くんどうするの？」とおさるファイルについて尋ねるNSに対して、Nは「一緒に片づけてきて」と指示することで、当の発話によって示されたNSの健太に対する関心を、援助の申し出として理解したことを示しながら、具体的な行為へと橋渡しししていた。

ここでのポイントをまとめるなら、何らかの活動を組織化していく際には、まずもって視線やジェスチャーや指さしといった非言語的行為に依存するのでなく、できるだけ言語的なインタラクションに準拠すべきだということであり、晴眼児童たちは、視覚的なインペアメントをもつ人物が「ともに居合わせるということに結びついた一連の行為調整上の諸課題[*40]」に対処するコンピテンスを獲得せねばならないということなのである。ちょうど、健太が健常児たちの流儀に即して配り係への参加の仕方を学ばなくてはならなかったのと同様に、健常児たちもまた、健太の流儀に応じた「やり方を知る」必要があるのであり、それに同期した振る舞いを組織していかなければならないということだ。

しかしながら、健太との間に適切な相互行為を確立するためのコンピテンスを各々の子どもたちが獲得していくにあたって、つねに教師たちによる直接的な介入や指導が求められた、というわけでもなかった。ある朝、係の子どもがKがチェックし終えた漢字の書き取りの宿題を手分けして各自に戻していたのだが、MUは健太の席にその宿題を返却する際、「これ健太さんのレーズライター、時間割の隣においておくね」と声をかけていた（健太は漢字の書き取りをレーズライターで行っていた）（【FN20150713】）。またある日の一限目には、図工の時間に制作した版画の作品を各々に返す際に、NMは「健太さん、版画だよ」と呼びかけていた（【FN20160308】）。健太に何かを手渡すとき、それが何かということや、それをどこにおいたかといった情報をあわせて通知するというのは、教師たちのルーティン化された手順の一部となっていた。あたかも、ユカタン半島の伝統的な産婆の技能が、経験のある産婆のまわりを「うろつく」ことで習得されていたように[*41]、視覚情報に直接アクセスすることのできない健太とのコミュニケーションに関するコンピテンスもまた、教師たちと健太とのやりとりについての観察や模倣、それに基づく相互学習という経路を通じて、子どもたちそれぞれに獲得されていたのである。

健太に関わるコンピテンスの獲得において、協同性を基盤とする互恵的な学習活動が重要な機能を果たしていたのはおそらく間違いない。別の例を見てみよう。ある朝、無言で健太の机にプリントをおいたHKに対してYSが「健太さんには声かけないとなにおいたかわかんないよ」とアドバイスしていた（【FN20151020】）。こうしたささやかなやりとりからも理解可能であるように、健太とのコミュニケーションに関わる社会的コンピテンスは、子ども同士のインフォーマルな関係の中でなされる知識の伝達や協同的な学びの集積を通じて相互的に培われてもいたのである。

健常児たちが健太固有のやり方に溶け込むことは、コミュニティを組織化する実践の一部である。そうした点を鑑みるなら、Nによる一連のインストラクションが示していたのは、ただたんに点字盤を使って勉強するといったように、日常世界への関与の仕方に関わる健太の流儀を認識できてさえいればよい、ということなのではない。そうではなく、健太とのコミュニケーションにおける固有の適切性をベースに、健常児たちは視覚的インペアメントによって条件づけられる健太における世界の感受の様式、つまりは現に健太によって生きられる生活形式への参加やアクセスをそのつどごとの相互行為を通じてデザインしていかなくてはならないということなのである。

それでは、これら一連の経緯を踏まえたとき、NやKの役割についてはどのように捉えることができるだろうか。ジーン・レイヴとエティエンヌ・ウェンガー*42の議論をパラフレーズして述べるならば、教師たちは、当該の「実践コミュニティ」において「学習者が十全的な実践者になるには何を学ぶ必要があるのか」に関する「手本」を「一歩先んじている徒弟」として子どもたちに向けてディスプレイする役割を担っていたのだといえるだろう。その意味で、教師たちもまた学級コミュニティを子どもたちと協同して状況の内側からダイナミックに構成していく主要なエージェントであったのである。

●学級コミュニティにおける規範の変容

前項では、健常児が身体接触や日常言語を主たるコミュニケーション・メディアとする視覚障害児の生活形式へと溶け込み慣れ親しんでいくプロセスを社会的コンピテンスの獲得という観点から分析した。健常児たちによって生きられる生活形式が、そのマジョリティ性のゆえに優勢であったとしても、学級のコミュニティは健太の生活形式との関係のもとで、相互的に構成されるのであり、そこに現出するのは、両者の総和には回収されない新たな学級秩序であり新たな生活形式だということになる。

かくして、マイノリティ性を含む形で成立するコミュニティは、人々の態度や価値観、慣習や規範といった点でマジョリティのみによって構成されるコミュニティとはずいぶん異なる様相を帯びることになる。健太の所属する一年三組の学級コミュニティも、他とはずいぶん異なる特徴的な様子を見せていた。それを象徴するエピソードを日常活動の光景から一つ示してみよう。

今日は健太とＫＫが日直で、終わりの会の司会を二人でしている。今日一日の良かったことを発表する時間。「今日良かったこと」と二人で唱和すると何人かの手が上がる。するとＫＫは手を上げている子どもの名前をかたっぱしから小声で健太に伝えはじめた。その後、誰にあてるかを相談し合っている。この間、発言を求める子どもたちは挙手したままであった。そして、ようやく特定の児童を二人で指名し、発言権を譲り渡した。【FN20150929】

KKが挙手している子どもの名前を健太に伝える数十秒間、手を挙げている子どもの一部は黙ったままであり、他の大部分は「はい、はい」を連呼して熱心に発言権を要求していた。一方、それ以外の子どもたちは比較的静かにその情景を見守っている様子だった。

ここで興味深いことの一つは、終わりの会の進め方について、教師は特段何らの指導も行ってはいなかったという点である。それにもかかわらず、KKは自発的に挙手している子どもの名前を健太に伝えはじめ、そうすることで、日直という活動への健太の参加を首尾よく組織できていた。興味深い点の二つ目は、挙手しているメンバーについての情報を健太に提供するために時間を費やすこと自体について疑問や苦情を口にする子どもがいなかったという点である。クラスの子どもたちは、その状況をまるで当たり前のこととして受け止めているようであった。

コミュニティのデザインについて考察するなかで、杉万俊夫は規範を「そのような行為が行われても不思議ではない」「そんな行為もあるだろうね」という「想定可能な行為の集合」と定義している。[*43]一年三組のクラス成員にとって、挙手している人物の名前を健太に伝えるといった行為は、「そのような行為が行われても不思議ではない」、終わりの会という状況における「想定可能な行為」であったのだろう。たしかに、いちいちそうしたことで時間をとられることに不満やいらだちを感じる者がいないわけではないかもしれない。だが、そうであっても、ＫＫの振る舞いが、その場に相応しからぬ、場違いなものと判断されることはない。それは、規範に依拠した「想定可能な行為」と見なされる。そして、こうした理解はＫＫにとっても行為選択の前提なのであった。つまり、ＫＫが手を挙げている児童の名前を一人ひとり健太に伝えるために時間を費やすことができたのは、みずからの振る舞いもまた、司会としての健太の役割遂行を可能にする「想定可能な行為」として、クラスのメンバーによって受け入れられるであろうということが、十分に想定可能であったからなのである。

もちろん、はじめからそうであったわけではないだろう。最初の頃であれば、これほど長い間手を挙げた状態に留め置かれるというのは想定外であり、困惑を示す子どももいたはずだ。あるいは、かつての規範のもとであったなら、挙手している誰かをＫＫが独断で指名したとしても、「そんな行為もあるだろうね」と違和感なく受容されていたかもしれない。だが、頻繁かつ濃密に関わり合う人々の共通経験の中で想定可能な行為の集合＝規範は徐々に形成され変化していく。[*44] いままで、（長時間挙手するという）想定可能でなかった行為は、やがて「そんな行為もあるだろうね」という想定可能な行為へと変化し、いまや挙手している誰かをＫＫが独断で指名するといった行為は、「想定可能ではない行為」として退けられうるということだ。そこに生じていたのは、クラスでの日常におけるおなじみの相互作用を基点とした新たな規範の出現であり、そこに介在しているのは、これまで見てきたような、学級コミュニティの構成過程における、教師による粘り強い働きかけや子ども同士の相互的な学習の積み重ねの歴史なのである。

6 結語

今日、障害児の教育に関わる議論のメインストリームは、より望ましいインクルーシブ教育のあり方を追求しようとする文脈のもとにある。そこでは、健常児がマジョリティであるような普通学級に障害児をスムーズに包摂するにはどうすればよいかが問われ、ディスアビリティを解消するための制度を包括的に把握するための理論的な探究もなされてきた。[*45] 健常児との「平等」を目指してそうした議論を積み重ねることの重要性は、障害児の普通学校就学がいまだに地元の学校や教育委員会によって阻まれるという事案が散見される現状に照らしてみるなら、いくら強調しても足りないところではあるだろう。

一方で、筆者が一貫して保持してきたのは、インクルーシブ教育の推進、障害児の普通学級就学という事態を、制度論的・規範論的な観点から議論しているだけでは足りないのではないか、という問題意識であった。そうしたアプローチでは、学校現場の社会的現実それ自体、あるいは学校世界において日々織りなされていく日常のコミュニケーションそれ自体にはいつまで経っても到達できない。むろん、巷間言われるように、インクルーシブ教育を実施するにあたっての現実的な対応策として、事前の環境整備と事後の合理的配慮は欠かせないだろうし、そのための価値前提の問い直しを含めたディスカッションが重要であるというのはたしかだろう。だが、学校での基礎的環境整備というのは、あくまで障害児が普通学級に就学するための基本条件を整えるための手段であるにすぎないし、合理的配慮というのは、せいぜい障害児の授業へのアクセスを十全に確保するための個別的な調整であるにすぎない。学校的文脈における障害児の学習保障のためのインフラを整備するための手立ては必要であるにせよ、その水準の議論に留まっていては、いつになっても障害児と健常児とが共在する学級の具体的なリアリティに迫ることはかなわない。

そうした考えから、本稿では、道具使用に着目しながら、晴眼児童中心の生活形式への障害児の参加やアクセスと、全盲児童によって生きられる生活形式への晴眼児童の参加やアクセスとを組み込む形で、新たな学級コミュニティを相互的にデザインしていくクラス成員の日常実践を考察してきた。教育哲学の立場から、岡田敬司は「インクルージョン」において、「少数派が多数派と交流する術を学習するだけでなく、多数派の方も少数派と交流する術を身に付けなければならない」し、「共生の作法の習得が必要なのはすべての社会成員であり、その予備軍である」と指摘する。[*46] こうした観点からしてみれば、本稿の事例には「インクルージョンの教育理念」[*47] が生きている。というのも、本稿が可視化しようと努めてきたのも、障害児と健常児との同一学級処遇を志向する取り組みの中には、ただたんに環境整備や合理的配慮によって障害児の学級活動への参加やアクセスを担保していく側面だけでなく、健常児の側から障害児の世界に分け入っていくような、寄り添っていくようなモメントが欠くべからざる成分として含まれているということであったからである。

二学期が始まってすぐの頃に行ったインタビューで、原学級担任のKは、「何か健太くんのことでお感じになったこととかありますか？」という筆者の漠然とした問いに対して以下のように答えている。

K：できるだけ大人が答えを出すんでなくって、子どもらが時間かかってでも気づける、子どもと子どもが解決していけるような、なんか私らワンクッションなるぐらいの程度ぐらいでやっていく方が、子どもらが健太くんなんかに出会っていくとか、お互いが相手の立場わかる、考えるっていうことにつながるんかなっていうのを二学期再認識しました。（中略）手伝ってあげるゆうとこうなんか恩着せがましいけれども、なんか、一緒に生活するなかで気持ちよく生活するための方法をお互いが、子どもらが見つけていってくれたらいいないうんか。【IN20150827】

ここでKは、健常児と障害児との差異の実在性を与件としたうえで、「お互いが相手の立場わかる、考えるっていうことにつながる」ものとして、「多数派」である健常児たちが、「少数派と交流する術を身につけ」つつ、健太によって生きられる生活形式と具体的に「出会っていく」ことの意義を述べている。また、当の「出会い」によって何かしらの課題が生じたとしても、それについては「大人が答えを出す」のでなく、「時間かかってでも」「子どもと子どもが」気づいて解決していくべきものだと語っている。そこにかけられているのは、端的にいって「共生の作法の習得」への期待だろう。すなわち、「気持ちよく生活するための方法」を具備した新たな学級秩序を「一緒に生活するなかで」「お互いが、子どもらが」共に構成していくことをKもまた重要視していたということである。

しかし、現実にクラス内で取り結ばれうる関係性は、教師がしばしば思い描くほど、うるわしいものにも和やかなものにもなりえない。学級コミュニティを創造していく過程とは、クラスメートとしてのフラットな成員性を健太と健常児との間に創出していく過程となる。それは、健太に対してクラスのメンバーと慣習的に結びつく権利や義務や資格や知識や責任等々を帰属しながら、日常の秩序を構造化するにあたって学級成員が共有し用いている逸脱とサンクションに関わる解釈図式を健太の態度や振る舞いにもあまねく適用していくことを含意する。そこに現出するのは、何も調和的でサポーティブで親和的な関係ばかりとは限らない。むしろ対立や葛藤、衝突は日常茶飯事のことである。

以前の普通学級においては、「健常」児が「障害」児を「お客さん」扱いすることがしばしば問題視されてきた。[*48] この「『お客さん』扱い」とは、当の障害児を自分たちのローカルな秩序の外部に留め置き、あくまでも部外者として応接しようとする態度のことだ。それとは対照的に、健太とクラスメートとは、挨拶や雑談やじゃれ合いや苦情や注意や非難や挑戦やからかいや冗談などのやりとりを交わし合いながら、学級における日常の相互行為や普段の関係性を営んでいる。[*49] こうして、健太を含むクラス成員は、その後の小学校生活においても日々の相互的な関わり合いの中から、学級コミュニティのローカルでユニークな秩序をパフォーマティブに構成し続けていくことになるのである。[*50]

第3章 社会的に不利な状況にある子どもたちが「発達障害」とされていく仕組み

「障害」はいかに使われているのか

●原田琢也●

1 はじめに

「原田先生、ついにやりました！」。二カ月ぶりに筆者はL小学校を訪問したのだが、校長は筆者に会うなり、晴れ晴れした顔でこう言った。

当時筆者は、ある自治体の学力向上プロジェクトの一環でL小学校を二カ月に一度の頻度で訪問していた。前回訪問時は、校長は困り果てた顔をしていた。一人の男子児童Aに、授業中に教室から飛び出したり、他の児童に暴力をふるったりするなどの問題行動が目立ちはじめた。Aの家庭は母子家庭で、経済的にも厳しく、母親の精神状態は不安定であった。やがてAはしだいに担任の言うことを聞かなくなり、学級にはAに同調する児童も出てきていた。さらに、他の児童の保護者からは担任に対するクレームが寄せられるようになり、担任は追いつめられ病休に入ってしまった。その結果、教頭と教務主任が担任の代行をしなくてはならなくなり、校長は校務の肩代わりをしなくてはならなくなった。校長は、教室に入らないAの相手、保護者からのクレームへの対応、Aの母親の支援にも追われていた。

二カ月ぶりに筆者が学校を訪問したときに校長が喜んでいたのは、やっと母親を説得してAを特別支援学級に入れることができたからであった。その結果、学校は平穏な日々を取り戻していた。A自身も特別支援学級できめの細かい支援を受けることで、毎日を安定してすごすことができるようになっていた。Aが在籍していた学級も落ち着きを取り戻しつつあった。そして、Aの母親の精神状態も安定し、他の保護者からのクレームもなくなった。万事うまくいっているというのであった。

しかし、筆者には疑問が残った。Aには本当に障害があるのだろうか。筆者は、その疑問を率直に校長にぶつけてみた。「Aを特別支援学級に在籍させるということは、Aに障害があるということが前提になりますが、Aの現すさまざまな課題は障害というよりは、家庭の状態が不安定なことから生じているように思われるのですが」。すると校長は、「安心してください。あくまでも一時避難的な措置です。状況が落ち着いたらまた元の学級に戻します」と応えた。

このようなことはけっして珍しいことではない。同時期に筆者が訪問していたM小学校でもよく似たことが起こっていた。五年生の男子児童Bが担任に反抗的な態度を示すようになり、他の児童もBに追随しはじめ、担任はやはり病休に追い込まれていた。ちょうどそのとき、校長も病休に入っており、教頭は窮地に立たされていた。教頭は、明日、Bを教育センターに連れていき、診断を受けさせると話した。しかし、一方で、Bの問題行動が目立ちはじめた頃に、Bは自分の父親が自分とは血のつながりのない養父であることをはじめて知らされたのだとも語った。

筆者は、ここでも疑問を感じた。小学校五年生の多感な時期の子どもが、自分の父親が養父であると知らされたら、それは精神的にショックを受けるに違いない。その不安定な心理状態が学校におけるさまざまな行動に出ているということはないのだろうか。教頭に、単刀直入に聞いてみた。すると教頭は、「じつは、すでに教育センターの専門家に見にきてもらっているのですが、その方が発達障害に違いないとおっしゃっていますので」と、応えた。

これら二つのエピソードから読者は、筆者が本章で何を問題にしようとしているのか、ある程度は察しがつかれたのではないだろうか。今日の学校においては、社会的・家庭環境的困難からもたらされる子どもの学習や行動上の課題が、「発達障害」へと転換され、社会的に不利な状況にある子どもが特別支援学級などの特別な学びの場に配置されること、すなわちメインストリーミングからの排除が進行している。本章では、その現象が生み出される背景とその意味について考えてみたい。

申し遅れたが、筆者はこの一〇年間は大学で教鞭を執りながら、研究者として国内外のいくつかの学校現場でインクルーシブ教育に関するフィールド調査を行ってきた。しかし、その前の二五年間は中学校の教員であり、そのほとんどの期間は、校区に被差別部落を含む学校に勤務しながら、人権・同和教育の実践と研究に従事してきた。本章では、それらの経験を総動員しながらこのテーマに迫ってみたい。

2 通常教育からの流出現象

図3−1のグラフを見ていただきたい。これは、特別支援学校・学級、通級といった特別な学びの場に配置される子どもの数と全体の児童生徒数の変化を表したものである。少子化に伴い全体の児童生徒数は減少傾向にあるにもかかわらず（右軸参照）、特別支援学校・学級、通級で学ぶ児童生徒は増加の一途を辿っている（左軸参照）。中でも特別支援学級に在籍する児童生徒の増加傾向は顕著である。二〇〇九年度から二〇一八年度までの一〇年の間に、特別支援学校は一・三倍、特別支援学級は一・九倍、通級は二・三倍の増加率である。少子化の中、子どもの数は急激に減少しているにもかかわらず、障害があるとされる子どもの数は急激に増加し、通常教育の場からの流出に歯止めがかからない状態である。この現象は何を表しているのか。そして、それはどのような仕組みの中で生じているのか。

この右肩上がりの三本の曲線をどのように解釈するかは、今後の日本の教育が進むべき方向を決める分岐点になる。一つの解釈は、特別支援教育の充実によって、これまで放置されていた学習障

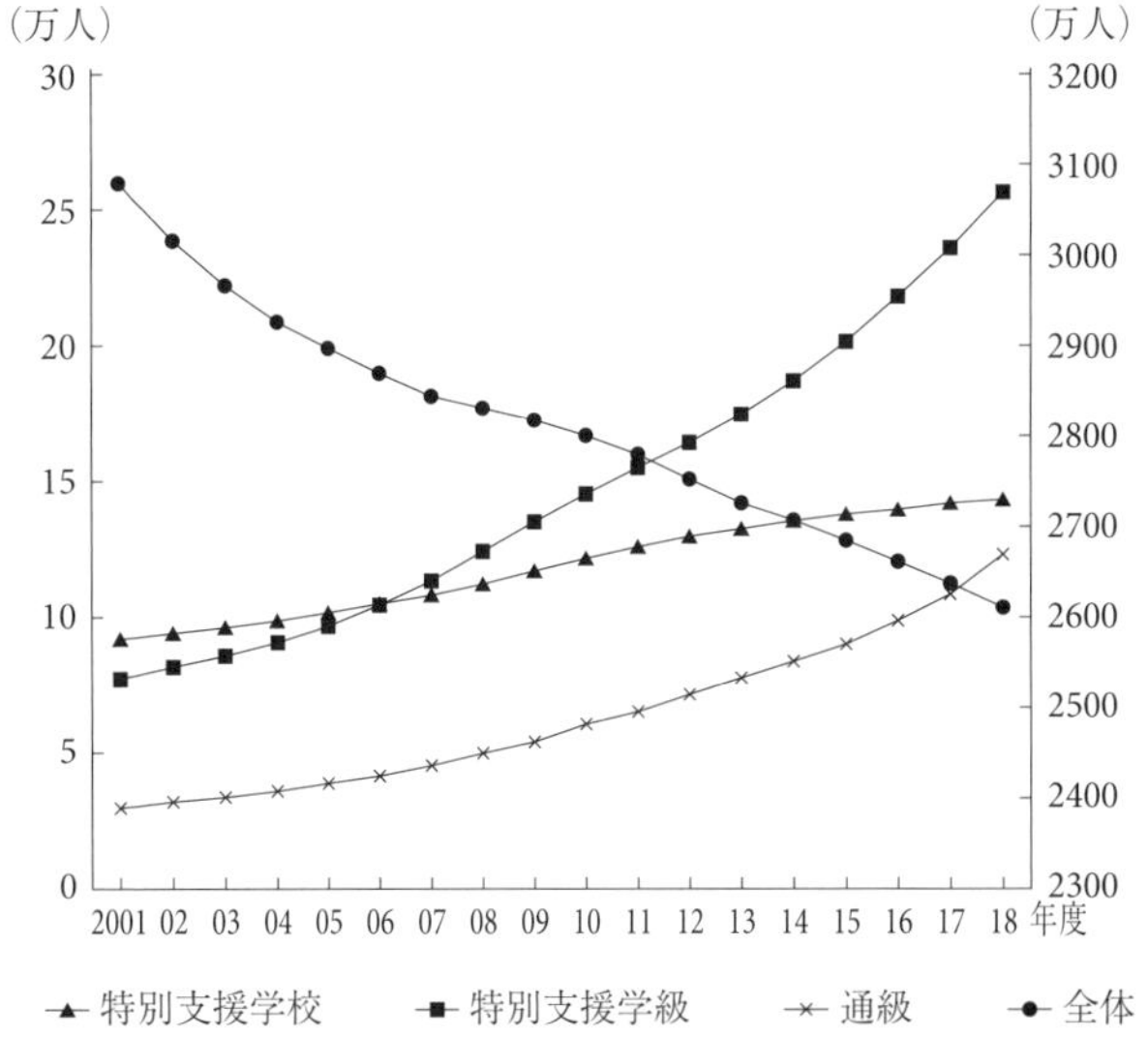

図 3-1　特別な学びの場で学ぶ児童生徒の数の推移

（出典）　文部科学省（1999, 2000）をもとに筆者作成。

（注）「通級」については，2018 年度のみ高等学校の通級教室に通う生徒も算入されている。また，「全体」は，小学校，中学校，義務教育学校，高等学校，中等学校，盲学校，養護学校，特別支援学校在学児童生徒数の総計。「全体」はグラフの右軸を使用。

害（ＬＤ）、注意欠陥多動性障害（ＡＤＨＤ）、高機能自閉症（ＨＦＡ）など、いわゆる発達障害児生徒が早期に見出され、適切に処遇されるようになった結果だという楽観的な見方である。もう一つは、障害以外の理由から学習・行動上の「問題」を現している子どもが、「障害児」として類型化されることにより、通常教育の場から排除されている結果だという悲観的な見方である。前者に立てば、日本の教育政策はうまくいっているということになるが、後者に立てば、早急に方向転換しなければならないということになる。

文部科学省は、前者の立場に立ち、流出現象の要因を「親の障害受容や特別支援教育への理解の浸透」として説明している。[*1] しかし、先行研究の多くは、後者の立場を支持している。柴垣登[*2]は、先行研究を、構造的要因、社会経済的要因、財政的要因という三つの視点から整理している。その骨子をまとめると次のようになる。

第一は、構造的要因である。本来通常学級で学ぶことが求められるさまざまな子どものニーズに対して、通常学校・学級がうまく対応できていないために、そこから押し出される形で、特別な学びの場に子どもが送り込まれているとするのが、この立場である。代表的なものとして鈴木文治[*3]が挙げられる。また、高等部での肥大を指摘した遠藤俊子[*4]、全国の知的障害特別支援学校三一三校中四五パーセントに知的発達の遅れのない発達障害児が在籍していることを明らかにした熊地需[*5]らや、発達障害が教育問題のリスク管理の対象となりつつあることを指摘した木村祐子[*6]なども示唆的である。その他、筆者としては、特別支援学級が「緊急避難的な場所」（アジール）として機能していることを指摘した窪島務[*7]、国や地方公共団体による発達障害児の「洗い出し」がこの流れを加速化させていることを指摘した古谷義博[*8]らも、この視点の研究として追加したい。

第二は、社会経済的要因である。これは、子どもの家庭の社会経済的背景が、直接的に、特別な学びの場を選択する理由になっているとする立場である。「労働力にならない健常児」から「労働力となる障害児」への転身を可能にする特別支援学校と、法定雇用率の充足を満たしたい企業との蜜月関係を指摘した堀家由妃代[*9]、通常の高校において卒業後の就職が難しくなっているのに比し、知的特別支援学校の高等部が「手堅い進路指導」で善戦していることを指摘した堤英俊[*10]の指摘は重要である。

第三は、財政的要因である。学級数によって教員数が決定される日本独自の財政措置のあり方が、分離教育を推し進める要因にもなったと指摘している榊原賢二郎[*11]、自治体の立場からすると、通級よりも、県費負担教職員制度や義務教育国庫負担金制度によって財源確保が確実な特別支援学級の整備に向かうインセンティブが生じやすいと指摘した田中宏樹[*12]の論などがある。

本章の問題関心から最も関連が深いのは第一の構造的要因ということになる。通常学級で対応が難しいさまざまなニーズのある子どもが、特別な学びの場へ流出しているとするのがこの立場であるが、それでは、その現象はどのような帰結をもたらすことになるのだろうか。

3　流出現象の帰結

筆者はかつて、通常学級における特別支援教育対象生徒の中に、どのくらいの割合で同和地区[*13]、就学援助受給家庭、ひとり親家庭の子どもが含まれているかを調査したことがある。[*14]それをまとめたのが表3-1である。表中の「対象生徒」は、通常学級に在籍している生徒の中で特別支援教育の対象になっている生徒のことである。たとえば、A校では、通常学級の生徒の二八・九パーセントが特別支援教育のリストに掲載されており、「同和地区」生徒は、全校生徒の中には一八・四パーセン

表 3-1　特別支援教育対象生徒の中に各属性の生徒が含まれる割合

		全体	同和地区		就学援助		ひとり親	
A 校	全校	100.0%	18.4%	2.7 倍	42.0%	1.8 倍	44.7%	1.3 倍
	対象生徒	28.9%	50.0%		77.0%		59.1%	
B 校	全校	100.0%	6.8%	2.3 倍	23.9%	1.8 倍	17.5%	2.3 倍
	対象生徒	11.4%	15.8%		43.9%		40.4%	
C 校	全校	100.0%	4.7%	2.8 倍	22.4%	1.2 倍	—	—
	対象生徒	4.8%	12.9%		25.8%		—	
D 校	全校	100.0%	3.6%	—	22.6%	1.4 倍	18.0%	1.5 倍
	対象生徒	4.8%	0.0%		31.8%		27.3%	
E 校	全校	100.0%	5.2%	—	24.3%	1.0 倍	18.7%	0.5 倍
	対象生徒	2.2%	0.0%		25.0%		10.0%	

（出典）　原田（2011）。
（注）　C 校の「ひとり親」の数値はデータが提示されなかったので「—」と表示した。また，D 校と E 校の「特別支援教育対象生徒」の中には「同和地区」生徒は含まれていなかったので，「0.0%」と表示し，倍率は「—」とした。

ト含まれていたが、特別支援教育対象生徒の中には五〇・〇パーセント含まれていたことを表している。この表は、対象生徒を多く抽出している学校から順に上から下へと学校を並べている。表の上部に行くほど、つまり、より多く特別支援教育対象生徒を抽出している学校ほど、これらの社会的属性をもつ子どもが特別支援教育の対象に含まれる割合が高くなることがわかる。これはあくまでも通常学級に在籍する特別支援教育対象生徒についてである。特別支援学級在籍生徒に関してはデータがない。

　しかし、近年、ニューカマーの子どもに関しては研究が進んできている。文部科学省が二〇一六年五月に実施した二五市町の特別支援学級における外国人児童生徒の在籍状況に関する調査結果が情報開示請求によって公開され、外国籍の児童生徒が日本人と比較して、小学校では二・五倍、中学校では二・一倍多く特別支援学級に在籍していることが明らかにされている[*15]。また、金春喜[*16]は、特別支援学級に配置されることになった外国人児童に関係する教師や保護者などへのインタビューをもとに、言語の違いを含めた文化的差異が「発達障害」として読み替えられていく過程を描出している。ところで、堤[*17]は、通常学級から特別支援学級への移行過程を分析し、当初は一時避難的な目的での特別支援学級への転籍であったとしても、当の子ども自身がその環境に適応し、障害児としてのアイデンティティを形成していくために、結果的に障害児のキャリアトラックを歩むことになりやすいことを指摘している。この前提に立てば、社会・経済・文化的に不利な条件にある子どもは、その依って立つ社会的基盤が脆弱であるがゆえに通常学級で課題を現しやすく、その課題に対して通常学級で対応することが難しいと判断されることにより緊急避難的に特別支援学級に配置されることに陥りやすく、特別支援学級が障害児のために設置されている学級であるがゆえに（学校教育法第八一条）、結果的に「障害児」と見なされることになり、当初はその眼差しに対して抵抗していたとしても、徐々に環境に適応していくなかで、しだいに「障害児」として自己を規定していくことになり、その後の人生を「障害者」として生きていくことに陥りやすいことになるのである。

もちろん、中には、先述の第二の視点である「社会経済的要因」の研究で指摘されたように、少しでも安定した社会的地位を獲得するために、あえて戦略的に「障害者」として生きる道を選択する場合もありうる。もしかしたら、特別支援学級への配置が、結果的に、その子どものその後の人生をより豊かなものにしていたということもありうるかもしれない。しかし、それはあくまでも結果論である。そのような場合があるからといって、この一連の過程の中に含まれている問題性が払拭されることにはならない。

4 社会的に不利な状況にある子どもが学校で「問題行動」を起こしやすくなる理由

それでは、なぜにマイノリティや貧困家庭の子どもが、学校で学習や行動上の課題を現しやすくなるのだろうか。その説明に入る前に、図3－2をご覧いただきたい。これは、お茶の水女子大学の耳塚寛明らの研究チームの調査結果である。[*18]「ＳＥＳ」というのは〝Sosioeconomic Status〟の略で「社会経済的状況」という意味である。社会経済的状況「低」グループの子どもは毎日三時間以上家庭学習をしても五八・九点しかとれないにもかかわらず、社会経済的状況「高」グループの子どもはまったく家庭学習をしていなくても六〇・五点とることができるのである。それぞれのグループ内で、家庭学習時間が多い子どもの学力が相対的に高いことを考えれば、努力すれば学力が向上することは間違いとはいえないが、それ以上に社会経済的要因が教育達成に強い影響を及ぼしていることが見て取れる。社会経済的に厳しい状況に置かれている子どもは相対的に学校で成功することは難しく、それによってキャリア形成の可能性を制限されることになっている。その結果、大人になっても再び社会経済的に厳しい状況に位置づけられるリスクが高くなるといえる。このようにして、学校教育システ

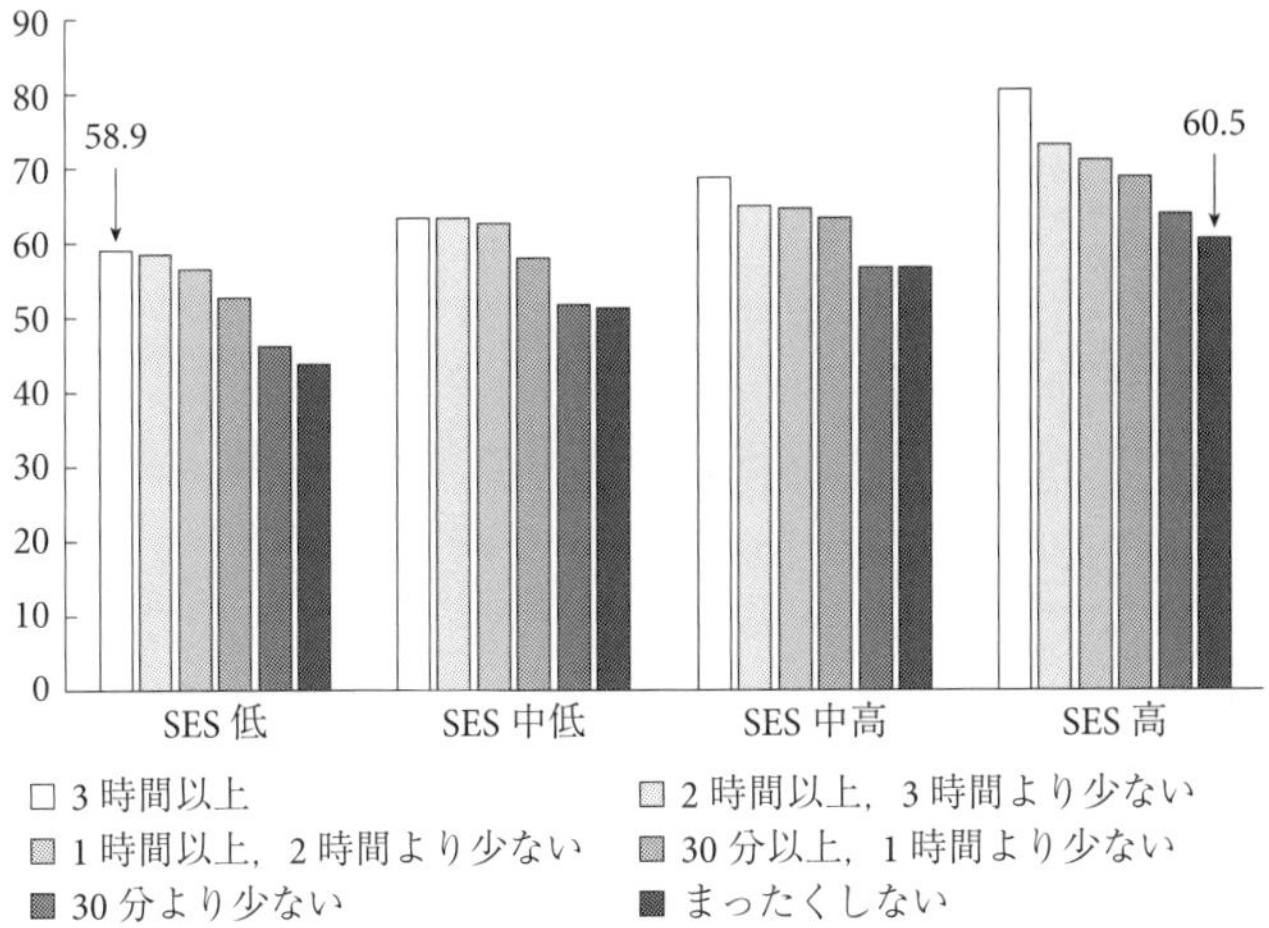

図 3-2　家庭の社会経済的背景と国語 A の正当率

（出典）　国立大学法人お茶の水女子大学（2014）。

ムを介して、社会の不平等な構造は再生産されていくのである。

　それでは、なぜ、マイノリティや貧困状況といった社会経済的に厳しい状況におかれている子どもの学力は低く抑えられるのだろうか。教師が差別的な処遇を行うからか、あるいは経済的に余裕がないと塾に行くことができないからか。それらも一概に否定することはできないが、これまでの教育社会学の研究の蓄積を踏まえれば、そこにはさらに根深い構造的要因があることが見えてくる。

　たとえば、サミュエル・ボウルズとハーバート・ギンタス[*19]は、資本主義的生産様式が生み出す職場や市場におけるさまざまな関係性と、学校教育内部の社会的な関係性の間に対応関係が見られることを指摘した。そして、ＩＱテストがこの対応関係を不可視化するためのイデオロギーとして機能していることを指摘している。ＩＱテストは、文化的バイアスによって労働者階級やマイノリティの子どもの能力を低く見積もることになっていたが、科学的で客観的な基準で作成されたと信じられているがゆえに、たとえ選別に貧富の差、性差、民族・人種の違いによる偏りがあったとしても、それは偏見に基づくのではなく、能力の違いに基づく正当な評価であると見なされてしまうことを看破したのである。[*20] しかし、彼らの研究では、この対応関係がどのような過程を経て生成されているかについては明らかにされることはなかった。その点、ピエール・ブルデューとジャン＝クロード・パスロン、[*21] バジル・バーンスティン、[*22] ポール・ウィリスら[*23]は、この過程に関して、一歩踏み込んだ議論を展開している。彼らは、中産階級と労働者階級の下位文化と学校文化との間の親和性の度合いに着目し、学校が中産階級の子どもにとっては有利な場となるが、逆に労働者階級の子どもにとっては不利な場となる仕組みを説明した。

ブルデューは、「ハビトゥス」概念を用いて、中産階級と労働者階級の子どもが学校において分化していく過程を説明した。「ハビトゥス」とは、ラテン語で「態度、行状、状態、習慣、性質」などを意味する語であるが、ブルデューはこれを階級や集団に特有の趣味、振る舞い方、話し方、ものの見方、考え方など、およそ「文化」と呼ばれるものが身についた様態を指して用いている。たとえば、学校において正統的と見なされる文学や音楽のジャンルは、中産階級の家庭において親しまれているものと近いが、労働者階級の家庭の場合はそうでない。社会において何を正統的文化とするかは、学校システムを通して決定されており、中産階級の家庭の子どもは、正統的文化と見なされている文化に近いハビトゥスを就学前からすでに家庭で身につけているのである。

バーンステイン[*24]の議論は、ブルデューらのものと構図は似ているが、文化現象の中でもとりわけ「言語」に着目している点で、より具体性がある。中産階級の家庭では「精密コード」が、労働者階級の家庭では「限定コード」がおもに使われているが、学校で求められるのは「精密コード」であることが、実験を通して明らかにされた。

ウィリス[*25]は、「野郎ども」と呼ばれる教師に反抗的な行動をとり続ける労働者階級の若者からなるグループに注目し、彼らが労働者階級の下位文化に依拠しつつグループに結集し、そこに蓄えられた反学校文化を資源として、徹底して教師に反抗し、みずから進んで主体的に労働者への道を進んでいくさまを、エスノグラフィとして描いた。

以上の議論は総称して「再生産論」、あるいは「文化的再生産論」と呼ばれてきた。再生産論は、すべての子どもにとって、学校がけっして中立で公正な場所ではないこと、そして、学校システムを介して社会の不平等な関係が再生産されている事実を白日のものとし、そのメカニズムを読み解くためのアイデアを提出してきた。

しかし、これらの論をそのままの形で日本社会に適用することはできない。日本には、欧米に見られるような人種・階級間の顕著な文化の違いがあるようには思われないからである。再生産論を日本の状況に適用するためには、日本の社会状況に合わせてカスタマイズする必要がある。この点に関しては、池田寛[*26]の「再創造論」が示唆的である。池田によれば、「再創造論は、親文化＝下位文化と青少年の下位文化との直接的な関係を前提としない。学校と青少年下位文化との関係だけが観察可能であり、学校を場として繰り広げられるコンティンジェント（偶発的）なできごとや関係から、マイノリティの教育達成や自己概念が生み出されると考える。そこに親文化＝下位文化が介在する可能性は認めるが、それが青少年の行動や態度を決定あるいは指令するという立場はとらない」。さらに、「同じ理由から、再創造論は、支配的文化（中流階級文化）を代表している制度という一枚岩的な学校に対する定義も、一応かっこにくくって現象を解釈する」。

「マイノリティの子どもといえども最初から学校文化に対して対抗的、反抗的な態度で学校に入ってくるのではなく、学校での経験を通して反抗的な文化が形成されるのである。学校という制度、規範、ハビトゥスに触発され媒介されて、マイノリティの文化やハビトゥスは青少年世代の感覚や体験として再創造されるのである」。つまり、ウィリスの説明のように、下位文化である親文化の中に反学校的な指向性があらかじめ備わっており、それが青少年の下位文化に伝播することで青少年の反学校的性向を生み出すという論理構成をとらず、学校外にあるさまざまな差異が学校に持ち込まれ、学校内部の相互過程を経て反学校的性向としてしだいに結晶化されていくと考えるのである。

この知見は、これまでの筆者の教師としての経験や調査の結果とうまく符合している。筆者は、かつて、服装・頭髪指導をめぐって繰り広げられる教師・生徒間の相互過程をエスノグラフィとして描いたことがある。[*27] 日本の学校でも、ウィリスが描いたような学校・教師に対抗的なインフォーマル・グループが生成され、常時、教師・生徒間では戦略（ストラテジー）の応酬が繰り広げられていた。そして、グループには、被差別部落や外国にルーツのある子どもといったマイノリティの子ども、貧困、あるいは家庭に何らかの問題を抱えている子どもが含まれる率が高かった。しかし、ウィリスが描いた「野郎ども」のように、彼らが学校に入る前から一定の文化的基盤を共有しているわけではなかった。彼らは、やはり学校文化から距離のあるハビトゥスを身につけていると考えられたが、そこには反学校的な指向性がアプリオリに組み込まれているわけではなく、それはむしろ学校内部の教師とのせめぎ合いの過程を経て新たに生成されているように思われた。つまり反学校的な指向性は、学校外部から内部へと持ち込まれているわけではなく、そこにあるのは差異だけであり、それを「問題」として顕在化させているのは、学校内部の教師・生徒間の相互過程だということになる。

そして、筆者は、教師・生徒間の相互過程を、ミシェル・フーコー[*28]の「ディシプリン権力」論を手がかりに分析的に記述した。ディシプリン権力は、「規格化」「試験」「階層序列的な監視」が「知」と結びつくことによって、人々に一定の行動をとるように仕向ける「権力の技術」である。頭髪・服装をめぐる教師の指導も、「校則」というルールを定め（＝規格化）、たえず監視を行い（＝階層序列的な監視）、時折チェックを行い（＝試験）、逸脱者を校門から入れない、あるいは行事に参加させないという方法で逸脱者を排除することにより、他の多くの生徒に規則に従わせることを達成しているのであった。校則は、学校文化から距離のあるハビトゥスを身につけている生徒をあぶり出すための「踏み絵」のような機能を担っており、一部の子ども排除しつつ、同時に、排除をちらつかせることで大多数の者を同化し、包摂することを可能にしていた。学校においては、子どもたちは日常的にディシプリンの監視の「まなざし」にさらされ、支配的な価値に適応するように仕向けられている。

社会の支配的な価値観に近いハビトゥスをもっている子どもは、この権力作用の中でも無理なく自分をその場に適応させることができるが、そうではない子どもは学校において自己不全感を抱くことになる。彼ら・彼女らは、抑圧的なまなざしに日々さらされるなかで、その反作用として自分自身を守るための補償行動をとらざるえなくなるのである。つまり、学校文化と隔たりのあるハビトゥスを内在化している子どもは、学校内部の相互過程を経て反学校的指向性を身につけ、学習・行動上の「問題」を現す可能性が高くなるのである。以上が、社会的・環境的に不利な状況にある子どもが、学校内部で学習や行動上の課題を顕在化させやすくなる仕組みである。

5 社会的に不利な状況にある子どもの表す学習や行動上の課題が発達障害に混在することになる要因

それでは、この両者の混在という現象は、いかなるメカニズムによって生成されてきているのだろうか。この現象は、ケース・バイ・ケースに、複数の要因が複雑に関連し合うなかで生み出されており、その全体像を描くことは容易なことではない。ここでは、この現象を生み出すおもな要因について説明することで、この「問い」への暫定的な答えとしたい。その要因とは、①「発達障害」概念の曖昧さ、②教師が直面する「差異のジレンマ」、③日本の特別別支援教育の特質の三点である。

●「発達障害」概念の曖昧さ

発達障害は、通常、医師や心理士といった専門家によって、ＤＳＭ（アメリカ精神医学会が出している『精神疾患の診断・統計マニュアル』。*Diagnostic and Statistical Manual of Mental Disorders* の略）などの客観的な基準に基づいて診断がなされている。だから、発達障害と、社会・環境要因からもたらされる子どもの学習や行動上の課題は明確に区別できるはずだと考えられるかもしれない。しかし、現実には両者の境界はかなり曖昧である。木村祐子[*29]は、医師の診断や支援の在り方の不確実性を指摘している。医師の中にも、「発達障害」の診断やリタリンなどの投薬をめぐって、かなりの違いがあること、そして親の中にも、自分にとって都合のよい診断を下す医師を探す親がいることを、教師の語りを通して紹介している。

筆者自身も、ある子どもの診断場面に立ち会ったことがある。その子どもには、自分の好きなことは集中して取り組めるが、そうではないことに対してはなかなか気持ちが向かわない傾向が強かった。そして、忘れ物が多く、身のまわりの整理が苦手であった。家庭においては、思うようにならなくなったときに癇癪を起こし、手がつけられなくなることがあり、母親が最も困っていたのはこの点であった。診断場面では、すでに発達検査をはじめとするさまざまな検査結果も出そろっていたが、医師はしきりに頭をひねりながら、診断を出すことをためらっていた。しかし、母親が、子どもの癇癪が日常生活における最大の障壁となっており、それさえ解決できれば家庭における問題はかなり解消すると話したとき、医師は、「わかりました。それでは薬を試してみましょう」と言い、筆者の目の前で、カルテに「広汎性発達障害」と書き込んだのであった。つまり、診断が先にあり投薬がなされたのではなく、投薬するために診断名がつけられたということである。発達障害の原因は、「脳機能の障害」とされているが、それはあくまでも「推定」なのであり、実際に、その痕跡が確認されて診断が下されるわけではない。

「発達障害」概念をめぐる不確実性は、学校現場にも混乱をもたらすことになる。いまから五、六年前、筆者がフィールド調査を行っていたN中学校は、かなり「荒れ」た状態にあった。中でも一年生の学年は最もひどい状態であった。そして、校長を含めたほとんどすべての教員が、生徒の約半分に発達障害があるという認識を共有していた。それは、近隣の特別支援学校から来校した巡回指導員が、この学年の混乱した状況を目のあたりにして、そう述べたことに端を発していた。教員らは、専門家がそう言うのだから、一年生の半数は発達障害なのだと信じていた。生徒らの中でも、男子生徒Cの問題行動はひときわ目立っていた。授業中、立ち歩いたり、教室を出て行ったりすることは日常茶飯事であったが、最も教員らを困らせていたのは、逆上してカッとなれば手がつけられなくなることであった。器物損壊や対教師暴力に発展することもしばしばあった。生徒指導担当のE先生にインタビューを行ったところ、やはり、E先生も、Cには発達障害があると捉えていた。しかし、一方で、Cの問題行動の原因がCの家庭背景の厳しさにあることを力説した。Cの父親と兄は暴力事件を起こして刑務所に入っており、母親も不安定な状態であるという。筆者は、校長にもインタビューを行い、子どもの課題の捉え方について尋ねてみた。

筆者：この学校の子どもたちにはどのような課題があるのですか。

校長：学校の課題というたら基本的に生徒指導面の課題がありますね。教室から出て行くとか、部屋の中で暴れるとか、いじめるとか。それと学力面の課題がありますね。

勉強できないとか。勉強できないからこういう問題行動に移っていくんですけどね。問題行動と学力というのは非常に密接につながっていますね。この背景に家庭の問題がありますね。（中略）そこに発達障害というのがここ十数年前に急激に前面に出て。特別支援教育というのが国レベルで出てきて、そこからいっぺんに発達障害というのが表に出てきました。

校長は、「生徒指導面の課題」と「発達障害」を理念的には分けて把握しており、「家庭の問題」を前者と結びつけて捉えていた。しかし、E先生は、学校の中でもとりわけ厳しい家庭環境にあるCの問題行動を発達障害と捉えていたし、校長もその点は同じであった。そこで、校長にさらに突っ込んでこの点を問うてみた。

筆者：生徒指導面の課題と発達障害が混在しているように思うのですが。

校長：この子らはいったいどういう障害なんか。ほんまに障害なんか。家庭環境として保護者にね、小さいときからね、いろんなことをしゃべってもらったり、教えてもらったりそういう継続した生活の中での教育がなされてないから、「発達遅滞」として人の話を聞き続けるとか、じっとしていることができないだけかもしれないです。
（中略）うちの地域の中に流入で入ってきてるおうちは、ほとんどが母子家庭ですよ。父子家庭もありますけど。その子たちもやっぱり発達障害系なんですね。「系」が多いんですけど。

家庭の教育環境からもたらされる課題と「発達障害」の判別が難しいことが語られたうえで、それらグレーゾーンの子どもたちの課題を表す概念として「発達遅滞」「発達障害系」という一般的にはなじみのない言葉が用いられた。厳密に言えば、境界は曖昧で、判別は難しいのである。しかし、当時、校長は特別支援教育を強力に推進しようとしており、近隣の特別支援学校から巡回指導員を招き入れたり、研修会では専門家に講演を依頼したり、人事異動でも特別支援教育に長けた教員を求めたりと、さまざまな具体的な手立てを講じていた。その文脈の上で、グレーゾーンの生徒の課題は、しだいに「発達障害」と見なされるようになっていったと考えられる。

後日、児童相談所でCの診断が下されたが、結果は「発達障害ではない」ということであった。それは、やはり、問題行動の背後に家庭の問題があることが明確であり、それを発達障害と判断することはできないことによるとのことであった。現在はN中学校は落ち着きを取り戻し、発達障害と見なされる子どもの割合が突出して高いわけではない。学校が荒れると発達障害のある生徒は増え、落ち着くと減るのである。

●教師が直面する「差異のジレンマ」

「差異のジレンマ」とは、アメリカの法学者、マーサ・ミノウ[*30]が創案した概念である。彼女は、「差異」を強調しても、逆に「差異」を不可視化しても、いずれにしてもスティグマを生み出すことに陥る板挟み状況を、「差異のジレンマ」（dilemmas of difference）と呼んだのであった。[*31]彼女は、社会政策の領域において、このジレンマを見出したのであったが、教室という狭い空間の中でも、教師はつねに「差異のジレンマ」に直面している。

いまからおよそ三〇年前のことになるが、筆者はO中学校で一年生の学級担任をしていた。クラスにDという場面緘黙症の女子がいた。彼女は、家庭では普通に会話できるのであるが、教室では何も話すことができなかった。まわりの生徒は、Dが家庭では普通に会話していることを知っており、Dが教室で言葉を発しないことに対して、「わがまま」「自分勝手」などと悪口を言いはじめた。そして、彼女が授業中に発言しなくても済まされることに対して、担任である筆者に対しても、「えこひいき」だと批判しはじめたのである。筆者は、Dは話さないのではなく、話せないのだということを、懸命に生徒らに伝えようとした。しかし、筆者が言えば言うほど、火に油を注ぐ結果となり、生徒たちと筆者の間には断絶が生まれていった。教室では、しだいにDに対する風当たりも強くなり、いじめまがいのことも起こりはじめた。筆者は、Dを守ろうとしたが、その結果、学級内の対立構造は決定的なものになっていった。おまけに、保護者までもが、「先生、なんでえこひいきされるんですか」と詰め寄ってくる始末であった。筆者は学校に行くのがつらかったが、「この状態で自分が学校を休めば、きっと学級崩壊ということになるのだ」と思い、学級崩壊にさせないためにも、三月まで毎日学校に通い続けることを決め込んだ。その数カ月の間、筆者の心の中には幾度となく「Dには障害があると説明できれば、どれだけ簡単だろうか」という思いが頭をよぎっていた。そして、それを必至に打ち消す自分がいた。

このケースで、もし、担任である筆者が、Dに対して、「教室ではみなと同じように話すべきであり、沈黙は許さない」と強く迫っていたならば、このような事態には陥らなかったのかもしれない。しかし、その代わりに、Dは学校に来ることができなくなっていたかもしれない。差異があるにもかかわらず、集団内で差異を不可視化すれば、差異があるものは、みずからを抑圧しなければならず、排除されていくことになりかねない。かといって、差異を顕在化させ、差異に即した処遇を行おうとすれば、周囲からの攻撃を誘発することになってしまう。これが、教室内で働く「差異のジレンマ」である。教室には、このような目に見えない力学がつねに働いており、教師は秩序を維持するためにその微妙な舵取りをしなくてはならないのである。

ところで、苅谷剛彦[*32]は、日本が「大衆教育社会」となってきた背景の一つとして、「差別選別教育論」の存在を指摘している。通常欧米では、個人的な差異によるのではなく、むしろ、階級や人種・民族、性別、出生地などの「社会的カテゴリー」の差異に基づく「不当な」差異的処遇をさして、「差別」という語が与えられるのだが、日本の学校には、生徒に対して差異的な処遇を行うことを「差別」だと見なす傾向があるという。その結果、「みんな同じ」に扱い「特別扱い」を許さない共同体的学校文化が強化されてきたというのである。日本の教師は、教室内の「差異のジレンマ」を超克していくうえで、欧米と比較しても、なおいっそう大きな困難に直面しているといえる。このような状況にあって、「障害」概念は、ジレンマに苛まれている教師にとって「救いの手」のように感じられることがあるのである。

集団内で生じる「差異のジレンマ」を回避するうえで、最も簡単な方法は、当該生徒に「障害」があると説明することである。松浦加奈子[*33]は、ある児童に発達障害があることが知らされていない状況下の学級において、当該児童の逸脱行為に対して「大目に見ることが」が求められる場合、教師の期待に反し、児童間では〈ふつう－ふつうではない／病気〉カテゴリーを用いて当該児童が理解されていることを見出している。ここで想起されるのが、タルコット・パーソンズ[*34]の「病人役割」である。病人は通常の義務を免除されるが、一方で、できるだけ早く病気の状態から回復するように努力することを期待され、医師の管轄下に収まり、その指示に服する義務を負うことになる。パーソンズは、「病人」をそのような社会的な一つの「役割」であると考えたのである。「障害」概念もこれとよく似た社会的機能をもっている。石川准[*35]は、「障害者役割」という言葉を使い、「つつましく貧しくひそやかに、ボランティアに頼って受け身に暮らす」こと、そして、「障害を克服するために精一杯努力すること」が、障害者には「障害者らしい生き方」として押しつけられていると指摘している。

次は、P小学校で特別支援教育コーディネーターの教員にインタビューしたときの談話である。この学校では、特別支援学級在籍児童も通常学級でともに学ぶ実践が取り組まれている。したがって、通常学級の中には、「障害児」とされる子どもは多数含まれていることになるが、誰が特別支援学級在籍児童であるかは、他の児童や保護者にはわからないことになっている。また、この学校では、子どもの課題を「障害」として捉えるのではなく、「ニーズ」として捉え、「ニーズ」はどの子どもにもあると考えられている。

教師：うちでもたまに「障害あるん？」とかいう声が子どもからも時々出ますし、大人の方がよく出ますね。子どもたちは、学校でその言葉を私たちが使わないので、あんまり言わないのですけど。親はなんかちょっとあったりすると、「先生、あの子、障害ですか？」みたいなんがさらっと出ます。「そうやったら、我慢するわ」みたいな感じなんです。だからそこは、なかなか親に正面切って言えない部分もありますが、内緒にしておかなあかんという意味じゃなくて。「いや、そういうことじゃなくて、あの子はすごくあそこが苦手です」っていうことで言い換えるんですけど。まあ親は、「結局そういうことなんやろ」みたいな。まあ親は何十年もそういう価値観の中で生きてきてるんで、そういうふうな感じはありますね。そこを突破していくことは難しいんですよね。私らも、そう言った方が簡単やと思うことがなんぼでもあります。そういうふうにくくった方が親も納得しやすいし、それはありますね。でも、「違う違う違う」っていう葛藤がすごくあります。だからドキドキしますね。それを突きつけられたときに、こちらがどういうふうに親を説得というか、話をすればいいのか。「わかってもらえるかなあ」っていう思いみたいなのが、すごくあって、いつもドキドキします。

学級の中で秩序を乱したり、周囲に対して迷惑行為をしたりする子どもがいた場合、その子どもの言動を「障害」と結びつけて捉えることができれば、周囲の子どもも保護者もその状況を受け入れ、納得することができる。それを確認するために、この談話の中に登場する児童は「障害あるん?」、親は「先生、あの子、障害ですか?」と、教師に尋ねているのである。しかし、母親からの問いは、『そうやったら、我慢するわ』」みたいな感じ」と語られるように、たんに事実を尋ねているというだけではなく、もし、その児童に障害がないのだとしたら、その児童に自分の行動の責任をとらせるべきであり、その児童を強く指導していない学校・教員の責任も追及されてしかるべきだという、クレームとしての響きをあわせもっているのである。教師は、「私らも、そう言った方が簡単やと思うことがなんぼでもあります」と言うように、母親の追及をかわすうえでは、問題視されている当該児童に「障害」があることを認めてしまうことが手っ取り早い方法であることはわかっている。しかし、それは子どもの課題を「障害」として捉えるのではなくニーズとして捉え、ニーズはどの子どもにもあると考える、この学校の基本的な考え方に反することになる。そこで教師は「違う違う違う」とその「誘惑」を拒絶し、「いや、そういうことじゃなくて、あの子はすごくあそこが苦手です」と説明するのである。しかし、そのような説明で、母親が納得するとは思えないので、「わかってもらえるかなあ」と「ドキドキ」する状態に陥ることになるのである。

ここで使われた「障害やったら我慢するわ」という言葉は、先述の「病人役割」あるいは「障害者役割」に依拠した発言であることがわかる。すなわち、一般的に人たるものこうあるべきと考えられる範囲から逸脱している人々を「障害者」カテゴリーに一括りにし、できないことに対する責任追及を免除する代わりに、保護されるべき客体である「障害者」として振る舞うことを強いるのである。教室には、差異から生じるジレンマを解消するために、「差異」を「障害」に転じる磁場が働いているといえる。

●日本の特別支援教育制度の特質

学習・行動上の「問題」から「障害」への転換を後押しする要因として、日本の特別支援教育制度の特質にも目を向けておく必要がある。図3－1のグラフにおいて、特別支援学級在籍児童生徒数を表す曲線の上昇傾向にいっそうの拍車がかかっているのは、二〇〇七年頃である。二〇〇七年といえば、従来の特殊教育が特別支援教育へと制度改革された年にあたる。このときから、新たに通常教育の場に在籍するLD、ADHD、高機能自閉症など、いわゆる発達障害のある児童生徒も、特別な支援の対象として位置づけられるようになった。そして、文部科学省は、これらの障害を脳機能の障害と定義しており、小中学校の通常学級に六・三パーセント程度在籍しているとし、学校現場にその早期発見を促している。[*36]

その後、二〇一二年に政府は、「共生社会の形成に向けたインクルーシブ教育システム構築のための特別支援教育の推進（報告）」（「以下、「インクルーシブ教育報告」と略記する）を発表し、今後日本がインクルーシブ教育に舵を切ることを打ち出した。[*37] しかし、従来の特別支援教育制度を漸進的に発展させることがインクルーシブ教育を推進することになるとの考えから、制度の基底の枠組みに抜本的な変革をもたらすことはなかった。

日本のインクルーシブ教育（＝特別支援教育）制度の特徴の一つは、その対象を「障害児」に限定しているところである。たとえば、文部科学省が二〇〇七年に出した「特別支援教育の推進について（通知）」においては、「特別支援教育は、障害のある幼児児童生徒の自立や社会参加に向けた主体的な取組を支援するという視点に立ち、幼児児童生徒一人一人の教育的ニーズを把握し、その持てる力を高め、生活や学習上の困難を改善又は克服するため、適切な指導及び必要な支援を行うものである」と定義されている。すぐその後に、「さらに、特別支援教育は、障害のある幼児児童生徒への教育にとどまらず、障害の有無やその他の個々の違いを認識しつつ様々な人々が生き生きと活躍できる共生社会の形成の基礎となるものであり、我が国の現在及び将来の社会にとって重要な意味を持っている」とは書かれているものの、あくまでも制度としては対象を「障害のある幼児児童生徒」に限定している。[*38]

しかし、本章ですでに述べてきたように、学習や行動上の子どもの課題は、障害（インペアメント）に起因するものだけではなく、社会・文化的要因や環境的要因からも生み出されており、学校現場においては両者を峻別することが難しく、それらが渾然一体のものとして把握されている現実がある。

そのような状況にあって、特別な支援の対象を障害児だけに限定することは、それらの一連の子どもの課題を「障害」と見なすことへの誘因となるのである。学校現場においては、教室で子どもたちが現す学習や行動上の課題（＝ニーズ）は、原因が何であれ、特別支援教育の文脈で対応されることになるからである。たしかに、ニューカマーや貧困といった各カテゴリーの子どもに対しては、それぞれに支援のための制度的枠組みが準備されてはいる。たとえば、外国にルーツのある子どもに対しては言語面の支援が、あるいは、貧困状況にある子どもに対しては就学援助制度などの経済面での支援がというように、それぞれに支援制度が準備され、それらは徐々に整備されつつある。しかし、それらは、教室内で現す学習や行動上の課題を支援する枠組みではない。教室内で子どもが現す学習や行動上の課題に対して、学校・教師が依拠する制度的枠組みは、基本的には特別支援教育制度になってしまうのである。この制度設計と現実の間のギャップが、社会的・環境的困難から生じる課題が「障害」へと転換される原因の一つになっていると考えられる。

インクルーシブ教育の対象を障害児生徒に限定することは、必ずしも当たり前のことではない。たとえば、イギリス（イングランド）では、「特別な教育的ニーズ」（Special Educational Needs: SEN）は、身体的な障害（インペアメント）ではなく、生徒が直面している困難（difficulty）にフォーカスした概念となっている。ＳＥＮの中には、「社会的、情動的、精神的健康面での困難」（Social, emotional and mental health difficulties）も含まれており、[*39]本章で論じている社会的・経済的困難から行動上の課題を現している子どもは、このカテゴリーの中に包含されている。[*40]ちなみに、ＬＤは、イギリスでは「学

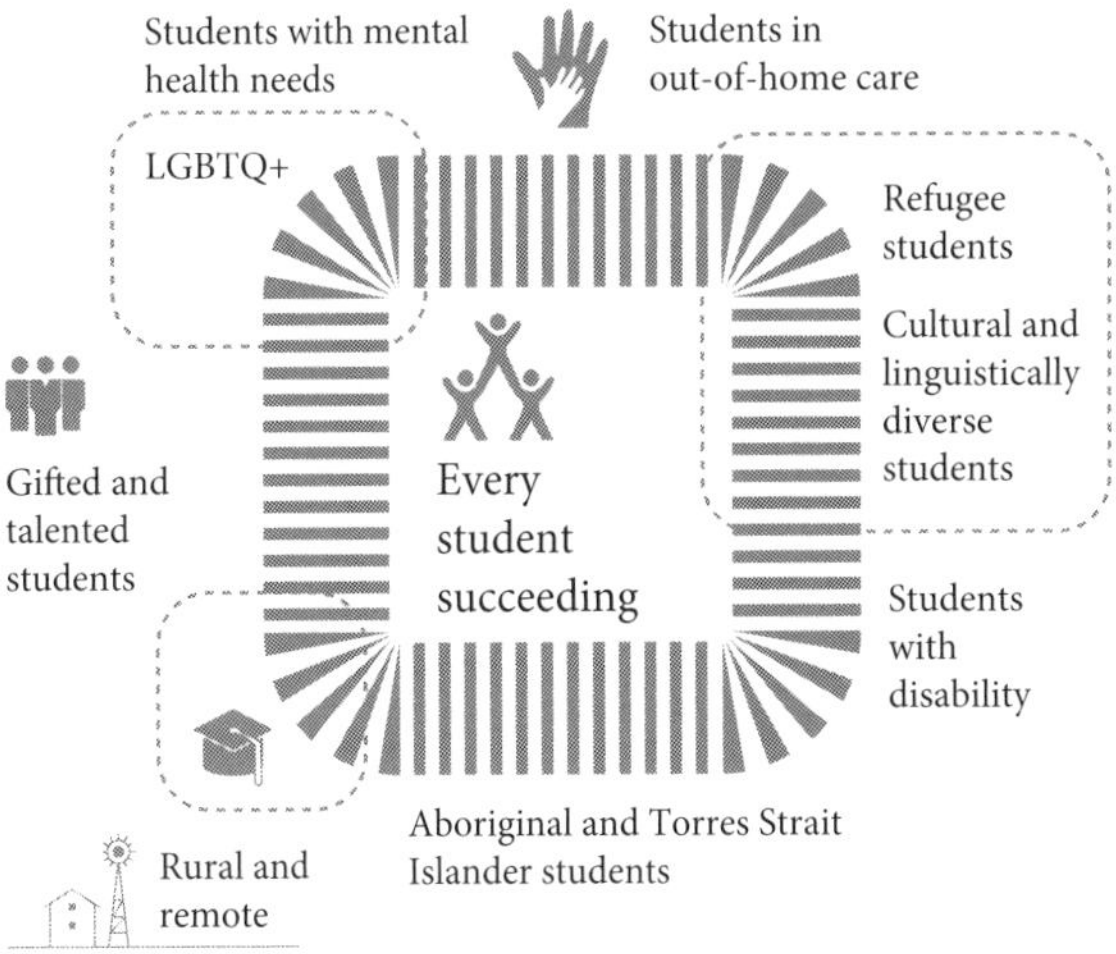

図 3-3　クイーンズランド州のインクルーシブ教育制度の概念図

（出典）　Queensland Government (Department of Education)（2018）。

習障害」（Leraning Disability）ではなく、「学習困難」（Learning Difficulty）の略である。

また、筆者らが調査を行ったオーストラリア・クイーンズランド州では、インクルーシブ教育において、図3-3に示されるようなさまざまなマイノリティ・グループに焦点を当てることが明記されている。ここで挙げられているマイノリティ・グループには、①アボリジニやトレス海峡諸島の生徒、②文化的、言語的に多様な背景をもつ生徒、③性的マイノリティの生徒、④家庭外のケアを受けて暮らす生徒、⑤遠隔地の生徒、⑥障害のある生徒、⑦メンタルヘルスに関するニーズのある生徒、⑧ギフテッド／タレンテッドの生徒が含まれている。[*41]

日本のインクルーシブ教育のもう一つの特徴は、分離主義的傾向が強いことである。二〇〇二年以前は、学校教育法施行令第二二条の三に定められている条件を満たす障害のある子どもは、特別支援学校（かつては、盲・聾・養護学校）へ自動的に割り振られる仕組みになっていた。たしかに、関東や関西の一部の地域では、共生教育を求める人々の運動の成果として、障害のある子どもとない子どもが通常学級でともに学ぶ共生共学が達成されているケースがあり、[*42] その中にはいまなおその体制が継続しているところもあるが、日本全体からすれば例外的であるといえる。日本におけるほとんどの地域では、障害児は特別支援学校・学級といった特別な学びの場に配置されるべきだとする考えが浸透している。

インクルーシブ教育報告では、「インクルーシブ教育システムにおいては、同じ場で共に学ぶことを追求する」としながらも、同時に、「小・中学校における通常の学級、通級による指導、特別支援学級、特別支援学校といった、連続性のある『多様な学びの場』を用意しておくことが必要である」と書かれている。今後インクルーシブ教育へと向かっていくという方向性は示されたものの、そのためには現行の特別支援教育をより充実させる必要があるというロジックによって、むしろ分離を推進しかねないような記述が散見できる。

たしかに、インクルーシブ教育報告を受け、就学先決定の仕組みは改訂された。二〇一四年には「認定特別支援学校就学者」制度が導入され、障害が同法第二二条の三に規定する程度であったとしても、「当該市町村の教育委員会が、その者の障害の状態、その者の教育上必要な支援の内容、地域における教育の体制の整備の状況その他の事情を勘案して、その住所の存する都道府県の設置する特別支援学校に就学させることが適当であると認める者」を「認定特別支援学校就学者」とし、「特別に」特別支援学校に配置するシステムに変わったのである（学校教育法施行令第五条第一項）。しかし、この改訂によって、すべての子どもが通常学校へ就学することが原則になった、と考えるのは早計である。実際のところは、すべての子どもは一度は学校教育法施行令第二二条の三に定められた障害の基準に該当するか否かのふるいにかけられ、その基準に該当した場合は、今度は特別支援学校に就学させることが適切か否かのふるいにかけられることは、以前と何ら変わっていないのである。そして、最終的に就学先を決定するのは教育委員会である。この改訂は、あくまでもレトリックにすぎないといえる。

筆者らがフィールド調査を行ったイギリス・ロンドンのニューアム区では、議会で、「隔離撤廃」(de-segregation)の方針を確認し、すべての子どもが地域の学校に通えるようにすることを政策目標として定め、かつて八校あった特別学校（Special School）を二校までに減じることに成功している[*43]。また、オーストラリア・クイーンズランド州でも、特別学校の機能を通常学校に分散させる方針が打ち出され、筆者らが調査を行った最北地域（Far North Queensland）では一九九〇年代までにすべての特別学校が一度は閉鎖されている[*44]。

筆者は、特別支援学校の存在意義を否定するものではないが、本当に「同じ場で共に学ぶことを追求する」というのであるならば、小手先の改革に終始するのではなく、行政の強いイニシャチブのもと、通常学校に積極的に資源を配分し、そのための環境を整えていく必要があると考える。

社会的に不利な状況にある子どもの表す学習や行動上の課題が発達障害に混在することになる主要な要因として、三点を指摘した。それらは、①「発達障害」概念の曖昧さ、②教師が直面する「差異のジレンマ」、③日本の特別支援教育の特質であった。これらの要因が複雑に絡まり合って、「発達障害」と社会的・環境的な困難からもたらされる子どもの課題が、混在することになっていると考えられる。

6　結び

本章では、インクルーシブ教育の名のもとに、通常教育から特別な学びの場への児童生徒の流出に歯止めがかからない状況が続いていること、そして、社会的・環境的要因から困難な状況にある子どもが学校で現す学習や行動上の課題が「障害」へと転換され、通常教育の場からの排除が進行していることを指摘した。そして、この現象が生み出される要因を、二つのステップに分けて解説した。

第一のステップは、マイノリティや貧困状況にある子どもが、学校で学習や行動上の課題を顕在化させやすくなる過程である。学校は支配的文化を教え込む機関であるがゆえに、社会的位置によって学校文化と個々の子どものハビトゥスの間に親和性の違いが生まれ、マイノリティの子どもの場合は距離が生まれやすいこと。そして、学校のもつディシプリン権力の作用が、中心から距離のあるハビトゥスをもっている子どもの学習や行動上の課題を顕在化させ、問題化することになることを指摘した。学習や行動上の課題は、アプリオリに子どもがもっている特性や脳機能の障害だけでに起因して生じているわけではなく、ハビトゥスの差異と学校内部の教師・生徒間の相互過程（せめぎ合い）によって生成されているのである。第二のステップは、社会的・環境的困難から生じる課題が「障害」に転換される過程である。その要因として、①「発達障害」概念の曖昧さ、②教師が直面する「差異のジレンマ」、③日本の特別支援教育の特質の三点を指摘した。

第一の「発達障害」概念の曖昧さについては、ＤＳＭなどのマニュアルにおいて客観的な診断基準が明示されているのであるが、その適用をめぐっては、医師や心理士といった「専門家」の間でもかなりの振れ幅があり、不確実性が認められること。そして、教員の間では、従来からの「生徒指導面の課題」と「発達障害」が混同して使われていることを指摘した。

第二の教師が直面する「差異のジレンマ」では、特定の子どもに差異に応じた特別な処遇を行うことが、周囲の子どもたちとの間に葛藤を引き起こし、集団の秩序のコントロールを難しくさせることを指摘した。その傾向は、欧米と比較して同調圧力が強く作用する日本の教室においては、さらに顕著になると考えられる。そのような状況にあって、「障害」概念を用いる説明は、このジレンマを回避するうえで、最も手っ取り早い方法となるのであった。学校には、子どもの逸脱行動を「障害」と見なすように仕向ける磁場が働いているといえる。

第三の日本の特別支援教育の特質については、まず、その対象を「障害児」と限定していることを指摘した。制度設計と現実のギャップが、社会的・環境的困難から生じる課題を「障害」へと転換される誘因となっていた。もう一つの特徴として、分離主義的傾向が強いことを指摘した。一部の地域や学校を除いて、日本全体では分離主義的傾向は根強く浸透している。今日の新自由主義的な教育改革の動向の中で、通常学校の秩序維持と学力向上という要請は以前にも増して高まってきており、それらの背景を考えれば、分離を推し進める要因はさらに強化されてきているといえる。

以上が、本章で論じてきた内容である。それでは、この一連の過程の中には、どのような問題が含まれているのだろうか。

第一に、社会的・家庭環境的に困難な状況に置かれている子どものアイデンティティ形成上の問題を指摘しておきたい。本章で描いた一連の過程の根底にあるのは、不平等な社会とその状況にうまく適合できていない学校制度の問題である。にもかかわらず、その問題の責任が子どもの脳機能の問題へとすり替えられ、子どもが自分自身のことを、「脳機能に障害のある私」と自己規定することが強いられているのである。本来ならば、社会的・環境的に困難な状況にある子どもを支援するためには、子ども自身がこの不平等な社会に対して抗いながら力強く生きていくことができるようなアイデンティティ形成が求められるはずである。そのためには、子ども自身の社会認識を高め、その社会構造の中で自己がいかなる地点にあるのかということの理解、すなわち「立場の自覚」を促す必要がある。そのような観点からすれば、本章で描いた一連の過程は、被害者非難（victim blaming）であり、インクルージョンとは真逆の指向性をもつものだといえる。

第二に、一連の過程が、前述したように「障害やったら我慢するわ」という障害観に裏打ちされていることである。「障害やったら我慢する」ということは、みなと同じことを同じようにできないことの責任を免責するということであるが、それは、「障害者らしく振る舞うことを甘受すること」と表裏一体に結びついている。そして、「障害者らしく」が意味するところは、保護されるべき客体として、専門家の管理下に収まり、障害を克服できるように従順に日々努力する姿を見せることである。それは、障害者とされる人々が、そのもてる能力を駆使してこの社会を主体的に生きていこうとする意欲を打ち砕き、その機会を減じることにより、「障害者」を文字通り障害者（dis-abled＝無能力な）にする障害者観であるといえる。社会的・環境的に困難な状況にある子どもにとっても、「障害者」にとっても、必要なことはエンパワメント（empowerment）されることであり、そのような観点からは、この障害者観は、やはりインクルージョンからは、真逆の指向性をもっているものであるといえる。

第三に、この一連の過程が、障害の「医学モデル」（個人モデル）を強化することにつながっていることである。つまり、この一連の過程は、「障害者」が直面する「障壁」は、障害者がもっている生物学的な意味における「障害」（インペアメント）によって生み出されるものであり、その責任は基本的には障害者の側にあるという前提の上で成り立っているということである。「医学モデル」を前提とした実践が繰り返されることにより、障害に対する固定的な見方が助長されることになっているのである。

第四に、「障害」概念が、不平等の再生産構造を隠蔽するためのイデオロギー装置として用いられていることである。第４節では、ボウルズとギンタス[*45]が、ＩＱテストが学校システムの不公正を覆い隠すためのイデオロギーとして機能していることを看破したことを紹介した。本章で述べた「発達障害」概念も、これとよく似た役割を担っていることがわかる。社会的に不利な状況にあり、学校で学習や行動上の課題を現した子どもが「発達障害」と見なされ、学校システムの選別機能を介して、再び社会の周縁部へと位置づけられることになったとしても、それは彼ら・彼女らに「発達障害＝中枢神経の機能障害」があったことが原因であると解釈され、学校システムが社会的に不利な状況にある子どもを再び社会的に不利な状況へと送り出したということにはならなくなるからである。

第五に、社会や学校という環境の側に目を向けたとき、この過程が適用されている限り、社会も学校も責任を問われることはなく、改善が進まないということである。問題解決のためには、社会の不平等が糾され、学校の教育の質が問われなくてはならない。そして、教育行政はその改善を促すための資源を各学校に配分する必要がある。本章で描いた一連の過程は、それらの課題を先送りにすることになっているのである。

以上述べてきたように、本章で論じた一連の過程には、「障害理解」に関わる重要な問題が含まれている。インクルーシブな社会や学校をつくっていく上で、本章で論じたテーマは、避けて通ることができない重要な課題であると筆者は考えている。しかし、本研究には、未解決の課題が少なくとも二つ残されている。一つは、第3節で述べたように、特別支援学級に外国籍の子どもが多く在籍していることはすでに明らかにされているが、[*46]日本国籍の貧困や被差別の立場にある子どもについてはデータが不足していることである。もう一点は、通常学級から特別支援学級への移行過程についても、外国籍の子どもに関しては金[*47]がその実態を克明に記述しているが、家庭環境が厳しい日本国籍の子どもについては、その詳細を記述した研究がないことである。これらは、今後明らかにされなければならない課題である。

第４章

障害疑似体験を「身体」から再考する

●村田観弥●

1　障害疑似体験再考

筆者の専門は「教育学」であり、「違い」が「面白い」と思える社会になるための「教育」について考えている。本稿では、「障害について考える教育的な機会」として、アイマスク体験や車いす体験などの「障害」を疑似的に体験することについて論じてみたい。障害疑似体験は、「障害者への理解を深めるため」として、学校での授業はもちろん、自治体の職員研修や企業研修などにも用いられてきた。[*1] しかし、この活動については多くの問題点も指摘されている。それでも本稿では、この方法をもう一度考えてみることにする。なぜならば、あえて論点を先取りすると、日常の感覚を制限した身体を経験することが、慣れ親しんだみずからの身体がつくる日常の「当たり前」を崩す営みになると考えるからである。これまでとは異なる身体での経験は、新たな学びの契機になるかもしれない。そこで本稿では、先行研究による障害疑似体験の問題点を整理したうえで、筆者が行った活動の実際を提示し、身体に着目する観点から障害を疑似的に体験することの可能性について論じてみる。

●障害疑似体験の何が問題か

障害疑似体験についての先行研究では、相手の置かれる状況を疑似的に体験することは、他者理解の促進や相手への態度が好意的になるなどの利点があるとされる。一方で、その効果が障害者への差別意識を助長すると指摘されている。[*2] 西舘有沙ら[*3]は、できないことに目が行き過ぎて事実誤認やミスリードを引き起こし、障害者へのネガティブな態度を植えつける点、障害者の能力を特別視する傾向が強まる点など、障害者の姿を誤って捉え、障害に対する認識のゆがみを強固にする側面を挙げ、この検討をせずに教育方法としての疑似体験を採用すべきでないと指摘する。そして改善策として、①体験の目的を具体的かつ明確に定める、②できないことばかりを体験させない、③事後指導の時間を設ける、④指導者の指導技術を高める、を提案する。

松原崇と佐藤貴宣[*4]は、障害学や障害当事者からの視点として、①政治・社会的構造の要因の看過(個人にばかり焦点を当てる)、②差別的な見方の強化(障害者の無力さが強調され、障害者や障害にネガティブな価値づけが生じる）、③体験の精度の低さ（疑似体験できるのは、個人が突然身体機能の障害を負ったときの状態やそのときの感情のみで、症状の不安定さや症状の進行などの可変的状態がシミュレートできない）、④障害者への倫理的問題（試しにちょっとやってみる程度に扱われ、しばしば楽しい遊びやゲームのように行われる）、を批判として挙げる。そこで対策として、障害者自身がファシリテーターとなる手法や、注意深くプログラムをデザインすることでネガティブな効果を回避する事例など、学習を始める参加者が「現実」を対象化するきっかけとして、プログラムの一部や出発点として位置づけることを提案する。そして、社会構成主義的な協働体験として再構成し、①問題を障害者個人でなく、外部環境へと問題帰属する文脈を用意する、②障害者が企画者として参加する、③障害者を含む参加者間での対話を喚起する、の三点の「仕掛け」を挙げている。

障害当事者が主導する方法としては、障害平等研修（Disability Equality Training: DET）がある。DETでは、障害を疑似的に体験するような伝統的な研修は、「不適切な方法」として採用されない。[*5] 発見型学習としてのDETは、障害の社会モデルの視点を参加者が獲得するという明確な目的のもと、研修を受けた障害当事者のファシリテーターが進行し、綿密に構成された活動（事例検討やロールプレイなどのワークショップ）が行われている。

先行する研究や実践におけるこれらの指摘と提案はきわめて重要である。そのうえで、いくつかの点については考慮する必要がある。まずは時間的な制約である。その場限りの体験に留まることなく、複数回にわたる開催が可能ならば懸念は減るかもしれない。体験のみならず事後の振り返りや話し合いを行うには、それなりに十分な時間の確保が要求される。短時間の体験活動だけでは、恐怖や困難さが強調されることになりかねない。[*6] また、西舘らの指摘に沿って、できない活動ばかりにならないようさまざまな体験を行うのであれば、主催者は参加者に対し十分な体験時間を準備せねばならない。

次に、松原・佐藤の提案やDETでは、障害があるとされる当事者の参加が必須である。しかし、あらゆる場面においてインストラクションができる当事者や、人前で自身の経験を話せる当事者の参加を求めることは容易ではない。[*7] また、アイマスク体験では視覚障害者、車いす体験では肢体不自由の車いす利用者など、特定の障害種別の当事者に依頼するとしても、その人物が当該種別の障害者代表として経験を代弁することには限界がある。当事者もそのことは十分承知しているはずである。

●「障害者理解」でなく「自己理解」の体験へ

続いて、注意深くデザインされたプログラムや目的・意図を明確化した体験について考える。問題はこれら配慮され綿密に練られた構成が、実施者の意図に沿った予定調和的な結論に誘導し、体験そのものが単純な思考的経験（安易な理解）に回収されてしまわないかという懸念である。[*8] もちろん、「障害者の日常生活は大きな困難を伴い、大変でつらい思いをしている」といった思い込みからくる同情や、「障害者はつねに支援者の手助けがなければ何もできない」、もしくは「健常とされる人よりも能力が低い」といった誤解を助長する体験の危険性は憂慮せねばならない。しかし、操作的に経験された疑似体験は、障害者への偏見をもってはいけないとする常識的な規範意識に囚われ、障害／健常の枠組みを強固にし、特別な存在とする見方を先鋭化することにもなりうる。また場合によっては、その経験は個々に異なるにもかかわらず、障害当事者の発言があたかも正解のように伝わることもある。しかし、「障害」が常識や日常の中で生じる際には、偶発的な驚きや困惑、これまで体験したことのない不安や違和感といった感覚が、個々それぞれに訪れるはずである。それらのノイズを排除した実験室のような経験には、本来、未知の体験から出会うはずの「他者」はいない。「他者」を概念化することは困難であるが、概念化できない実際性や一般化できない存在の個体性を示すとしよう。[*9] フェミニズム研究者の岡真理[*10]は、想像することの限界として、他者の苦痛を同一化してしまう「共感」について次のように述べている。

　私は彼女たちではない。だとすれば、彼女たちの苦痛に対する「共感」とは、私自身の他者性においてもとめられなければならないのではないか。彼女たちに同一化することで想像的に共有される痛みではない、私自身の苦痛の固有性において追及されなければならないのではないか。[*11]

不安や混乱、違和感を問題として排除した経験はわかりやすく、「障害者を差別することはいけない」と漠然と「頭」で理解はできるかもしれない。しかし、日常との親和性が高くなれば悩むことが少なくなり、容易に自身の経験との同一化が起こりうる。それでは、みずからが多数派であり、社会の問題に加担しているかもしれないという加害性や、痛みの当事者ではない「よそ者」としての疾しさに気づくことは難しい。心地よい空間でみずからのネガティブな感覚から目を背けている限り、日常の中で見えにくい苦しみや痛みを抱える人々の存在には気づかない。「障害」を考えるうえで不安や混乱、違和感が欠かせないとするならば、まずはみずからの体験から自身が何を見聞きし、どのように感じたのかを深く掘り下げることが大切である。これまで気づかなくても生きてこられたことの問題性を意識化することは、苦しみを伴う学びの機会である。思い込みや誤解につながらないよう体験するのではなく、無意識の中でそのように見てしまう自身の経験を捉え、その価値観を相対化し、みずからが変わる過程が重要となる。

障害当事者である鈴木治郎[*12]は、「総合的な学習の時間」や福祉教育での「体験もの」や「講演もの」について、体験し経験して知ることはけっして無駄ではないとしながらも、「その場限りの経験」になることや、企画者が「役に立つことだから善いこと」だと押しつける点を指摘する。そして、誰もが「当たり前」を共有化できる場づくりのための「互いの差異を認め共に出会う教育」が必要だと述べる。それを受け谷内孝行[*13]は、障害理解プログラムは、障害を理解することに重きを置くのではなく、障害から個性の尊重、共生の重要性、社会変革などを学び、新たな価値を創造する場であるとする。障害疑似体験についての議論を「疑似体験有効論」と「疑似体験有害論」に整理した杉野昭博とＫＤＳＧ[*14]は、疑似体験を実施したゼミ学生の自省的考察から、障害に対する社会的理解を広げる手段としての可能性を見出している。

これまで経験学習理論や成人学習理論では、操作的でない無意図な教育の可能性や複雑／不確実／不安定な状況が学習の重要な契機となる点が指摘されてきた。「教える」のではなく、気づきと表現を尊重することで体験からみずからの意味を見出し、語ることを通じて社会で起きていることの当事者になっていく。[*15]経験から学ぶ過程では、迷ったり、葛藤したりしながら、経験の意味を考えていくことになる。こうした感情のような情動的要因が深く結びつくにもかかわらず、情動面に関わる経験からの学習は、認知可能な知識が主対象となるフォーマルな教育の中には取り入れられてこなかった。[*16]しかし、感情を気づきの起点としたことで自分自身と関連づけた考察が深まる可能性を示す研究もある。[*17][*18]筆者は、情動のような身体的感覚に注目した障害疑似体験は、自分自身との対話および同じ体験をした参加者同士の対話的関係を伴うことで、主体的・協働的な学習機会として再考される余地があると考えている。障害の身体感覚の研究は、発達障害や脳性まひの身体に焦点を当てた当事者研究[*19]など、近年広がりを見せるが、みずからを支援者や健常者と定位する立場への身体についての注目度は高くない。ブライアン・ターナー[*20]は、「身体は、社会を実にうまく比喩的に表現するから、疾患が構造の危機を著しく際立たせて比喩的に表現しても不思議ではない。身体の不調はすべて、比喩的にみても、事実的にも、社会的にも、かつ政治的にも無秩序である」[*21]と述べる。「障害」を環境との相互作用として「秩序が乱れた」状態とするならば、いわゆる支援者や健常者などの秩序をつくる多数派の身体から考えることは、今後インクルーシブな社会や教育環境を構築するうえで重要な視点である。

そこで本稿では、障害を疑似的に体験する活動をたんに問題とするよりも、その経験を自分自身の「日常」や「身体」について考えるきっかけとしての「学びの契機」とする論を試みる。疑似体験を「批判的考察を前提とした制限した身体を生きる体験」であり、自己理解の機会として考えてみたい。[*22]

2　体験活動の実際

筆者は大学において、教員養成課程での特別支援教育関連の科目や介護等体験の講義を担当することが多い。毎年履修者に確認するが、障害当事者との関わりをもった経験のある学生は、全体の半数から四分の三程度である。多くは、学校の授業で当事者の講演を聞いたり質問したりする機会に留まり、実際に障害者と関わった経験とはいいがたい。また学生は、介護等体験や教育実習に参加するが、その際、十分に咀嚼されなかった感覚が、障害当事者への素朴な同情や特別視に結びつく様子も見られた。そのつど、「障害」と関わる体験過程の何が問題なのか、どのような体験の意味づけが思い込みや誤解につながる懸念と捉えられるのか、を学生とともに検討してきた。本節ではまず、筆者が実際に行った活動（障害疑似体験の利点と問題点を検討したワークの実践）から学生の記述を整理したものを示し、手がかりとする。

●活動の留意点

筆者は、将来教員を目指す学生が障害理解の授業をどのように考えるか、体験からいかなる学びが得られたと意味づけするのか、提示した教材から何を得ようとするのかなど、その傾向を探るため、先行研究の批判を考慮しながらワークショップ（以下ワークと表記）を試行している。時間的制約については、単発の実施ではなく大学の講義の一環に位置づけることで、一度のみの振り返りに留まることなく継続して考えることを可能とした。学生から問題性のある意見や反応が生じた場合は、そのフォローもディスカッションなどに取り入れ、体験の後にどのような振り返りの方法が効果的なのか検討した。以下、学生に実施した体験活動の手順を示す（ワークシートは、以下シートと表記する）。

●活動の手順

［1］アイマスク体験

一回目に疑似体験を行い、起こったこと、感じたことを記録する（体験の前回に視覚障害教育の講義を実施）。二回目は、その体験記録をもとにディスカッション。

■一回目：体験活動（九〇分）

① 疑似体験について考えるために、事前シートを前回配布し、課題としている（シート①）。

② アイマスク体験の紹介（全国的に有名な視覚障害体験「ダイアローグ・イン・ザ・ダーク」のアテンド〔視覚障害当事者のインストラクター〕の動画〔一〇分〕を視聴）。

③ 二人組になり、一名がガイドヘルパー役となる（ガイドヘルプについては、実施回より前に資料を提示し、各自が精読することを課題としている）。

④ アイマスクに慣れる時間として、触覚体験→飲食体験→ガイドヘルプ練習も兼ねた段差のない室内の移動。その後、大学構内の移動。

＊一人三〇分の時間を確保した。

⑤ 教室に帰ってきた後、役割交代。

⑥ 二名とも終了後、体験内容をシートに記入（シート②：一五分）。

■二回目：ワーク（九〇分）

① 活動班（履修者数により二～六名）に分かれ、シート②にまとめた自身の経験を共有する。

＊ワークの項目ごとに話し合い、内容を共有する（五項目×五分）。

＊ワーク中の話し合いで気づいたことをシートへ記入する（シート③）。

② スライドと動画教材を視聴し、気づいた点をシート③に記入（計三〇分）。

＊視覚障害当事者がどのように世界を見ているのか、という談話を多く紹介することを心がけた。

【用いた教材】

・伊藤亜紗（二〇一五）『目の見えない人は世界をどう見ているのか』光文社

・視覚障害体験「ダイアローグ・イン・ザ・ダーク」のパンフレットおよび当事者談話の動画
・視覚特別支援学校での視覚障害児の談話が含まれた動画
③ シート③の記述内容についてのディスカッション（二〇分）。

［2］ 車いす体験

［1］のアイマスク体験を経験した参加者であることが前提で実施。一回目に車いす利用者である在校生との座談会を設定。二回目はその情報を頼りに体験を実施し、シートにまとめる（当事者との座談会の前回には肢体不自由教育の講義を実施）。

▩一回目：当事者ゲストスピーカーとの座談会（九〇分）
① 車いす利用学生に幼少期からの経験や日常生活、大学でのキャンパス生活などについて、事前に履修する学生が考えた質問をもとに座談会形式で語ってもらう。
② ゲストスピーカーとの対話の内容と感想をシートに記入（シート④）。

▩二回目：体験活動（九〇分）
① グループに分かれる（履修者数により二〜六名）。各グループに車いす一台を配当。
② 車いすの開き方、たたみ方、操作方法、安全の配慮および危険な操作、介助時の留意点などを

実際に触れながら説明（一五分）。

③　コースと順番を決め、活動に入る。

④　一人一〇～三〇分交代で全員が車いす操作と介助の両方を体験する。

⑤　教室に戻り、シートに記入（シート⑤）。

⑥　記入できた班からディスカッションを始める。

●シートの記述内容

［1］　シート①「これまでに障害疑似体験やそれに準ずる体験に参加した経験はあるか」の問いでは、毎回半数近い学生は何らかの疑似体験をした経験をもっている。内容は、車いす体験とアイマスク体験（点字体験、ブラインドサッカーなども含む）が多く、経験した時期は小学生、ついで中学生が多い傾向である。場所は学校が多い。「疑似体験についてどんな印象をもっているか」については、多くの学生が障害者を理解するための有効な手段として肯定的な印象をもっており、否定的な印象の学生はほとんどいない。「視覚障害のある人に関わったことがあるか?」の問いは、「ある」が全体数の四分の一程度の割合が多く、大学での介護等体験や講演を聞いた経験、ボランティアやアルバイトでの接客経験などである。

［2］　シート②は、体験直後に記入したもので、二回目のワークのディスカッションで使用する。

以下は、「体験をして感じたこと、気づいたことを何でも書いてみましょう」の問いに対する回答の一部である。

・アイマスクをつけると手足と耳に集中できるようになり、いつも以上に、とくに足裏の感覚が敏感になった。タイルやマット、スロープなどいつも気にしていなかったものが今日はとても気づいた。

・思っている以上に疲れた。通い慣れた学校で、いつも使っている教室であっても想像している以上に怖く、人の声を聞いていても誰なのかわからない人がたくさんいた。その人のことを判断するのは声だけではなく、視覚で得ている情報が多いことに気づいた。

・不安はもちろんだが、私がびっくりしたのは体力で、トイレで手を洗って階段を下りて上がっただけなのにすごく疲れた。（中略）だんだん歩いていくうちにスムーズに動けるようにもなった。

・目が見えない状態で歩くのははじめての体験で怖かった。少しの段差や壁の出っ張り、人の気配など、とても敏感に感じて何度も驚いた。（中略）中庭に出ると室内から外に出るだけで気温や空気、においが変わることを感じた。また、いつもは感じなかったが、校内にもにおいがあって、事務室の近くは独特のにおいを感じた。視覚が失われる分、味覚、嗅覚、聴覚などがとても敏感になることを体験できた。

・視覚がない分、他の感覚が鋭くなっていたような気がした。坂道や階段が平面と全然違っていて、怖かった。平衡感覚がなくなっていたように感じた。こけそうになったシーンが何回かあった。

・自分で体験してみて、すごく大変だということに気づいた。（中略）ガイドの人の声がなくなるとすごく不安になった。目が見えないと、声に敏感になり歩くのがすごく怖くなった。

「恐怖」「怖い」「不安」「困難」「大変」「危険」のいずれかに言及している記述は、毎回全体の四分の三程度になる。その中には、次のような気になる記述も見られる。

・障害のある方は、こんなにも毎日大変な思いをして生活しているんだと思った。何もかもが恐怖でしかなく、突然人が現れたときには、大きな声で驚いてしまった。

・実際に体験してみて、一つでも感覚がなくなると大変なんだなと感じた。自分たちは普段から感覚で生きていて、一つでも欠けたらいつも通りの生活ができないんだなと思った。

・今回の体験より、視覚障害者の方は私たちが気遣った支援をすることで、怖い思いをせずに日々を過ごせるのかなと思った。

・こういう体験をもっとして、（中略）気持ちが少しでも理解できるともっと配慮ができたりするだろうと思った。

・平衡感覚や自分が今どこにいるのか、慣れた学校内でさえわからなくなる。これを日常化して生活している方のすごさを、身をもって感じた。

未知の体験からくる不安や混乱に対しては、まず説明可能な既知の経験や知識が割り当てられる。深い洞察がなければ、自身の感覚的な体験を視覚障害者の経験と同一視し、大変さゆえに視覚障害者には晴眼者の支援が必要であり、関与して困難さを軽減した方がよい、と捉える記述になることが多い。最後のコメントは、視覚障害者の特別視につながりそうである。一方で、シート②には身体的な感覚に言及した記述がかなり多く見られた。ネガティブな印象に結びついているものも多数あったが、感覚の違いや変化を「驚き」や「気づき」として記述しているものが多く、重要な契機になっていると考えられる。体験を言葉で表現することは、よくも悪くも経験を意味づけるきっかけとなる。

［3］ シート③は、各自でワークのディスカッション中に記入するものである。体験直後に記入したシート②とスライド・動画教材を用い、ワークを実施した。シート②の内容を各班で話し合った後、全体に共有した。次に、スライドや動画を見た後、どのように自身の体験への印象や考え方が変化したかを記述する。以下は、「スライドと動画を見て気づいた点」「疑似体験のよい面と悪い面を考えてみましょう」との問いへの回答の一部である。

・不便なのではないかと思っているのは私たちの方の勝手な考えなのかもしれないと思った。気持ちがわかったというのはほんの一部で、本当は全然わかっていないんだなと思った。

・視覚障害者によって、見えないものに対する感じ方、捉え方がそれぞれ違うことに驚きを感じた。自分たちの経験した「怖い」は浅かったのだと思う。

・引き算の発想ではダメという言葉が動画で出てきて、とても深い言葉だなと思った。何を使っているかではなく、どう使っているのかが大切。私は体験の良い面を見がちで悪い面を全然考えられていない。

・私は目が見えないことは不便だと決めつけていて、実際目が見えていない人はそこまで不便だと感じていなくて、音とか想像力がすごく豊かだということ。障害をもっている人に対しての変な決めつけはだめだなと思った。障害者の人は、私にもっているものをもっていないけど、逆に私たちがもっていないものをもっているんだなと思った。

・私たちが不安だとか不便だとか感じていたが、それだけをうのみにすると、偏見になりうるかもしれないと思い、ドキッとした。

・世界観がここまで違うのかと思った。ビデオを見て、見えない方が楽しいと子どもが言っていて、勝手に私たちが見えないことは不便だと思っていたけれど、そんなことはないのかと感じた。

・いろいろ考えてみて、体験してみて「しんどいんだなあ」とは思ってしまうが、向こうはそう思っていないことがあるので、これが「社会が壁をつくっている」ということなんだと思った。

・視覚障害者は見えないからこそ、俯瞰的に世界を捉えているとわかった。（中略）見えない＝不幸ではない。私たちが勝手に思っているだけだと気づかされた。（中略）目が見えていることで考え方などを狭めている。

・目が見えなくてもその人の中でカラーがあったり、匂いがあったりしていて、自分の世界に誇りをもって前向きに生きている強さというのを感じた。障害がある・ない、目が見える見えないで判断したりを簡単にしてはいけないと思ったし、（中略）あまり違いを決めつけたり、疑似体験で感じたことや大変さを同じとしていけないと思った。大変だ、困難だというのも偏見になってしまうと思った。

シート②で「不安」や「困難」「大変さ」などに言及していた学生が、みずからの感覚に基づいた障害者への認識が、誤解や偏見につながっているかもしれないと気づきを得た様子が示されている。「同情」「特別視」といった障害者観が減少し、むしろみずからの思い込みや偏見に言及している記述が多く見られる。重要なことは、多くの学生が体験の精度が低かったことに気づいた点である。たとえばある実施回では、四二名中三六名が疑似体験と実際の視覚障害者の経験が異なるものであることについて述べている。先行研究で指摘されるように、体験精度の低さが誤解や偏見を生み出しているのであれば、低い精度は普段の健常者側のイメージをそのまま強固にすることにつながる。短時間のアイマスク体験が視覚障害者の日常とかけ離れているかもしれないと考えることで、低い精度の疑似体験が偏見や誤解を生み出している要因であり、自身の素朴な障害者観と容易に結びついているかもしれないと気づくことができる。ワークの結果、視覚障害者のイメージが大きく変化した学生もおり、体験することに加え、設問に答えるという最低限のインストラクションと、スライドおよび動画の視聴という内容でも障害観や障害者像は変化する。

［4］　次に車いす体験のシートについて示す。以下は、シート⑤の各問い「車いすに乗った感想」「探索して気づいたこと」「今後車いす体験をする人に伝えたいこと」についての記述の一部である（「シート④」は、車いす利用の当事者の話を聞いてディスカッションした内容や感想を記述するもので、本稿では割愛する）。

・押してもらって進むときは、安心して乗っていられた。自走時は倒れてしまいそうで、とても不安な気持ちになった。乗ってみないとわからない。
・この大学はバリアフリーに弱いと思っていたけど、意外と階段とかはスロープがあることがわかった。お手洗いの通路もスロープになっていたことに今回気づいた。
・スロープだからといって簡単に上がれるわけではなく、とても大変だった。介助者がいるという前提でつくられているようだった。
・スロープは車いすの人にとって安全で便利なものと考えていたが、意外と危険なものであるとわかった。
・段差があるところは誰かに頼らないとダメな状況になり、他人に頼むのがしんどい。

・どの教室も扉が引き戸になっているので、一人で入るのにはかなりの力が必要。
・エレベーターの「開」ボタンが押し続けることができないので、出入りをしている最中に何度もドアに挟まれてとても怖かった。
・コンビニや食堂で一番上の商品に手が届かなかったり道が狭かったり、そもそも車いすで自分と物との距離ができてしまい、届かないということがよくわかった。目線も立っているときより低いため、見える範囲が狭くなり少し怖いと思った。

日常的な生活の場にもかかわらず、これまで気づかなかった経験をしたことが記述される。教示された理論や規範ではなく、見えていなかったことが実際の体験で意識化されることは、先行研究が示すように疑似体験活動の利点である。とくに社会のデザインの仕方がディスアビリティ（社会的に構築された障害）の問題として顕在化することになる。しかし大切なことは、当事者のインペアメントな個人的経験への接近である。[*23] 物理的バリアを解消すれば済む問題でなく、観念的な障壁である「健常者を中心とする支配的価値観」を構成する社会の一員として、みずからも関係しているとの認識につながるか、である。その意味では、車いす利用者を想定して設置されたスロープや引き戸が、健常者の目線でつくられていることに気づく記述は、きっかけにはなる。

講義を含めた障害当事者の映像の視聴などを通して、ワークでは、障害がいつでも、どこでも、誰にでも生起する事象であるとして、みずからを当事者としてイメージしながら活動することを伝えてきた。しかし、肢体不自由教育の講義だけでは十分ではないと考え、一方的に話すのではなく筆者を含めた座談会のような対話形式で、学内の車いす利用の学生Aさんに経験を話してもらった（Aさんには卒業するまですべての実施回に参加してもらった）。Aさんは脳性まひで片手が動かず、電動車いすを利用している。次の記述は、シート⑤の問い「Aさんになりきれましたか」への回答の一部である。

・イメージしていたが、両手が使えて身体全体で車いすを操作で来ているので、Aさんにはなりきれなかった。Aさんが困っていることや悩んでいることなどは、車いす体験をすることで一部は体感できた。しかしあくまでも体験であり、学校を探索するだけではまだまだ理解できていないと考える。

・Aさんは、長く車いすに乗っているので慣れているかもしれないが、私たちはほぼ初体験だったので、乗ることだけで精一杯だった。しかし、やはり介助してくれる人は大事なんだろうと思った。一人だと難しいことも多く見られた。

・大変なことが多くて、Aさんはもう慣れたと言っていてすごいなと思った。車いす用にいろいろと工夫されているなと思っていたことがあったけれど、実際に使ってみると不便なことがたくさんあり、全然ダメじゃんと思った。

・片手ではほぼ確実に車いすをこぐことはできない。人に押してもらうのも信頼関係が築かれていないとかなり不安であることがわかった。

まず、安易に「気持ちがわかった」とする記述は少なかった。また、イメージで描いた「他人になる」という経験が、簡単でないと感じ取られる学生のコメントが多かった。これは、アイマスク体験を経験した後だからということもあるが、このことから学生の多くが当事者の気持ちになってみようと試みたことがうかがえる。さらに、難しいながらも一部の経験はイメージできたのではないかという記述も見られた。アイマスク体験から学んだ安易な理解への警戒と同時に、当事者の心情に接近したいとする傾向も現れている。このシートの設問からは、簡単に理解できない「違い」に気づくことと、一方で理解しようとする努力から近づけることもあるのではないか、との思いが促されると考える。障害当事者としてイメージしながらの活動においては、「他人になりきること」よりも「なりきれないことへの気づき」が重要である。インペアメントな個人的経験は簡単に理解できるものではないとの気づきは、思い込みや同情に直結することをいったん留保し、自身の感覚に意識を向けることにつながる。

3　何が起きているのかを「身体」から考える

身体と思考の関係をジル・ドゥルーズは次のように述べる。

身体はもはや思考をそれ自体から分離するような障害なのではなく、思考するにいたるために思考が克服しなければならないようなものではない。反対にそれは、思考が思考されないものに到達するため、つまり生に到達するために、その中に潜入する何か、潜入しなければならない何かなのである。[*24]

他人の経験を生きるという試みは困難である。であるならば、体験が疑似（似て非なるもの）であることを問題にするよりも、疑似であることの可能性（誰かの立場になって考えたことによる意味の変化や視野の広がり等）に視点をずらすことで、思い込みや誤解が生じるプロセスに気づき、みずからの問題として考える教育的契機にできるのではないか、というのが本稿の体験活動の主旨になる。では、体験を思い込みや誤解についての学習を始めるきっかけとするために、どこに注目すべきか。学生の記述には、体験を通して得た身体的な感覚が多く表現されている。世界と相互作用する非言語の感覚的経験を探るには、身体に着目することがカギとなる。

障害の要因を当事者に還元する「個人（医学）モデル」を批判してきた「障害の社会モデル」の限界は、個人のインペアメント経験に迫れないことであった。社会に対する問題提起を重視するあまり、個人の経験としての痛みや困難は戦略的に回避され、個人主義回帰として否定的にさえ扱われてきた。そこで、身体の物質性や主観的経験に着目することの重要性が指摘されるようになった。[*25] 国内の障害と関わる教育の領域でもその試みは示されつつある。河野哲也[*26]は、あらゆる能力は環境と身体的主体のマッチングにおいて成立するとし、現象学的身体論の立場から現状の特別支援教育を批判している。伊藤亜紗[*27]は、自身と異なる身体をもった存在への想像力について述べ、美学と生物学が交差する身体論として、異なる世界の捉え方を面白がるための関わりを提起する。演劇教育と人類学的フィールドワークを融合した実践を行う石野由香里[*28]は、自己変容を促す境界体験の手段として、障害者の立場に身体ごと「立つ／なり代わる＝演じる」ことを提唱している。これらの共通点は、身体が世界を意味づける作用をもつことへの注目である。私たちは他者の身体の運動や表情を、自分の身体を通じて理解する。[*29]知識で説明する理解とは異なり、みずからの身体感覚を疑い、意味づけられた経験を批判的に検討することが、思い込みや誤解がいかに生じるかを探り、他人を理解する問題性と困難さを考える契機となる。[*30]

●身体で思考する（解し、対話する）

数学にとって身体とは何かを探求する森田真生[*31]は、数字の道具としての著しい性格として容易に内面化されてしまう点を挙げ、それを「身体化」として以下のように述べている。

ひとたび「身体化」されると、紙と鉛筆を使って計算していたときには明らかに「行為」とみなされたことも、今度は「思考」とみなされるようになる。行為と思考の境界は案外に微妙なのである。行為はしばしば内面化されて思考となるし、逆に、思考が外在化して行為となることもある。

私は時々、人の所作を見ているときに、あるいは自分で身体を動かしているときに、ふと「動くことは考えることに似ている」と思うことがある。身体的な行為が、まるで外に溢れ出した思考のように思えてくるのだ。[*32]

デカルト哲学の合理主義は、精神は思考、身体は感覚として切り離し、まったく次元の違う存在とすることで近代科学の成立に大きく貢献した。精神は特権化され、身体は機械論的な物質として貶められた。しかし、これまでの人文・社会諸科学の議論からその限界が明らかであるように、身体と思考は不可分である。「思考を、意識の内部で概念を操作することと考えるのではなく、絶え間なく展開する状況を的確に把握し、予見することであると考えるなら、運動とは身体の思考様式のひとつである」。[*33]

身体は、環境との相互作用を繰り返し、反復された経験のうちに構築され続ける不安定な連続体であるとされる（たとえば、ジュディス・バトラー[*34]）。そこでは、後期モーリス・メルロ＝ポンティの「肉」の概念のように、もはや身体と環境との境界は曖昧である。[*35]「獲得された慣習や文化は、私たちの身体の基底に取り除くのが難しい刻印であるかのように定着する」[*36]。身体は当たり前の日常の反復と沈潜により、時間的存在として塗り固められた「私」である。疑似体験はその「私（身体）」を擾乱《じょうらん》し、多少無理やりではあるが「解《ほぐ》す」営みと捉えることができる。伊藤[*37]は、環境に慣れて何も考えずにできていたことが、中途障害によりひとつひとつ意識しないと制御できなくなる経験を

「オートマ制御のマニュアル化」と呼ぶが、一方でマニュアル化の増大は工夫や批評性の余地をつくり出すという。まず、制限された身体を体験することが、「私」や「当たり前」についての思考の機会となる。ワークは、思考としての体験を意識化／可視化し、共有し、つなぎ合わせるために言葉にする過程である。[*38] この一連の流れは、これまでの「私（身体）」との「対話」を経て思考し、新たな「私」を構築する試みとなる。言語以前の感覚に戻ることで社会的に身体化しているものをはがし、境界を引き直す運動である。

学生の実践からは、これまでの経験にはなかった身体感覚から新たな世界の発見が語られている。床が土、アスファルト、芝生、カーペットと変わると車いすの漕ぐ力の配分や速度が大きく変化する。また、車いすから伝わる床の凹凸、勾配、扉の開閉、机の幅、高さなどの物理的な構造との関係の他に、エレベーターの開閉時間、移動する際の目線の高さ、すれ違う人の視線など、車いすという道具を通した周囲の人・ものとの関係から生じる身体的違和感が多く記述される。たとえば、普段はまったく気にならなかった大学構内（廊下）の研究室ポストがちょうど頭の位置にくることで、ステンレス製の角に頭をぶつけそうになり、廊下に並ぶポストに対して恐怖を感じた、というコメントがある。杉野は[*39]、ドルー・リーダーの「ディス゠アピアランス（disappearance）概念」を用い、「身体は正常に機能しているときには意識から消えているが、苦痛を感じるときに意識に上るのである。このことを障害にあてはめるならば、インペアメントのある身体が意識されるのは、ディスアビリティを経験した時である」[*40]と述べている。普段、提出物を入れるための「箱」として、気にも留まらない存在だった研究室のポストは、車いす利用者となったことで危険な対象として立ち現れる。

アイマスク体験では、視覚からとくに手や足の触覚を頼る活動に移行することで、それまでとは異なる状況把握の方法から身近な道具や教室内の環境を確認する「違った世界」が〝見えてくる〟。たとえば、これまでまったく意識していなかった足裏の感覚についての記述が増えている。カーペットやアスファルトなど床の材質や、足裏を通して伝わる点字ブロックの感覚から、これまで見えていなかった、もしくは視界には入っていたが見ようとしなかったことが「わかるようになった」と記述される。マルティン・ハイデガーの「世界」は、「目的－手段－連関」のネットワークに組み込まれたさまざまな道具が、それぞれ連関をつくり、併存し絡み合っている全体である。[*41] 道具は、それが用いられているときは注意や凝視の対象にならないが、道具が壊れたり機能不全に陥ったりしたときにはじめて注意の対象として現出する。[*42] メルロ＝ポンティの「世界」も、身体が関与することでたえず変化し続ける未完成なものである。[*43] これまで目や足を使って作成し習慣化した住み慣れた世界は、目や足を使えない「障害」が生じることで、手や足裏の触覚、音、匂いなどを通じて、また車いすや白杖を使って構築し直される。世界の連関が変わるのである。このような従来とは異なる世界に触れ、差異は露わとなる。異なる複数の身体を生きるという「多重の身体」[*44] を経験する。

細馬宏通[*45] は、アイマスク体験の主役は、アイマスクをつける人ではなく、ナビゲーター（本稿ではガイドヘルパー）側だと述べている。我々は普段、いま起きていることと自身の感じていることとを意識することなく結びつけ、いつの間にか次の行為のために「身構える」。そのため、よきナビゲーターになるためには、己と相手との間にどのような感覚や認知があるかを知る必要があるという。「感覚や認知の異なる者どうしが共同で何かをおこなうとき、ナビゲーターはことばによって、次に行う行動に対する身構えを、相手と一緒につくる。そして相手の行動やとまどいから、どんなことばを使うことが必要かを学ぶ」[*46]。二人組でのアイマスク体験の際、先に視覚障害者役をした学生は、普段いかに視覚に頼った世界にいたのかとの気づきを得てガイドヘルプ役と交代する。ガイドヘルパーとの共同による新たな世界の経験は、先に自身がとった行動や場面に対しおおいに想像力を働かせ、視覚障害者役のペアの困難を軽減する多くの試みを促すこととなる。つまり、困難さを予測し声かけを工夫するなど、「自分がしてほしかったがしてもらえなかったこと」を想像して実践する機会となっている。最初にガイドヘルパー役をしてから視覚障害者役をした学生とは、記述内容が大きく異なっている。また、車いすを押される経験やガイドヘルパーに頼る経験は、相手を「信頼」し「賭ける」ことを要求する。そして、触れ合う時間が長くなると不確実性は減少し、緊張は安心へと変わる[*47]。

体験を最低三〇分以上に設定すると、開始直後の感覚と三〇分後の感覚との違いを記述するシートでの学生の反応は、驚くほど違いがある。時間をかけた反復や慣れによる感覚の変化の多くが、学生に気づきをもたらす。体験当初の「怖い」「大変」「難しい」という反応は、「障害者の日常は困難」や「障害者は特別」という思い込みにつながりやすいが、活動に慣れていろいろなことができるようになると、「体験当初の感覚は障害者の日常とは異なるのではないか」「障害者にとってはそれほど特別なことではないのでは」といった気づきを生む。さらに、それまでまったく気づいていなかった風景が視線に飛び込んでくるようになった、という経験は、世界との関係が変わったことを意味する。体験から数日経っていても学生から、街を歩いていて「点字があることに気づくようになった」「道路の縁石などのギャップが気になるようになった」「視覚だけでなく、足裏で点字ブロックを意識するようになった」「床の材質や道路の傾きが気になるようになった」といった話を聞くと、体験を通じて変化した身体と環境との接面感覚がしばらくは維持されている、と推測できる。これらのうちのいくつかは、従来の「当たり前の日常」に戻るなかでいつのまにか後景に退き、そのうち意識しなくなるのかもしれない。しかし、間違いなく言えることは、体験をする前と後では、明らかに異なる身体に変化しているという点である。梅干しを食べたことがある人は想像するだけで唾が出るが、食べたことがない人は見ても唾が出ることはないだろう。未経験の他人の感覚を想像することは難しいが、何かの拍子にその経験が想起したり、感覚的に反応できたりする身体につくり替えられている可能性は高い。看護の「わざ」を研究する前川幸子[*48]は、看護師が知識をどれほど所有しようとも、患者の生きられた経験、その感覚を共有しない限り、看護実践と呼ぶことはできないと明言する。病む人の物語の証言（言葉）は語り手の苦しむ身体そのものであり、その証言を受け取るためには、聞く側が苦しむことのできる身体としてそこにいなければならないという。看護師は患者の苦しみの証言＝身体を受け取ることのできる身体であることが求められると述べている。障害の個人の経験である困難／苦痛（インペアメント）に近づくために求められる身体も同様ではないだろうか。

●問題の当事者となる

この活動は、「意図的に制限した身体を生きる」という体験を、「まずは実践してみる」ことに重点を置く。特定の障壁を感じることなく生きてきた同質性の高い日常から外へ出て、そうでない世界に身を投じる。「健常者」として規格化された身体を崩すことで、「差異化」の体験過程が言語化され、新たな「私」が再構成される。体験は「他人の身体を生きる」ということとは程遠いけれど、何かが生まれるきっかけにはなる。[*49][*50]先行研究の指摘のように、疑似体験では誤解や思い込み、偏見が生起しやすい。あえて誤解や偏見が顕在化する「場」として提示することで、それが我々の日常に遍在し、気づきにくく、見えない壁をつくっており、そこへ意識を向けることで壁を動かすことには有効かもしれないと考える。「不安」や「驚き」、「違和感」によって生じたものが思い込みや誤解として可視化されれば、「みずからに都合のよい障害者像」をつくり出す枠組みを乗り越えることができるかもしれない。そしてそれは、たんなる同情や共感とは異なり、加害性や痛みの当事者ではない「よそ者」としての疾しさを伴う。しかし、経験した困難さは当事者とけっして同じではないことに気づいたからこそ、「わかりあえなさ」に謙虚になり、「痛み」や「苦しみ」を生きている人の存在に関心が向き、何かが始まる動機になるのでないか。さらに、制限された身体が徐々に環境に慣れていく経験は、新たな学びの可能性を予感させる。さまざまな気づきは意識せずともつながり、意図せぬ新たなものが生まれる。

これまで疑似体験を実施することに対し、「不謹慎ではないか」と批判を受けることもあった。しかし、批判に意識を向けすぎた結果、構えすぎることはかえって壁を高く分厚くするのでは、とも思う。また、「怖さや大変さ、困難さは障害者の日常の経験とは異なります。それは、知らないうちに誤解や偏見につながります。気をつけましょう」と言われてからの体験でも気づくことはあるだろう。体験するときはそのような意識に気をつけましょう」と言われてからの体験でも気づくことはあるだろう。しかし、そのような指示のもとでの活動では、結局、これまでの社会がもつ障害者像へのステレオタイプな規範を同じように繰り返し、知識として伝達することになるだけではないか。それはむしろ、同情や特別視する主体を形成するだろう。誰もが潜在的にもっている「アンコンシャス・バイアス（無意識の偏見）」は、育つ環境や所属する集団の中で知らず知らずのうちに刻み込まれ、自覚できないために自制することも難しいとされる。しかし、その存在を自覚することで、影響を最小限に押さえることが可能になる。[*51] 知識や規範として教えられただけでは、自身の基底にある「目をそむけたくなるもの」に気づくことはない。すでに身についたものを引き剝がすには、言語以前の身体の感覚に戻るしかない。まず己の身体を通した困惑や不安、違和感といった感覚に向き合ってみる経験こそが、「私も同情や特別視をしているのではないか」との気づきにつながり、誤解や偏見と生きる自分自身に向き合うことになるのではないだろうか。

筆者が体験活動を始めた頃は、筆者の指示が多く、授業の一環として緊張感のある活動になっていたように思う。しかし学生の多くが、話し合いのプロセスによりみずから気づきを得ていく様子から、ワークの構成や指示する言葉がけは、どんどん少なくなっていった。最終的には、シートの設問のみになったが、それでも自身の見方や考え方が変わったとする学生は多い。もちろん、浅い反省に留まる学生がいるのも事実であるが、それでも今後、そのような機会が訪れたときに、思い出す、再び考えるきっかけになると期待したい[*52]。筆者は、もっと学生を信用すべきだったと学んでいる。

第5章 介助を教わり「失敗」する

身体障害者の介助現場における介助する／される関係を通した「障害者を理解すること」

●前田拓也●

1 はじめに

本稿では、とくに「障害者の自立生活運動」という実践において、健常者が障害者の介助を「できるようになっていく」プロセスに注目する。健常者は、介助する／される関係性のただなかで、それをどのように経験するのだろうか。これを記述することを通して、障害者の「自立した生活」がどのように維持されているのか、また、それらの相互作用を記述することは障害を「理解する」こととどのような関係にあるのかを検討する。

「介助現場」という空間は、介助者にとっての労働現場である以前に、まずはそこで暮らす障害者の生活の場である。と同時にそこは、他者同士、つまり障害者と健常者たる介助者のそれぞれが人生の中で身体に刻み込み培ってきた別様の生活習慣や「歴史」のありかたが、衝突し、拮抗する場でもある。みずからの身体に根を張った個々人の習慣や身体性の異なりが、まるで接触した二本の電線がショートして発火するかのように露呈する場でもあるのだ。それは介助者個々人にとっては、いままでありえなかったような経験、あるいは、それまで気づかされることのなかった自身と社会の関係に直面させられるような経験となりうる。

介助者は、介助を通して、自分が健常者としてふだんあたりまえのように、何気なくやっていることをあらためて意識させられることを避けることはできない。あまりに習慣化されているために意識に上ることすらないままに「できてしまっている行為」をいま一度意識しなおし、「自分のやりかた」を「相手のやりかた」にチューニングしなおさなければならなくなるのである。たとえば、「自分の手を使ってうまく食べることができない人」への食事介助は、「自分がふだん食べているように」はおこなえない。またそれは、「自分がふだんどんなふうに食べているか」を意識することを経由することでしかうまくできるようにはならない。

つまり介助者は、介助の実践を通して「そもそもなぜ私はふだん〝うまく食べる〟ことが達成できているのか」について深く考えなおさざるをえなくなるし、自分はいつもどのように食べているのか、その際、たとえばどのように手を動かして食べているのかを振り返らざるをえない。その先には、

〝うまく食べる〟とはそもそもどういうことか、について再考する契機が控えてすらいるだろう。

細馬宏通は、「介護とは、介護する側が自分の身体を問い直すことであり、身体がどんな時間と空間を使って動いているかを点検しなおすことでもある」[*1]と述べる。また、「わたしたちは、誰かと共同して何かを達成しようとするとき、お互いの身体を調整すべく開いている」[*2]と言うのである。ここで言われている、自分の身体を「問い直」し、「点検する」とは、自身の一挙手一投足を振り返るのみならず、その身体に刷り込まれた習慣や「癖」の傾向性が他者との関係性の中で露呈するという経験を媒介にしながら、自身が埋め込まれている社会構造を批判的に捉え返すことであるだろう。

さらに、石岡丈昇は、「個人と社会を蝶番にするフィールド」としての「癖」に着目する、その名も「癖の社会学」と題された論考の中で以下のように述べる。

(癖は、)日常が急変し、別のそれへと移行する渦中において露呈する。いいかえれば、既成のものと未成のものの「裂け目」に放り込まれた人間が知るものとして、癖はある。この人間は、自らの癖を知ると同時に、その癖を刷り込んできた生活構造や社会構造をも批判的に捉え返す視座を獲得する。[*3]

健常者にとって、介助現場はまさにこの「裂け目」である。そこに放り込まれた健常者は、自分の身体に染みついた「癖」を否応なく自覚させられる。この自覚は同時にその変革をも要請するだろう。

だから、介助ができるようになっていくプロセスとは、健常者が健常者としての「癖」を自覚すると同時にそれを「改造」するプロセスであると言うことができる。

こうした視点に立ち、本稿では、介助者が、ある特定の障害者個人にとって「適切な」介助の技法がどのようなものであるのかを理解していく、そのしかたを記述することを目指す。介助が「できるようになっていく」プロセスは、どのようにすればうまくごはんが食べられるか、歯を磨くことができるか、座ることができるか、排泄できるか……といったその人に関する部分的な理解の積み重ねではあるだろう。それはおそらく、「障害（者）を理解すること」そのものではない。しかし他者を理解する技法の一つではあるはずだ。そしてそれは、「障害者福祉」の言説として「上から」啓蒙されるかたちで与えられる知識とは異なったものであるだろう。

私は、二〇〇一年から二〇〇九年までの八年間、兵庫県内のＣＩＬ（障害者自立生活センター）[*4]で介助者として働きつつ、重度身体障害者の介助現場の参与観察をおこなってきた。[*5]また、同調査対象を含めたＣＩＬでの聞き取り調査を、現在も継続中である。これらの調査をもとに、障害者介助の経験を通した「介助ができるようになること」、また、そのことを通じた健常者の「身体の問い直しと点検」すなわち「自己の変容」のプロセスを記述することを目指す。

2　障害者運動における「自立生活」とは何か

●脱施設／脱家族

本稿でとくに前提とされる「障害者の自立生活」とは、「日常生活に介助が必要な重度の全身性身体障害者が、その生活を、基本的に、施設においてではなく、また家族や家族による雇用者によらず営む生活」[*6]を指す。隔離と管理に貫かれた入所施設を離れて暮らすこと。そして、家族の元を離れ、他人の介助を受け、地域の中で暮らすことである。

こうした、「自立生活」と呼ばれる暮らしかた、ないし「自立生活運動」にとって、「自立」という語のもつ含意は独特のものである。そこでは、経済的な意味での自立（「自分の稼ぎで食える」）も、また、身体の機能上の自立（「自分のことは自分でできる」）も意味しない。事実、身体障害が、より「重度」であればあるほど、この二つの意味での「自立」は不可能に近くなるだろう。では、障害者は自立できない不完全な存在なのか。そんなことはない、と障害者運動は主張した。ここで目指されるのは、自己決定する自立（「自分のことは自分で決める」）である。つまり、経済面で福祉に頼ろうとも、また、身体機能面で介助者に頼ろうとも、自分の暮らしの細部において「自己決定」をおこなうことができていれば――自分で決めた介助内容を介助者に指示し、実現させることができてさえいれば――「自立している」と言ってよい、とされる。

例えば今日の晩メシに何を食いたいかということを自分で決めて、自分の財布と相談をして実際に食べられること。自分がつくるか、人につくってもらうか、出前をとるか、外に行くかは別だけど、とにかく自分の食いたいものを食えること。これが自立生活の象徴だろうと私は思っております。[*7]

単純にいえば、自己決定することができれば自立している。あるいは、自立できていると言ってよい、そういうことにしよう、と主張したことになる。たとえそのままでは「できない」ことであっても、介助者がいれば「できる」。身のまわりのことを人に頼っておこなっていたとしても、そうしたい、そうしてくれと指示するというかたちで意志決定し、生活全体をみずからデザインしていけば、それで自立していると言っていいはずだ。このとき、「自己決定する主体」は「自立」していることになる。

●介助者の位置づけ

こうした、障害者自身の自己決定を中心に据えた「自立」観を基礎においた場合、自立生活における介助者はどのような存在として位置づけられるか。有り体に言えば、障害者の自己決定を中心に据え、介助者はそれを実現させるための手段／道具と見なされる。しばしば「介助者手足論」[*8]とも呼ばれるこの「ドライな」主張は、パターナリズム回避のための方法論として求められたことに注意が必要である。

介助者にとっての仕事は、まずは障害者たちの日常的な「必要」をもとにした指示を聞き取り、それに可能な限り忠実に従い、実現しようとすることから始まる。（ときに「重度」の）障害者たちの多くは、日々の「自立」した暮らしの中で、これまでしばしば他者——健常者——に無視されたり先取りされたりしがちであった自分の意思や意向が尊重され、実現されることを重視する。障害当事者たちの自立生活にとって、介助者／健常者はあくまでも「黒子」的存在なのであって、可能な限り後景に退くべきであり、そこに健常者の意思が入り込んではならない。こうした理念が、ときに「介助者は障害者にとっての手足の延長である」といったかたちで表明される。

同時にこの主張は、介助者にとって、介助現場における行為規範であると同時に、障害者と健常者の非対称な関係性を、とくに健常者が、日常のレベルで問いなおすための論理でもある。介助者はときに、よかれと思ってつい「やり過ぎ」てしまう。そこでは、介助する者とされる者との間に、「共感」や「きずな」や「福祉のこころ」は求められていないし、もっと淡々としている。介助者は、聞いてから動く、あるいは言われたことだけをやればよく、「出すぎたマネをしてしまう」「ついやってしまう」ことを回避すべきだ——こうして、知らず身につけられ、ルーティン化された「健常者としてのふつうの身振り」をみずから省察し、振り返る契機として、介助する／されるという関係性が捉えられているのである。

介助者になること／介助ができるようになることは、それまでの健常者としての生／生活を問いなおすことでも〝あってしまう〟ところがある。では、そうした、介助者にとって「どうしてもあってしまうもの」として経験される「健常者としての生の問い直し」とは、具体的にどのようなものなのだろうか。

3　介助を障害者に「教わる」

●「できてしまう」という問題

自立生活運動ではしばしば、健常者は介助を「障害者自身から教わる」必要があるとされる。[*9]「障害者の介助は当事者に教えてもらえ」と言われ、また、わからないことがあれば「まずは本人に聞きなさい」と言われる。とかく「資格」が必要とされるこの「ケア」周辺の仕事において、あえてそのように言うことの意味を考えておく必要はあるだろう。

「障害者が介助の方法を教えてくれる」というのは、まずは文字通りの意味にほかならない。個々人の生活のはしばしでその障害者は何を必要としているのか。そして、必要を満たすため、他者はその人の身体にどのように関わることが適切なのか。それは誰より「本人」自身がよく知っている。つまり、障害者介助の「専門家」は「本人」である。だから、現場でなすべきこと（そしてすべきでないこと）はなにか、それをどのようになすべきかは、何をおいてもまず本人に聞きなさい、ということになる。

このように、「なすべきことを本人に教えてもらう」という方針は、本人の必要を満たすという目的にとっては大変理にかなったやりかたである。そしてこの方針に従ってさえいれば、介助はそう難しいものではない。やってみれば拍子抜けするくらいに「できてしまう」ものだ。もちろん、「やってみると案外難しいものですね」といった程度の「難しさ」はあるにはあるだろうが、しかし初心者の事前の想像のそとに大きくはみ出るものでもないはずだ。

しかしこの「(意外と簡単に)できてしまう」ことのやっかいさも、同時に指摘しておかねばならない。

生活上、何らかの介助が必要な人がいるとしよう。介助者の存在によってその人がある目的を達成すること(=「できる」ようになること)自体はそう難しいことではないと述べた。しかし当然ながら、「できればよい」わけでもない。問題は、「どのようにできるか」においてしばしば生起するだろう。たとえば、「自分の手を使ってうまく食べることができない人」への介助の場面を再び考えてみよう。食べるのは、湯気の立ったあつあつのラーメンだ。

介助者が箸で麺をつかんでそのまますぐに口元に持っていったのでは、相手は絶対にやけどすることになる。もちろん、食べやすくなるまで一定程度冷めるのを待てばよいのだが、麺類である以上、必ずしもそういうわけにはいかない。のびてしまうからである。仮にこれが「自分の子ども相手の食事介助」であれば、まず小鉢に少しとって「ふーふー」して麺を冷まし、くちびるの先で適切な温度にまで下がっているかどうか確認しては食べさせる、という作業を繰り返すことになるだろうし、そうした「温度確認の作業」は「安全上」必要なものではあろう。しかし衛生上、子どもでもなく家族でもない「他人」を相手にそのような「ふーふー」や「温度確認の作業」をおこなうわけにもいくまい。にもかかわらず、しかし実際には、そうした作業をあたりまえのようにおこなおうとする介助者もいてしまう。もちろん、「非常識な介助者もいるものだ」のひと言で済む話ではある。しかし考えておかねばならないのは、そこで障害者自身が「気持ち悪いから／きたないからやめてくれ」と当の介助者にクレームを申し立てたり注意したりできるかどうか、である。

「注意できない」などということは、一般的にはありえないことのように思える。しかし実際にはそうでもない。それはなにも、その障害者の「気が弱い」からではないし、遠慮しているからでもない。やっかいなのは、一見「うまくいってしまっている介助」への、障害者からのクレームのつけにくさである（もちろん衛生上の問題を考えるのなら、どう考えても「うまくいっている」ようには見えないのだが）。「イヤだと思っていても気をつかって言いにくい」ということもあるにはあるだろうが、同時によりやっかいなのは、ここではやけどせずに「食べられている」こと。つまり、介助が「可もなく不可もない状態で成功している」ことである。こうした場合、障害者からのネガティブなリアクションが得られることはほとんどない。とりあえず「食べられている」ことによって文句を言いにくく、両者の間で問題として顕在化しないことがありうる。だから、本当は「できていない」のだが、「できている」という了解のままなんとなく許容されてしまうことがあるのだ。もちろん、「それでよい」わけではない。

また同時に指摘しておくべきは、障害者がクレームを申し立てたとしても「キョトンとされて」、どうやら介助者には通じていない、納得してもらえないことがある、という点だ。介助者とて、自分が身につけた習慣や常識に基づいておこなった介助へのクレームの意味と、指摘されたことの問題性を、すぐさま理解できるわけではない。あるいは、自分の常識に照らせばあたりまえのことが、いざ介助の場面では適用できないこともあるのだろう。先の「ふーふー」問題はつまりそういうことだ。「自分が逆の立場だったらイヤでしょう?」と、子どもに言って聞かせるようなことを言わねばならないこともときにある。しかしそれも、「いや、べつにイヤじゃないですけど……」と言われてしまえばそれまでのことでもある。

このように、「できてしまう」こともまた、「介助の失敗」だと考えてみよう。なにも、「利用者のしたかったことがうまく実現できなかった」とか、ましてや「利用者の安全が脅かされた」とかいうことだけでなく、こうした、「利用者の不本意なかたちでできてしまった」こともまた、ここでは「介助の失敗」だと考えたいのである。

ここで「介助の失敗」と見なしうるのは、介助関係における、おもに介助者による「効率性」「安全性」、そして「お行儀のよさ」への志向によって起こるものである。他者が食事をしやすいように、できないことをできるように「補う」ことが介助であるに違いないのだが、そこで介助者はしばしば「安全」で「効率的」で「お行儀のよい」食べかたを押しつけることになってしまう。[*10]「食べやすい」ことは、必ずしも本人の「うまい」ではない。ラーメンを、けっしてやけどしない程度に冷ましてしまって、何が「うまい」だろうか。短くはさみでぶつぶつに切ってしまって、何が「うまい」だろうか。舌や上あごを軽くやけどしながらでも、口のまわりをベチャベチャにしながらでも（「お行儀よく」なくとも)、熱い麵をすすることが「うまい」のではないか。しかし、とりあえず「食べられてはいる」ことによって、「やけどしてもこぼしても時間がかかってもいいからちゅるちゅる食わせてくれ」とはなかなか言いにくい。そのため、「介助の失敗」として顕在化しないことがありうる。だから介助者は、「ちゃんと失敗する」こと。言い換えれば、「失敗であることが介助する/される両者によって認識される」必要があるのである。[*11]

いずれにせよここで求められているのは、「介助されながら食べる」という、それ独自の食事のありかたなのであって、そこに現出する「食べかた」は、利用者と介助者それぞれ個々人の「食べかた」に還元できない、相互行為の中でやっと成り立つ「食べかた」である。介助者はその「食べかた」に、自分の身体を最適化していけるかどうかが問われる。それを可能にするためには、まずは介助者が自身の「効率性」を志向した「あたりまえのやりかた」を相対化する契機が必要なのである。

このように考えれば、「介助のやりかたを教える/教わる」こととは、介助を効率的におこなう技術を身に着けるための実践であると同時に、効率的であることによって無視されてしまうものを顕在化する機会を得るための実践でもある、ということができる。つまり、介助は「うまくできる」ことがよいとは限らないのである。自立生活運動の文脈においては、むしろ介助者の手足が、淀み、つまずき、とまどうことこそが必要だといってよい。

また、介助者にとっては、自分の介助が「失敗であることをちゃんと指摘してもらえる」状況にあること。のみならず、同時に「それが失敗であることが介助する/される両者によってうまく認識され共有される」状況にあることが必要だろう。そうしてはじめて、介助者は、介助が「できているのか」ではなく、「できてしまっていないか」を確認することができるようになる。

●「できてしまわない」ための技法

ここまで述べてきたように、介助のやりかたは、原則的に「障害者自身から教わる」のだった。では、実際にそれはどのようにおこなわれるのか。ある男性介助者は、自分の介助のやりかたを後になって自分で反省することはあるかという私の問いかけに対して、以下のように述べる。

【三八歳／男性／介助者】

A：ほんとしょうもないことですけど、自分の家で決めてるルールを自分がふつうやと思ってしまって、「ふつうやで一般的に」と一般論を出したとき危ないなと思います。「完全に押しつけてるな、俺」と思って。めっちゃくだらないですけど、生ゴミを袋に入れて捨てるとか、敷布団のシーツは週一回くらい洗濯しようとか、自分ルールですけどそういうのを「利用者に」言うのはよくないなと思ったりします。

――それを言って、反発されたことはありますか？

A：いや、ないですね。たぶん［自分は］わりと言うのが上手なんやと思う。変に上手やと、変に誘導してしまうこともあるのかな。

――マニュアル的には言われるまでやらないのがスタンスとしてあるんでしょうけど、それも、見てて「やった方がいいな」と思ってやってる？　イラッとするとかではない？

A：そのときはイラッとしてたときもあると思います。

――全然シーツ替えてへんやん、汚いなあとか。

A：思ってたけど、いまはそんな思わないですね。間違ってるなと思いながら言わないときとかもあります。それってすごい遠まわりなことしてるなと思っても、その人のスピードがあるやろうから、それを言わないように努めてするのが難しいけど、僕も完璧じゃないですけど、ちょっと待てるようになったかな。

――見て見ぬ振りするのが、ある時期からできるようになったのか、利用者さんによるということなのか。この人はほっといた方がいいとか、言っておいた方がいいんじゃないかとか。そういう見極めをしてる？

A：してると思います。僕が介助スタッフになったのが二〇〇五年なんですけど、その時期からいろんな利用者さんのところに行くことが多くて、数回しか入ったことない人のところにいきなり行かされることも多かったので、この人が求める最善、一番いい答えみたいなのを考えるのが（中略）上手になったと思います。介助に入る前は、「今日はこの人どういう感じでいったらいいかな」と思い返すようにはしてます。

それぞれの障害者には、それぞれの生活の中に、それぞれの「こだわりの傾向」がある。シーツを替えるタイミング、モノを持ってくる順番。服をたたむ順番。洗濯物を取り込むタイミング、たたむ順番、それらを重ねる順番、仕分けの方針、クローゼットへの収納方法……これらの「こだわりの傾向」と、介助者の習慣や癖は、しばしばバッティングしてしまう。その場合、原則的には介助者が「譲る」必要があるのだが、そうと意識することのないままに、介助者の習慣に寄せるかたちで「誘導」してしまうこともある。「誘導」されているほうはたいてい「誘導」されていることに気づかないし、「誘導」しているほうも「誘導」しているとは思っていないことも少なくないから、結果的に問題なく「できてしまっている」ことになる。このことの問題性は、先に見た通りである。

これら、個々人の利用者の生活上の「こだわり」のすみずみにおいて必要とされる介助の「すべてをマスターする」ことはおそらくできない。しかし、「一定程度できるようになった」という感覚をもつことはできる。その感覚が得られるようになるためには、介助する／される両者の間で「これでいいかちゃんと聞く→クレームがつく→フィードバックする」というやりとりが必要になるだろう。そうして、容易に「できてしまわない」ことを回避しつつ「一定程度できる」が目指されていく。では、それができるようになったと確信できるタイミングはあるのだろうか。

それはひとつに、「ちょっとしたコツを覚えられるようになったとき」である。たとえば、多くの介助者が経験していることに、「車いすのお尻の位置」問題がある。[*12] 利用者が、床やベッドから車いすに座りなおす（移乗する）とき、一発でお尻の「位置」が決まるということはそうそうない。振り返ってみれば、健常者とて、いすに座るとき、ドスンと座ってそのまま、ということはない。「いすに腰掛ける」というモーションをまずはおこなった後、多かれ少なかれおしりをもぞもぞさせては適切なポジションを模索し、最終的に確定することで、はじめて「座る」は完了する。その「もぞもぞ」の多少には個人差があるだろう。おしりの骨の形や肉の厚み、肌の状態。そのとき身につけている下着やパンツやスカート、さらには座面の状態にもよるはずだ。それら総合的な条件の中での適切なポジションを自分で調整することができない障害者への介助には、こうした調整がつねに含まれている。おしりの位置を数センチのレベルで何度も動かし、なかなかＯＫが出ず、汗だくになりながら執拗に微調整を繰り返す。といった経験を多くの介助者がしているだろう。こうした過程を経て、「一発で決める」ことができるわけではないにせよ、「だいたいこのへんだろう」といえる程度の「コツ」をつかむところまでもっていくことはできるようになる。

しかしこのことから同時に気づかされることは、介助者はその「やりかた」を、けっして自分一人で試行錯誤しているわけではないということである。介助の細部に対して「そうじゃない」と言われ、やりなおしを求められることは、あくまで介助者が再度利用者にその「正しいやりかた」を「聞き直す」契機なのである。

また、本人に介助のやりかたを問うたときに、「適当でいいよ」と言われることがある。しかし、「適当でいいよ」と言われたにもかかわらず実際に「適当に」やったらクレームが出てしまう、ということもよくあることだ。本当に介助者の「適当」でよいのなら、たしかにたいていのことは難なく「できてしまう」のだが、だからこそ「(不適切なしかたで)できてしまっていること」には、介助者自身は気づきにくい。むしろ「適当さ」のなかにこそ、その人の習慣化された「癖」はあるからだ。「適当でいいと言われたから適当にやった」だけの介助者にしてみればたしかに「理不尽」であるようにも見えるが、「癖」に気づかされるためのそのクレームは、やはり適切なものであるといわざるをえない。[*13]「できない」ことよりも、むしろ「できてしまう」ことのやっかいさは、ときにこうしたところにも現れてしまう。

ここまで検討してきたことからわかるのは、介助が適切におこなわれているかどうか、あるいは問題性に気づき修正することができるかどうかを、介助する／される個々人の意識の問題に還元し、その修正可能性を個々人の「気づき」や「努力」に求めるには限界があるということである。だから、「できてはいるのだけど、そのやりかたではよくない」という「失敗」にうまく気づくことができる場のデザインが必要になるだろう。ここで言う「デザイン」とは、「障害者の福祉を可能にする『技術上のディテール』、『機知や良識』、『創意工夫』のことであり、当該障害者の『特性や抱える困難に配慮を示すような形で、実際の労働が可能になるような微調整やその組み立て[*14]』」のことである。では、介助者が自身の「癖」に気づき、また可能であればそれを改造できるための場のデザインとはどのようなものでありうるか。次に検討しよう。

4　介助者間の相互行為から見る

●他者からは見えない仕事

介助の仕事はしばしば障害者の居宅を訪ねて一対一でおこなわれる。また、現場への「直行直帰」であることも多く、業務が個人で完結してしまうことから、介助者が他の介助者の仕事ぶりを見ることはあまりない。介助者同士の接点といえば、シフト交替の瞬間にすれ違い、簡単なあいさつを交わす程度のものだったりする。だから、介助者間で仕事内容について検討したり情報交換がおこなわれたりすることもほとんどない。それはこれらの労働形態以外に、いわゆる介助者の「守秘義務」の問題があるために、介助内容について意図的にだれとも話さないようにしている部分があることも関係している。複数人の介助者が会話をしていれば、おのずと共通の利用者の生活やエピソードが話題になってしまうことはあるだろう。そんなこともあって、このCILでは、公式には介助者同士が集まる場自体を意図的につくらないようにしていた時期すらあったという。

【四〇歳／男性／介助者】

――介助者同士がそもそも接点もつことがないものね。会わへんし。

B：そうですね、昔はけっこう禁じられてましたしね。集まったら愚痴大会になってっていう心配をすごいしてはったけど。いまはだいぶんね。

――個人情報漏れるからとかね。

B：そうそう、しょうもなーみたいな。

――まあまあ、利用者からしたら気分がよくない、かなあ。

B：いやでも、自信がなかったんやと思います、利用者が。いまはそんなこと言わないですもん、やっぱり、あんまり。

Bさんは「自信がない」からだというのだが、「自立生活」のありかたに「正解」などない以上、自分が知らず犯してしまっているかもしれない生活上の失敗や間違いや無知を、介助者たちに噂され、共有される不安をもってしまうこと自体には同情するところがある。介助を利用して暮らす障害者たちには、実質的に「プライバシー」はない。いずれ介助者たちにすべてを晒さないとやってはいけないからである。

利用者の個人宅という最小単位の介助の現場は、個々の障害者の身体を中心に置きつつ、それを介して複数の人々が関係性を取り結んで成り立っている「場」である。そこでは、その「中心」からの「監視」のまなざしがすみずみまで行き届いていることにはなるが、それがどうしても及ばぬ場――介助者たちのプライベート――における介助者の振る舞いを、当然ながら管理することはできない。だから、どこかで一定の「あきらめ」が必要にはなるし、「あきらめられる」ようになるには一定の時間が必要だったのだろう。

しかしやっかいなのは、利用者の「個人情報」をシェアしないことは、同時に介助の「失敗」を介助者同士でシェアしない、できないことでもあるということだ。

おのおのの介助者にはなんらかの得手不得手があり、その「技量」は均質ではありえない。また、介助者自身の「できないこと」は、ときに障害者の「できないこと」でもあってしまう。もちろん、障害者自身が、その介助者が不得手なこともあえて指示することで「できる」ようになるよう仕向け、意図的に「鍛える」ことはあるだろう。それは、結果としてそれぞれの介助者の「技量」の均質化・底上げにつながるし、障害者にとってはそのまま、自身の選択肢が増えることを意味するだろう。

しかし、石島健太郎[*15]が指摘するように、その各介助者の「技量」のバラつきが、障害者の側からは「見えている」としても、介助者自身にはよく「見えない」ということがある。なぜなら、すでに指摘してきたように、介助者は他の介助者の仕事のようすを見る機会があまりないからである。ここに、介助者同士の差異を可視化する「介助者間の相互行為」に着目することの重要性が浮上する。

【四一歳／男性／介助者】

——人の介助見ることってあんまりないやんか。介助してる、仕事してるとこ。あれって、なんかこう、自分の仕事ぶりがあってるのかどうかわからへんみたいなとこあるよね。

C：そうやね、家の仕事はそうやけど、［事業所などで］生活介護とかやってたときは、けっこうどんな感じなんかはけっこう見れたけど。細かいのは見れへんけどね、その介助の姿勢はわかるかな。どんな感じでやってるかとか。介助者に腹立つことは多かったけどね。「前の」介助者とか。

――あー、ゴミ捨ててへんとかそういう。

C：ゴミ、とかもある。うん、燃えないゴミに燃えるゴミ捨ててるとかね。誰かすぐわかるしね。

――シフト表見たらわかるもんねえ。

C：うん。洗濯もん干してるのも、適当に干してたらこんなん乾かへんやんけって。これ見えてへんところやからナメられてるであんた、みたいなんは思ったりはすることある。

――あー。逆にだから自分もチェックされてるっていうふうにも思うわけやんなあ。

C：そうそうそう、だから、けっこう帰るときもきれいにするほうかなあ。

――引き継いでるっていう感覚をちゃんともってやってると。

C：うーん。なんとなくこれこうしといたら次の介助者うれしいかなとか思ったりするけど（笑）、べつになんも思わへんときもあるし、人によるねんけど。なんとなくそんなんはちょっと思ったりするけど。

このように、実際におこなわれている日常的な「介助者間の相互行為」の多くは、直接的なものではない。ゴミの捨てかたや洗濯物の干しかた、そのそれぞれの介助者の「痕跡」。これらを相互にチェックし合うことを通しておこなわれているのである。

介助者間の直接的な相互行為を促す方法として、筆者は、労働形態としての「個人プレイ」を基本とする介助者たちが複数寄り合って仕事内容を報告しあい、今後の介助方法にフィードバックしあう、そんな場があればよいのではないかと（実現可能性については保留しつつ）提案してきた[*16]。しかし、「介助者会議」であれ「カンファレンス」であれ、もっと極端にいえば、どのような職場であっても、「互いの仕事ぶりをチェックしあって意見を述べ合う」などといったことは、実際にはしんどいことである。

しかし、介助者同士で互いの技量について指摘しあえないことは、何も「気をつかいあっている」からだけではない。そうした場で、たとえ介助者が他の介助者の「技量」に問題があることに気づけたとしても、それを指摘することは容易ではない。ここで介助者同士の相互行為を阻害してしまうのは、皮肉にも「自己決定の尊重」という、まさに「介助者手足論」的理念でもあってしまうだろう。「手足」たる介助者が利用者本人に代わって介助者の采配をおこなうなどもってのほかだからだ[*17]。つまり、介助者にとって介助者間の相互行為は、互いの技量の差異や「失敗」に気づく機会にはなっても、その状況を変える方法には必ずしもならないのである。

とすれば、身も蓋もないことだが、やはり介助者は、「自分で気づいて自分で修正する」しかないことになる。しかし、すでに指摘した通り、「できてしまってる」ことは、しばしば失敗として認識できない。

だから、他の介助者の仕事ぶりを観察し、自分のそれにフィードバックできるようになる場をセッティングすること。そしてその前提として、特定の介助現場に複数の介助者が共在する状況をつくることが必要になる。次項では、そうしたデザインが一定程度実現されている状況として、「引き継ぎ」の場を検討してみよう。

●介助を教えることから振り返る

すでに見てきたように、個々の介助者が一定程度切り離された状態で個別に働くのがあたりまえの現場にあって、介助者が比較的じっくりと他者の介助のようすを見たり、あるいは他の介助者に自分の仕事を「見せる」ことができたりするのは、「引き継ぎ」と呼ばれる場においてである。

「引き継ぎ」とは、ある利用者のもとに新しい介助者が入ることになったときに、介助スタッフ、もしくはすでにその利用者のもとに定期的に介助に入り続けている介助者が、そこで必要とされる介助内容を「新人」に伝達する場と実践のことである。これまで、健常者は介助を「障害者自身から教わる」必要があると繰り返し述べてきたから、健常者が健常者に介助を「教える」立場が存在していることに違和感を覚えるかもしれない。「引き継ぎ」は基本的に、障害者自身が、自分の介助内容について熟知していると思われる介助者を指名しておこなわれる。いわば当事者のエージェントとして介助を教えることになるわけだ。これは、利用者からすれば、「新人」にイチから介助を教えることによる労力をセーブすることができるというメリットがあるし、「自分ではうまく説明できないこと」「介助者の立場だから見えていること」をうまく伝えてくれることが期待されてもいる。いずれにせよ障害者がその「引き継ぎ」担当者を信頼していることが前提となる。また、障害者にも、引き継ぎ担当者にすっかり任せてしまう人[*18]から、あくまで利用者の補助的な立場で見解を述べたり注意すべきポイントを補足したりする役割のみを求める人まで、一定の幅がある。

この「引き継ぎ」――介助者が介助者に、利用者が必要とする介助内容を教える――を担当する介助者は、介助の技法を他者に伝えることを通して、おのずと自分自身の技法を反省的に捉えることになる。次に、この「引き継ぎ」という実践から、介助者自身が「自分なりのやりかた」を反省する過程を、ごく短い対話のやりとりのなかから検討してみよう。

【四三歳／女性／介助者】

――人に引き継いでるときに、自分のことを振り返ることもあるでしょう？

D：あるあるある。

――ね。そういうのって、ちゃんとやれてへんかったな、と思うもんなの？

D：「あ、そうだったの？」って思うことあるよ（笑）。うち、こうやってたけど、あ、いまこんなふうになってたの？みたいな。こう、更新されてなくって。けっこう利用者さんもやりかた変えてったりとかしてるから、それを、向こうはそのままうちにはやってて、あたらしく来る人にはこっち教えてて、そうなの？みたいな（笑）。

「引き継ぎ」の場においてなにがおこなわれているか、上のやりとりをもとに、一つひとつ見てみよう。

ここでのDさんは、新人介助者に介助のやりかたを「引き継ぐ」側の立場にあるが、新人に介助内容を「教える」のはあくまで利用者本人である。Dさんは、利用者が新人に教え、指示する様子をまずはそのかたわらで見ているわけだが、その最中にあることに気づく。新人に伝えられるある特定の介助のやりかたについて、その内容が、自分がふだんやっているやりかたと異なっていたのである。Dさんはそこで、「間違ったことが教えられている」と解釈するのではなくて、この利用者が求めている「最新」のやりかたはこれなのだと即座に理解するのである。たしかに、ある行為目的を実現するための方法としての介助のかたちは、時とともに変化しうる。それは利用者本人の「好み」の変化でもあるだろうし、その人の身体の（障害の）状態の変化も関係するかもしれない。いずれにせよ、それはつねに「更新」されうるものである。しかし古参の介助者である「わたしの介助」は、その最新型のやりかたに「更新」されていないのではないか。そのことに、Dさんはこのときはじめて気づき、驚くのである。

――じゃあ、やっぱそれも、ほんとはこうしてほしかったんやな、って思うことになるのかな。

D：聞くかなあ、でも。その人には聞く。どっちがいい？って。どっちでもいいって言われたら、どうなんだろうって思うけど。こうした方がいいって言うなら全然こっちでやるけどっていう感じで。向こうも、言うのもめんどくさいっていうこともあるし、どっちなんだろうなあ。まああ る程度関係性できてきたら、全然そっちならそっちやるよ、ぐらいの感じで。うん、って言えばやるし、いいって言うならいいし。どうだろねえ。そうなんだなーってことあるよね

利用者の意思を実現するという意味でのDさんの介助自体に、なにか問題があったわけではない。そう、介助はちゃんと「できている」し、だからなにも言われなかったのでもある。しかし、「できてしまっている」だけなのかもしれない。「できてはいるのだけど、そのやりかたではほんとうはよくない」のかもしれない。そういう解釈が、ここでDさんに芽生えることになる。いちいちやりかたの変更を伝えるのが「めんどくさい」からなにも言わなかったのか、なにか言いにくい事情が（こちらに？）あったのか。それともさほど重要な問題でもない、どっちでもいいと言えばどっちでもいいのか。よくわからない。よくわからないのではあるが、理由はどうあれ、更新すべきなのであればするから、その必要があるのかだけはとりあえず「聞く」。それも結局は、障害者自身が決めることだからだ。

人によっては、利用者としては最新型のそのやりかたが本当はよかったのにもかかわらず、わたしにはそれが伝えられない、更新されない、わたしになにか問題があるのだろうか、と、人によってはすぐに悲壮な解釈をしてしまいかねないのだが、彼女は必ずしもそうはしない。まず「聞く」のであ

る。というか、そうしなかった理由を詮索しようとはさほどしていない。しかし、それが、介助の方法が更新される契機になりうるのである。

5 結論――「反省」する健常者になる

ここまで検討してきたように、本稿では、健常者が障害者の介助を「できるようになっていく」プロセス、そのなかでもとくに「介助の失敗」に注目してきた。この方法は、この社会に生きる人びとが――おもに健常者が――障害者を「理解」することの困難さを見るには、介助現場の相互行為のなかで「自立した生活」がどのように維持されているのかを記述することが適しているという視点に立脚している。

自立生活運動の介助現場における「介助のしかたは当事者に教えてもらえ」という要請は、「当事者主権」の尊重のみならず、健常者が知らず身体化している「癖」が顕在化するように、ひいては、「効率性」や「安全性」を相対化する契機を失わないために、「つまずき」や「失敗」が〝ちゃんと発生する〟ための方法論でもあった。これは、「介助のしかたをその介助を受ける障害者自身が異なった身体をもつ介助者に教える」という型それ自体が不可避的に抱え込んでしまう困難を逆にうまく利用していると言える。「介助をする立場であったことのないはずの障害者が介助を教える」という「うまくいきそうもないことをあえてやってみる」。そんな「無茶な」ことがおこなわれているのはそのためである。

「障害者への介助のしかたは障害者本人から教わらなければならない。しかし最初からそんなことがうまくいくわけはない」。このジレンマをうまく活用し、介助がスムーズにいかないように、あえてそのような要請がなされているのである。なぜなら、介助者は、自身の介助する手足が淀み、つまずき、とまどうことからしか、「健常者本位のあたりまえのやりかた」に気づかされることはないからである。

しかし同時に、淀み、つまずき、とまどうための「失敗」は、じつはそう簡単に発生してくれない。なぜなら、わたしたちは比較的容易に「介助できてしまう」からである。だから介助者は、行為目的が達成されていないことだけを失敗とするのではなく、「(利用者にとって不本意なかたちで)できてしまっている」ことを「失敗」として認識すること。そしてその認識を可能にするためのしかけや工夫が必要になる。

また、介助「できない」ことよりも、むしろ「できてしまう」ことのやっかいさは、障害者本人にとって不本意なかたちで必要が満たされたことになってしまうという問題のみにとどまらない。「介助ができること」が障害者を「理解できること」に関連づけられてしまうのである。

すでに見たように、私たちは、うっかり障害者を「介助できてしまう」し、それによって「理解できている」つもりになってしまう。だから、「介助の失敗」は、うまく「理解を損ねる=理解できていないことに気づく」ための契機として必要だということになる。

では、なぜ「理解を損ねる」ための場のデザインが必要になるのか。自立生活する障害者への介助現場が、あくまで「障害者運動」の文脈のなかにある以上、そこで問われているのは、健常者が介助を担うなかで、健常者が「健常」であることを見つめ[*19]、自身の身体を貫く健常主義（ableism）をいかにして問い直すかということだからである。介助の現場においては、障害者にとって構造的に抑圧的な存在である健常者（障害者の主体性を尊重せず、効率性と安全性を志向する）から、そうした自身の身体性に対してつねに「反省的／懐疑的な健常者」に「なる」ことが目指されているのである。

しかし、「反省的／懐疑的であること」をひとりで実践するのはしんどい。また、「反省的／懐疑的でいられること」が、個々の健常者の「感度」や繊細さ、つまり個人の「懐疑できる能力」にゆだねられてしまうことになれば、それもまた一つの困難でありえてしまうだろう。「癖」の改造は、やはり共同的におこなわれなければならない。

では、「健常」であることに対して、個としてではなく、社会的／集団的に反省的／懐疑的であるにはどうすればよいか。すでに見たように、「引き継ぎ」など、複数の介助者が共在する場をセッティングし、介助者が「失敗」にうまく気づくことができるためのデザインとすること。これが、その一つの方法だといえよう[*20]。

第6章 「同じ世界を知る」ことはいかにして可能か

視覚障害者の歩行訓練から

●坂井田瑠衣●

1 はじめに

「同じ」身体をもたない人々は、「同じ」世界を認識することはできないのだろうか。たとえば視覚障害者と晴眼者の間で、晴眼者が視覚を中心とした感覚器官によって認識している世界を、視覚障害者が視覚以外の感覚器官によって認識しているという場合、そこでは「同じ世界を認識している」とはいえないのだろうか。たしかに生理学的には、使われる感覚器官が異なる限り、「同じ」世界を認識しているとはいえないと考えるのかもしれない。しかし、晴眼者である筆者の経験においては、視覚障害者である他者と「同じ世界を知っている」という実感を得ることができる瞬間が確実にある。

本章では、こうした素朴な経験を出発点として、「同じ」身体をもたない人々、つまり身体的に何らかの非対称性のある人々の間で、「同じ世界を知る」ことはいかにして可能であるのかということを、視覚障害者と晴眼者のやりとりの分析によって具体的に示してみたい。視覚障害者と晴眼者が相互行為する場面において、「同じ世界を知る」という実践はたびたび行われており、そうした実践は、人が身体の異なる他者の認識世界を（部分的にであれ）知ることを可能にしていることを示していく。それとともに、そうした実践は必ずしも「障害のある人」と「障害のない人」の間で特異的に観察されるものではなく、あらゆる人々の出会いにおいて、その場で必要とされる「人－世界－人」という三項関係をつくり上げるための基盤となっているという可能性についても考えてみたい。

●「同じ世界を知る」ということ

人は真空状態の中に生きているわけではなく、さまざまな対象物や環境に囲まれた世界、すなわち物質的世界（material world）に生きている。それぞれが多様な物質的世界に身を置き、世界に対する認識をたえず更新しながら生活している。人の認知が本質的にその場の個別的な状況に依存しながら働くものであるという考え方は、一九八〇年代以降の認知科学において提唱され、状況的認知論という一つの大きな研究パラダイムを形成してきた[*1]。

そうした物質的世界に対する認識は、必ずしも個々人の内面に閉じたものではなく、しばしば他者との相互行為において共有されるものでもあるということも、繰り返し主張されている。[*2] 自分と他者が同じ世界を認識しているという状態は、たとえば同じ対象物に対してともに視線を向けるといった、具体的な振る舞いによって達成される。これは認知科学的には共同注意（joint attention）と呼ばれている現象であるが、[*3] それが個々人の内的状態というよりも、むしろ他者と共有されるものであるという側面を強調するならば、相互志向性[*4]（mutual orientation）と呼んだ方がよいだろう。[*5] 世界に対する相互志向性が達成されることによって、「自分が認識しているものを相手も認識している」、すなわち「自分と相手が同じ世界を知っている」という事実を信じることができるようになるわけである。

「自分が認識しているものを相手も認識している」という事実を確かめることは、社会生活におけるさまざまな活動にとっての基盤となっている。たとえば誰かと観光地を散策しているとき、何か興味深い建築物を見つけたことを相手に伝え、その経験を共有しようとするためには、まずその建築物を、自分だけでなく相手も認識しているという状態を達成あるいは確認することが必要である。自分と相手が同じ建築物を認識していると確信することができなければ、「ほら、あれだよ」と言いながら指を差すなど、何らかの形で、その建築物に対する相手の注意を引きつけようとするだろう。[*6] 私たちが日常生活の中でこうした出来事をしばしば経験するという事実は、人が本質的に他者と「同じ」世界を共有しようとする志向性をもっていることの表れかもしれない。

●同じ世界を異なる方法で知る

冒頭でも述べたとおり、本章で取り上げたいのは、身体的に非対称性のある人々、具体的には視覚障害者と晴眼者の間で、「同じ世界を知る」ということがいかにして達成されるかという問いである。しかし、ここでは、人々の間に障害の有無という特異的な非対称性が定常的に存在し、それを両者が何らかの「特殊な」方法によって乗り越えている、といった捉え方は必ずしも適切ではない。

そもそも、人が他者と「同じ」世界を認識するといっても、そこでは必ずしもその世界を認識する方法も「同じ」とは限らない。たとえ二人が同じ対象物に視線を向け、その対象物をともに認識しているとしても、実際にはそれぞれの対象物との位置関係が異なるため、相手とまったく同じ視点に立つことはできていない。さらには、同じ世界を異なる感覚器官（モダリティ）によって認識している、という場合もあるだろう。たとえば、リビングにいる子どもがテレビを見ている一方で、親はテレビの見えないキッチンにいて、そのテレビの音だけを聞いている、という場面を想像しよう。ここで、もし子どもがテレビに映った有名人について言及し、親もその有名人を声によって同定できたならば、そこでは、子どもと親がその有名人に対する認識を共有しているということになるだろう。

このように、人は必ずしも同じ方法を使わなくても他者と「同じ」世界を知ることは可能なのである。むしろ、厳密には同じ方法を使うことはできないながらも、人々は同じ世界を知ることができるという事実は、人々が世界に対する間主観性を確立するための前提となっているはずである。そのように考えるならば、複数人が「同じ世界を知る」ということは、その場で利用可能な感覚モダリティを、それぞれがそれぞれの立場において利用することによって、ともに同じ対象物や環境を認識していることを共有することである、といえるだろう。

このような前提を踏まえ、本章では、「同じ世界を知る」という実践を、人が本質的にもっている志向性として捉えることで、それを視覚障害者と晴眼者のように「障害のある人とない人の間で起きていること」として特別視するのではなく、あらゆる人が、居合わせた他者と認識世界を共有するために行っている実践の一端として記述してみたい。そこでは、「人－世界－人」という三項関係がそのつどのやりとりを通じて立ち現れており、その三項関係が、その場で行われているさまざまな活動のための基盤となっているはずである。

●視覚障害者の歩行訓練から

「同じ世界を知る」という実践を検討するための題材として取り上げるのは、全盲の視覚障害者に対する歩行訓練場面における相互行為である。

本章で取り上げる歩行訓練は、視覚障害者が、歩行している街路の物質的世界に点在するさまざまな対象物や環境を、歩行におけるランドマークとして活用できるようになることを目指して行われる活動である。そのために、晴眼の歩行訓練士は、周辺のランドマークとなりうる対象物や環境について視覚障害者に説明する。

その際の説明は、おもに歩行訓練士自身の視覚的な認識に基づいて行われるものであるが、他方で

（全盲の）視覚障害者は、その説明対象となっている対象物や環境を視覚的に認識することはできない。そのため、そこで説明されている対象物や環境を、視覚障害者がランドマークとして利用できるようになるためには、視覚障害者も視覚以外の何らかの方法でその対象物や環境を認識し、視覚障害者と歩行訓練士が「同じ世界を認識している」という状態が確立されなければならない。

本章では、全盲の視覚障害者に対して行われた歩行訓練場面を撮影した映像データを題材として、視覚障害者と歩行訓練士との間で「同じ世界を認識する」ことが達成される具体的なやりとりを分析する。それによって、歩行訓練場面において、「同じ世界を知る」ことが、その場で相対している物質的世界のありようや相手の認識状態に則した多様なやり方で実践されていることを示してみたい。

2　事例一：世界に対する感覚経験を促す

本章で分析していく事例一～三は、いずれも全盲の視覚障害者である湯川に対して晴眼の歩行訓練士が行った訓練場面からの抜粋である。この歩行訓練は、湯川にとってあまりなじみのない地点Aと地点Bの間を往復するルートを、白杖を用いて独力で歩行できるようになることを目的として行われたものである。なじみのないルートを湯川が独力で歩けるようになるために、ルート上に点在している人工物や植物などの対象物を、歩行におけるランドマークとして利用できるようになることが目指される。その際、歩行訓練士が視覚的に発見した対象物について、湯川が視覚以外の感覚経験によっ

事例 1

1	訓練士	はい. で植え込みがあってちょっと右をあてていくと,
	湯川	>> 白杖を左右に振る -->
2		(1.1)+(0.3)
	湯川	-->+ 白杖が踏切の手すりに当たる
3		はい. (0.1) いまカー * ンってい + いましたよね？
	訓練士	* 右手で湯川の左肩に触れる
	湯川	+ 白杖が踏切の手すりに当たる
4	湯川	は[い.
5	訓練士	[うん.
6		(0.5)
7	訓練士	これがそ + の遮 + 断機のま + え * の:, (0.2) ふ[みきりの * 柵？
8	湯川	[あ ::,
	湯川	+ 白杖を左手に持ち替える
	湯川	+..................+ 踏切の手すりを触る -->
	訓練士	....*踏切の手すりを数回叩く*
9		(0.3)
10	湯川	は[い.
11	訓練士	[うんうん.
12		(0.2)
13	訓練士	で + すね.
	湯川	-->+

て認識することを促すというやりとりがしばしば観察される。

たとえば事例一は、この直後に渡る練習をすることになる踏切に差しかかったところである。その踏切の手前に、遮断器に対して垂直に配置されている金属製の柵があり、歩行訓練士は湯川に対してその柵を認識することを促している。発話や身体行為の転記に用いている記号の詳細については、章末の転記記号一覧を参照されたい。

訓練士は「で植え込みがあってちょっと右をあてていくと、」と発話し（一行目）、この後、湯川の右側に何らかの注目すべき対象物が現れることを予告しつつ、右側を白杖で探索することを促す。その後、湯川の白杖が踏切の柵に当たった直後、「はい。(0.1) いまカーンっていいましたよね？」と、湯川に確認を求める（三行目）。それに対して、湯川が「はい。」（四行目）と答えたところで、訓練士は「これがその遮断機の前の：、（0.2）踏切の柵？」と発話し、そこに注目すべき「柵」があることを説明する（七行目）。

ここでまず注目しておきたいのは、訓練士は湯川に「右」を探索することを促しつつ（一行目）、湯川がみずからの感覚経験によって踏切の柵を認識する（二行目）までは、この柵について何も具体的に説明していないということである。訓練士は、右側の探索を促す発話（一行目）をした後、しばらく間をおき（二行目）、湯川の白杖が踏切の柵に当たるのを待っていたかのようにして、みずからの発話を続ける（三行目）。このように、訓練士が、視覚障害者が対象物に到着するタイミングを見計らいながらその対象物について説明するという方法は、歩行訓練場面においてしばしば見られるものであるが[*7]、ここではとくに、訓練士が「いまカーンっていいましたよね？」（三行目）と確認を求めていることが特徴的である。

「いまカーンっていいましたよね？」という訓練士の発話の組み立ては、その直前に、何らかの対象物が右側に存在していることを、湯川自身が聴覚経験（と触覚経験）によって認識したはずであるという想定に基づいている。ただし、ここで訓練士が、「いまカーンっていいましたけれども」などと断定的に説明するのではなく、あえて「いいましたよね？」と確認を求める言語形式を用いているのは、「カーン」という音を聞いたという感覚経験を、あくまでも湯川自身が独立に達成できていてよいものとして扱っていることの現れであるだろう。つまり訓練士は、湯川が聴覚的な経験を通じて世界を認識することができるということを当てにして訓練を組み立てている、というわけである。

湯川がみずからの聴覚（および触覚）によって対象物を認識したことを確認できたところで、訓練士は「これがその遮断機の前の：、（0.2）踏切の柵?・」と、ようやく当該対象物について具体的に説明する。晴眼者同士が特定の対象物について話す場合も、まず両者の間で視覚的な相互志向性を達成してからその内容に移るという順序がとられることがあるが、[*8] ここでも同様の順序で訓練士の発話が展開されている。

他方で、みずからの白杖が金属製の対象物（柵）に当たったことを認識した湯川は、「これがその」という訓練士の説明が始まったところで、右手で持っていた白杖を左手に持ち替え、右手を右側に伸ばして、その対象物に触る（八行目）。そのように、湯川がみずからの手の触覚によってその対象物についてさらに認識しようとしているところで、訓練士はそれが「遮断機の前の踏切の柵」であるという説明を続ける。湯川が対象物を手で触っている間に、訓練士がその対象物について具体的に説明することにより、湯川の触覚経験と訓練士の発話（の聴覚経験）はマルチモーダルな全体[*9]を構成し、湯川は「いま、自分が触っているものが遮断器の前の踏切の柵である」ということを認識することが可能になっている。

もっとも、湯川は訓練士の説明の完了（「踏切の柵?・」）を待たず、「これがその遮断機の前の：、」という説明を聞いたところで「あ：：」と反応することで（八行目）、先に白杖で触り、現在手で触っている対象物が何であるかを認識したことを示している。[*10] その後、訓練士の「踏切の柵?・」という説明が完了したところで「はい」と反応するが、これは認識の変化を示すというよりも、たんに訓練士の説明を受け止めているように聞こえる。湯川は、その対象物が「踏切の柵」であるということ以上に、それが「遮断機の前の」何かであるということを、より重要な情報として受け取っているわけである。

この後のやりとりの中で、この「遮断器の前の踏切の柵」が、踏切を渡る方向を確認するためのランドマークとして使うことが提案されていくことになる。

このように事例一の後半では、湯川がみずからの触覚と訓練士の説明によって「遮断器の前の踏切の柵」を認識するという様子が観察されるが、そのことが首尾よく達成される前提として、その前に「同じ対象物を認識している」という状態が、訓練士と湯川の間で確立されることが不可欠であっただろう。その前提となる認識の共有は、訓練士が湯川に、白杖を用いた聴覚的（および触覚的）な感覚経験を促したことによって達成されていた。

3　事例二：世界に対する感覚経験を表明する

事例一では、歩行訓練士が湯川に特定の対象物（「踏切の柵」）を、まず湯川自身が聴覚的（および触覚的）に認識することを促し、その認識を確認してから、その対象物について具体的な説明を行うという順序で、「同じ世界を知る」ことが達成されていることを示した。

次の事例二でも、歩行訓練士は湯川に特定の対象物を認識することを促している。ただし、そのや

事例2

1	訓練士	で，(0.3)ちょっとストップし＋て[もらって，(0.2)+(0.2)え ::: いま，
2	湯川	[はい．
	湯川	＋立ち止まる　　　＋左に向く
3	訓練士	＋まあ，え :::(0.6)左に，(0.3)曲がったんです＊けれど[も，
4	湯川	[はい．
	湯川	＋白杖を溝蓋の周辺で動かす -->
	訓練士	＊右足を一歩前に出す
5		(0.3)＊(0.2)
	訓練士	*.....
6	訓練士	まあ曲がった先＊にちょ＋うどその，(0.4)この，(0.4)
	訓練士	..............................＊湯川の白杖をつかみ，溝蓋をこする -->
	湯川	-->+
7		み[ぞぶ[たが，
8	湯川	[あ，[じゃり＊じゃり(って)[はい．ehe
9	訓練士	[は＋い．
	訓練士	-->*,,,,,,
	湯川	＋白杖で溝蓋をこする -->
10		(0.2)
11	訓練士	ありますんでま[あ，(0.7)もしあれだ＋ったらこれを越えたぐらいで:，
12	湯川	[はい．
	湯川	-->+
13	湯川	はい．
14		(0.2)
15	訓練士	え :::(0.5)道の，右っかわに，(0.3)行きま[しょうか．
16	湯川	[(はい)
17		(0.7)
18	訓練士	はい．

り方は事例一とはかなり異なっている。事例二は、ルート上のある交差点を左折した直後のやりとりである。ここでは、訓練士が湯川の白杖を手でつかんで操作することで、湯川が対象物を白杖で触ることをより直接的に促す。それに対して湯川は、みずからが得た感覚経験を独自の表現によって言い表す。

訓練士と湯川が交差点を左折した直後で、訓練士は「で、(0.3)ちょっとストップしてもらって、」と湯川に立ち止まるように求めてから(一行目)、道路の左端に設置されている溝蓋について説明を始める。湯川は立ち止まって左を向き、白杖を溝蓋の周辺で動かしはじめるが、この時点では湯川は必ずしもその溝蓋の存在を認識しているわけではない。あくまでも、訓練士に立ち止まるように求められたことで、何か認識すべき対象物が周囲にあるということを漠然と理解したという程度であろう。その後、訓練士は「まあ曲がった先に」と言いながら湯川の白杖に右手を伸ばし（五、六行目）、湯川の白杖をつかんで金属製の溝蓋をこすりながら、「ちょうどその、（0.4）この、（0.4）溝蓋が、」と説明を続けていく（六、七行目）。

湯川自身が白杖を踏切の柵に当てるのを訓練士が待っていた事例一とは異なり、事例二では、訓練士が湯川の白杖に手を添え、金属製の溝蓋の表面をこすらせていることが特徴的である。ここで訓練士は、湯川が白杖を介して溝蓋の表面のテクスチャを認識させようとしているのである。訓練士は湯川に対して、事例一に比べて、より特定的な感覚経験を促そうとしているといえるだろう。

それに対して、湯川は「あ、じゃりじゃり（って）はい。」と反応する（八行目）。この反応は、いくつかの点において特徴的である。

まず、事例一と類似して、認識の変化を表す「あ」という表現が用いられている。ただし事例一の「あ：：」というやや長い反応とは異なり、「あ」という短い反応である。一般的に、「ああ」という長い反応は、すでに何らかの知識があった物事について認識した際に用いられるのに対し、「あ」という短い反応は、それまで認識していなかった物事を認識したということを示す際に用いられる。*11

事例一では、じつは事例の冒頭より少し前の時点で、この後に踏切に向かうということが予告されていた。そのため、長い「あ：：」という反応によって、その予告されていた踏切のところに来たことを認識したことを示していたと考えられる。それに対して事例二では、その存在を想定していなかった「溝蓋」に出くわした際の反応として、短い「あ」という表現が使われている。なお、ここでの「あ」は、訓練士が「溝蓋」と発話して説明を始めるのとほぼ同時に発せられており、訓練士の発話に対する反応というよりも、訓練士によって促されて（溝蓋の）感覚経験を得たということの表明であるだろう。

さらに、その後の「じゃりじゃり」という表現には、湯川が溝蓋の感覚経験を得たということがより「強く」表明されている。この表明の「強さ」については、ハーヴィー・サックスによる「理解の主張」と「理解の実演」についての議論が参考になる。

サックス[*12]は、相手の発話を理解したことをたんに「主張」することと、相手の発話を理解したことをありありと「実演」することは、その「強さ」が異なるものであることを論じた。たとえば、「この前、○○さんに会ったんだけどね」という発話に対して「うん」と反応することには、相手の発話を理解したという主張が含まれているが、そうして示された理解は、相対的に「弱い」ものであるという。そうではなく、「うん、××さんの妹だよね」などと反応すれば、そこには、相手の発話を理解したことの「証拠」が示されている。これが理解の実演であり、そこでは相対的に「強い」理解が示されている、というわけである。

事例二に戻ろう。湯川の「じゃりじゃり」という表現には、たんに、訓練士に促されて溝蓋の存在を認識した、ということ以上の含意がある。すなわち、そこには湯川がみずからの聴覚経験と触覚経験によって得た溝蓋のテクスチャに対する認識が、湯川なりの言語表現によって示されているのである。このような表現は、訓練士が湯川に溝蓋のテクスチャを認識させようとして白杖をこすらせたことに対して、強く寄り添う反応となっているともいうことができるだろう。

訓練士は、湯川による「じゃりじゃり（って）」という反応が得られたところで、「はい。」とみずからも反応し（九行目）、直前のみずからの「溝蓋が、」（七行目）という発話に続ける形で、「ありますんでまあ、(0.7) もしあれだったらこれを越えたぐらいで：、え：：：(0.5) 道の、右っかわに、(0.3) 行きましょうか。」と説明を続ける（一一、一五行目）。ここで訓練士は、「溝蓋」について、「これを越えたぐらいで」「右っかわに行」くためのランドマークとして位置づけている。

このように、訓練士が訓練において言及する対象物は、道を渡る、右折（左折）する、立ち止まって何かを確認するなど、歩行における何らかの転換点におけるランドマークとして位置づけられることが多い。そうしたランドマークとなりうる対象物には、事例一における踏切の柵のように白杖を当てるだけで大きな音が鳴って同定できるようなものもあれば、事例二における溝蓋のように地面に埋め込まれていて簡単には認識しづらいものもある。訓練士はそうした対象物の認識のしやすさを考慮し、視覚障害者が十分にその対象物を認識できるような方法で、当該対象物に対する認識を共有しようとしているのである。

そうした訓練士の試みに対して、事例二で見られたように、しばしば視覚障害者はみずからの感覚経験を独自の表現によって言語化することで、訓練士に認識するように促された対象物を認識したことを明確に示そうとする。そこでは、訓練士と「異なる」方法で当該対象物を認識したことを示すことによって、結果的に、訓練士と「同じ世界を認識している」ことが「強く」表明されているというのが興味深い。視覚障害者がそうした「強い」認識を表明することで、訓練士は訓練活動をさらに展開していくための基盤が整ったことを確信することができるだろう。

こうしたやりとりにおいては、歩行訓練という活動が、教える者と教えられる者との共同作業としての側面をもつことが、具体的な実践として観察可能になっている。

4　事例三：世界に対する感覚経験をいち早く表明する

ここまで分析してきた事例一と事例二では、いずれも訓練士が、湯川に対して何らかの方法である対象物に対する感覚経験を得ることを促し、湯川がその対象物を認識したことが確認できた後で、それについての説明を始めていた。それに対して次の事例三では、訓練士が湯川に感覚経験を得ることを促す前に「自販機」を話題に出す。そうすると湯川は、それをみずからの感覚経験によって認識したことをいち早く述べるという様子が観察される。

事例三の冒頭では、事例二と同じように、訓練士は湯川を立ち止まらせ、対象物を認識させようとする。しかし、事例二とは異なり、訓練士は「はい、で、いったんストップしてもらって」と立ち止まることを求めた直後に、「ここ自販機、」と発話し、「ここ」に認識すべき「自販機」があることを

事例 3

1	訓練士	はい，で，いったんストップしても＋ら[ってここ自販[機，
2	湯川	[（はい）　[あ，
	湯川	＋右を向いて立ち止まる
3	湯川	なんか，ジ[ー ::: っていってる uhuhu
4	訓練士	[が，そうそうそう．聞こえますよね？
5	湯川	はい．
6		（0.1）
7	訓練士	はい．
8		（0.5）
9	訓練士	あのまあ電柱越えてしばらく歩くと，＋自[販機 :，があって，
10	湯川	[はい．
	湯川	+...
11		＋（0.2）
	湯川	＋白杖を持った右手で自動販売機に触れる -->
12	湯川	はい．
13		（0.1）
14	訓練士	まあこ＋こ自販機ちょ：っと越えたあたりで :，
	湯川	-->+,,,,,,
15	湯川	はい．
16		（0.1）
17	訓練士	え ::: 反対側に行きましょうか．
18		（0.1）
19	湯川	はい．
20	訓練士	はい．

まず説明する（一行目）。それに対して、湯川は訓練士の「自販機」に発話を重ねる形で、「あ、なんか、ジー：：：っていってるuhuhu」とみずからの感覚経験に基づく認識を述べる（二、三行目）。

ここでの湯川の反応は、事例二ときわめて類似した形式でなされている。まず「あ」という認識の変化を示す表現を使った後、「ジー：：：っていってる」とみずからの聴覚経験を言語化した表現を用いて、自販機を認識したということを示す。ただし、その認識が示されるタイミングは、事例二とは異なっている。事例二では、湯川は訓練士によって溝蓋の感覚経験を得ることを促された後のタイミングで、同様の反応を示していた。それに対して事例三では、訓練士から「自販」という発話が開始されるやいなや、「あ」という認識を示す表現を発し、続けて訓練士の説明を待たずにみずからの聴覚経験を言語化することで（「ジー……っていってる」）、みずからもその存在を認識したことを示している。

ここで事例一や事例二にも共通する点として重要なのは、訓練士と湯川がともに同じ対象物を認識することは、その直後に行われる何らかの活動のための、いわば準備にあたるような作業であるということである。冒頭で述べたとおり、歩行訓練士が説明した対象物を視覚障害者がランドマークとして利用できるようになるには、まず同じ対象物を両者が認識することが必要だからである。その意味では、ここでの「準備」は、必要ないのであれば省略してもよいものである、ともいうことができるだろう。事例三において、湯川が訓練士による説明の完了を待たずに、みずから自販機を認識したことを示すことは、湯川自身がその後の活動に進む準備ができていることをいち早く示しているとも捉えることができる。

それに続く訓練士の反応は、湯川がいち早く自販機に対する認識を示したこと、すなわち「準備」のプロセスが不要であることが判明したことを踏まえたものとなっている。湯川がみずからの聴覚経験に基づく認識を示したのに対し、訓練士は、「が、そうそうそう。聞こえますよね？」と応じる（四行目）。みずからの「自販機、」（一行目）という発話を続ける形で「が」といったんは発話するものの、それをさらに続けることなく、湯川の認識の示しに対して「そうそうそう。」と確認を与え、「聞こえますよね？」と確認を求める。ここでは、湯川がみずからの感覚経験に基づいて自販機を認識したことを受け、訓練士が発話の展開を変更しているものと理解できる。すなわち、「自販機が（ある）」という説明を中断し、「そうそうそう。」と承認の相槌を繰り返した後、「聞こえますよね？」」と述べることで、先に湯川の示した認識が、湯川自身の聴覚経験に基づくものであったことをあらためて確認している。

その後、訓練士は当該自販機のルート上における位置関係を説明し（九行目「あのまあ電柱越えてしばらく歩くと、自販機：、があって、」）、その後、「まあここ自販機ちょ：っと越えたあたりで：、え：：：：反対側に行きましょうか。」と提案することで（一四、一七行目）、当該自販機をルート上で「反対側に行」くためのランドマークとして位置づける。その間、湯川は訓練士があらためて自販機について説明していることに呼応するように、白杖を持った右手を自販機に近づけ、軽く触れる（一〇～一四行目）。

このように、歩行訓練士が何らかの対象物について説明しているさなかに、視覚障害者がいち早くみずからの感覚経験を表明するというやりとりは、歩行訓練場面においてしばしば観察される。歩行訓練士は、正式には視覚障害生活訓練等指導者と呼ばれる専門家であり、視覚障害についての知識や経験を豊富にもっている。しかし、実際の歩行訓練のさなかの「いまここ」の場面において、指導相手である視覚障害者がいかに世界を認識しているかということは、必ずしも前もって想定できるものではなく、多くの場合は時間的に展開するやりとりの中ではじめて明らかになることである。

事例一や二のように、ある程度は訓練士が想定したとおりに視覚障害者が世界を認識し、それに基づいて訓練が展開する場面ももちろん多い。しかし、事例三のように、訓練士の想定とは異なる反応が視覚障害者からもたらされることもしばしばある。そうした場合には、訓練士と視覚障害者の間で「同じ世界を知る」方法は流動的に変化し、その後のやりとりの展開も再構成されることになる。

5 「同じ世界を知る」ことの諸相——状況依存性と複感覚性

ここまで、視覚障害者と晴眼者という身体的な非対称性のある人々が「同じ世界を知る」という実践に注目し、そこで生じている相互行為の詳細を微視的に分析してきた。そこでは、晴眼の歩行訓練士がルート上でおもに視覚経験に基づいて発見したランドマークになりうる対象物を、指導相手である視覚障害者に認識するように促し、それを視覚障害者が視覚以外の感覚経験によって認識することで、「同じ世界を知る」ことが達成されていた。ここからは、そうした「同じ世界を知る」という実践の諸相について、状況依存性と複感覚性という観点から考察していきたい。

●「同じ世界を知る」ことの状況依存性

本章で示してきた分析は、どのようにして人は自分と異なる他者との間に世界に対する間主観性を確立し、あるいはそれを維持しているかという問いに対する示唆を与えてくれるものである。人がその場に居合わせている他者と「同じ世界を知っている」ということは、必ずしも相互行為に先立って

事例 4

1	訓練士	んで信号が変わる(.)と:, (0.2)今度左から来るんです[ね.
2	猪平	[はいはい.
3		(2.4)
4	訓練士	ただ, (0.3)いま真ん中に, (1.1)トラックが
5		[止まっちゃって]
6	猪平	[そうですね中(h)]途(h)半端[に
7	訓練士	[はい

前提できるわけでもないし、相互行為の中でたえず確信し続けられるわけでもない。あくまでもそうした状態は、そのつど刻々と展開されるやりとりを通じて確立され、維持されうるものである。このことは、もちろん晴眼者同士の相互行為においても同様である。観光地で相手の注意を引きたいときのように、「いまここ」で認識している世界を互いにすり合わせるというやりとりは、その場で行われている活動の展開に応じて開始され、達成されるものである。

逆にいえば、相手と「同じ世界を知る」ことを試みようとしたところ、じつはすでに相手も「同じ世界を知っていた」という場合もありうる。事例四は、事例一〜三とは異なる歩行訓練場面からの抜粋であり、晴眼の歩行訓練士と全盲の猪平の間で行われた相互行為である。

ここでは、訓練士が右前方の交差点上で「トラック」（実際はミキサー車）が一時的に立ち往生していることを説明している。それに対し、猪平はそのトラックの存在をすでに認識できていることを示す。訓練士の「ただ、（0.3）いま真ん中に、（1.1）トラックが」という発話に重なる形で、猪平は「そうですね」という確認を与えるだけでなく、「中（h）途（h）半端に」という独自の表現を用いて、その「トラック」が「中途半端」な場所に位置しているというみずからの認識を「強く」示している。この「中途半端に」という笑いを伴った表現は、先行する訓練士の発話にそれが含まれていない限り、みずからが独自にその存在を認識したのでなければ使えないものである。つまり、猪平は訓練士の説明しようとしている「トラック」について、みずからの感覚経験（おそらく聴覚経験）によって「すでに認識している」ことを示しているのである。

事例四からわかることは、人は他者が何を認識しているかを、必ずしも他者との相互行為に先立って正確に見積もることはできないということである。むしろ、人が実際に相互行為の中で行っていることは、他者の認識を正確に見積もり、それを確認するというよりも、他者の認識についてのみずからのおおよその見積もりを提案し、それに対する反応によって、他者の認識をより正確に知るということの繰り返しであるだろう。

他者と「同じ世界を知る」ことは、そうした個別的な状況に埋め込まれた実践として具体化され、あるいは個別的な状況に応じて刷新されていくプロセスなのである。

●「同じ世界を知る」ことの複感覚性

とりわけ身体的に非対称性のある人々の間で「同じ世界を知る」ことにおいては、相互行為における複感覚性が重要な役割を果たしているということも指摘しておきたい。

晴眼者同士の相互行為において、人は音声だけでなく身振りや視線などの視覚的に捉えることのできる資源を多用していることが注目され、そうした視覚的資源の役割を捉えようとするマルチモーダル相互行為分析というアプローチは、近年の相互行為研究において主流となっている。[*13] さらには、物質的世界を認識する際に用いられる触覚や味覚といった諸感覚についても、必ずしも個人の中に閉じられたものではなく、相互行為において他者と共有されうるものであるという点が近年注目を集め、相互行為の複感覚性に着目した研究が盛んになりつつある。[*14]

本章で分析してきた歩行訓練場面においては、たとえば歩行訓練士が主として視覚的に認識した「自販機」が、視覚障害者には聴覚的に認識されるというように、複数の感覚モダリティをまたいだ世界の認識が行われていた。あるいは、溝蓋を白杖でこすることで、音と触感によってその特徴を認識するというように、複数の感覚モダリティを統合して世界を認識するという様子も観察された。

このように異なる感覚モダリティをまたいで他者の感覚経験を認識したり、複数の感覚モダリティが統合されたりする様子は、晴眼者同士の相互行為も含めて広く観察されるものである。

たとえばロレンザ・モンダダら[*15]は、食品販売店において、店員がサラミやチーズの硬さを触って確かめる様子を客に見せ、硬さを視覚的に認識させることで、客がその食品を買うべきかを判断することを促していることを示した。ここでは、触覚から視覚へと、感覚の様式転換[*16]が行われている。あるいは、同じくモンダダら[*17]は、二名の晴眼者がオーブンでバナナの皮を乾かしているとき、その皮を視覚的・触覚的・聴覚的に確かめ、そうした統合的な感覚経験を共有することを通じて、皮の乾燥状態が十分であるかどうかを評価していることを示した。これは、複数の感覚モダリティを統合することによって、世界への認識を共有している例である。

視覚障害者と晴眼者が「同じ世界を知る」ことを、そうした複感覚性が支えていることは確かである。その一方で、先に述べたような晴眼者同士の相互行為においても感覚の様式転換や統合が行われているということに鑑みるならば、本章で分析してきたような実践も、もはや視覚障害者と晴眼者のやりとりに特異的なものではないだろう。むしろそれは、人が、自分とは多かれ少なかれ「異なる」立場にいる他者の認識世界を推し量り、確かめ、あるいは促すことで、自分と他者が「同じ世界を知る」ために利用することのできる方法である。

人が他者との間に「人－世界－人」の三項関係をつくり上げるために、そうした複感覚性を利用しているという事実は、「同じ世界を知る」ことが本質的に「異なる方法」によって行われるものであるということを、より明確に示してくれるものだろう。

転記記号一覧

本章で使用している転記記号は以下のとおりである。音声発話の転記はゲイル・ジェファーソン*[18]が開発し西阪*[19]が日本語のために整備した方法，身体行為の転記はモンダダ*[20]が開発した方法に基づく。

[音声発話（黒色の文字で書かれた行）]

[	重なりの開始時点
(0.0)	無音区間の秒数
(.)	短い無音区間
言葉::	音の引き延ばし
言（h）	笑いながら産出される発話
. ／。	下降音調
, ／、	継続音調
?	上昇音調
（言葉）	聞き取りが確定できない箇所

[身体行為（灰色の文字で書かれた行）]

*	歩行訓練士の身体行為の区切り
+	湯川の身体行為の区切り
---	身体行為の継続
+-->	身体行為が次の行にわたって継続する
-->+	身体行為が同一記号まで継続する
>>	事例の前から身体行為が継続している
...	身体行為の準備
,,,	身体行為の撤退

コラム① 障害とジェンダー――交差性の視点から

●秋風千恵●

●ある障害女性の経験から

筆者は先天性の四肢障害者である。一見して健常者とは違う、差異がわかる障害者であるが、日常生活にはほとんど介助の必要はない。学校も普通校であったし、社会に出て仕事もしている。まわりは健常者ばかりという環境ですごす障害者である。奇異の目をひく存在であり、それだけに排除の対象になりやすい存在でもあった。とくに就職に関しては壁が高かった。そしてやっとつかんだ職場で上司から手酷いイジメにあった。二年以上そんな状態が続いた。一九九〇年代前半の出来事である。二〇二二年現在であれば、パワーハラスメントとして認識されるような事例ではある。

ここでは筆者自身の経験から、障害とジェンダーについてキンバリー・クレンショーのインターセクショナリティ（交差性）の概念を引きながら考察してみたい。以下に引用するのは、二〇〇二年一一月二日、あすてっぷKOBE（神戸市男女共同参画センター）で行われた軽度障害ネットワークのシンポジウムで筆者自身が語った経験談である。

私の場合は上司だったんですけれども、いろいろやってくれました。一つの例ですけども、仕事上、一緒に出かけることがありますよね。私はやはり速く歩くというのはできなくて、そのことはもちろん上司も知っていました。知っていてわざわざ早足で歩くんですね。必ず、私との距離が二〜三メートルくらい空くように歩くわけです。横断歩道がありますと、上司がちょうど渡り終わった頃に、私がたどり着く。そこで信号が赤になったりすると、横断歩道の向こう側で待っているんです。青になって私が歩きはじめると、上司も歩きだす。だから、その間ずっと私たちの間には、必ず横断歩道の分だけ距離が空いているわけです。若い女性とは手をとらんばかりに一緒に歩かれる方なんですけれども、あからさまなセクハラという話もありますけれども(笑)、でも私とはそうではなかった。必ず距離を空けて歩く、見場が悪い、障害者とは格好が悪いから一緒に歩きたくないということでしょうけれども。それをわざわざ見せつける。四〇歳を過ぎて家庭をもっているような「大の男」ってやつがこういうことをします。

いま思い出すと、滑稽ですね、いまは笑えるんですけど、当時はかなりしんどかったです。

毎日手を変え品を変え、こんなことが続いて、気持ちの上でも萎縮してしまう。イジメにあったらそういうふうになるんでしょうけれども、私もやっぱり萎縮していました。

イジメにあっていた二年半という、あの期間の息苦しさはけっして忘れません。それまでは恵まれていたんだと思います。そういうことを感じなくてすむ場所にいました。私がはじめて出会った差別の視線でした。闘わなければ、仕事を失う。食べられなくなるところにきていた。逃げられなくなって初めて、私は自分が差別される存在だということを認め、闘わなければならないということを知ったんです。観念的にではなく、自分の身体でそういうことがわかりました。ある意味では、非常に貴重な体験だったと思っています。

で、いまの私の状態だったら、どうかなって思うことがあります。同じようにイジメにあうんだろうか。多分あうんじゃないかと思います。

杖をついているくらいでは、優しくしなくちゃいけないとは思ってもらえないでしょう。健常者が大多数を占める職場では、車椅子というのが障害者を示すマークとして、一番ウケがいいんではないかと思います。それも手動の車椅子ですね。電動のごっついのに乗っている人とか、ストレッチャー式の寝ている形の車椅子に乗っている人っていうのは、健常者は最初から仕事のパートナーなんて思っていません。そんなこと頭の片隅にもないわけですから。一番ウケがいいのは手動の車椅子でしょう。

もう一つ言えることは、男性で、手動の車椅子に乗っている方で、労災で障害者になった人への気遣いですね。同じ職場の健常者、特に男性健常者の気遣いは大変なものです。「男が仕事で災難にあって、その結果障害を負った」のだから、「他の障害者とは違う」わけです。ちょっとこれは仁侠の世界っていいますか、そういうのを感じるくらいでした。このあたり、男女の性差別を含んで、障害者に細かなランクづけがされてるんじゃないかなって思います。[*1]

●キンバリー・クレンショーのインターセクショナリティ（交差性）について

キンバリー・クレンショーが提唱した交差性という概念が近年注目を集めている。クレンショー以前にもこの概念を使った論文は出ていたようだが、二〇一六年一〇月二七日にTED[*2]においてクレンショーが行った講演でよく知られるところとなった。

クレンショーはアフリカ系アメリカ人女性エマ・デグラフェンリードが起こした裁判からこの発想を得ている。自動車工場への就職に際し自身が採用されなかったのは差別であると訴えた裁判で、エマの訴えは棄却された。棄却された根拠は、この工場では雇用主がアフリカ系アメリカ人も、女性も採用していたので差別はないと判断されたのだった。しかし「アフリカ系アメリカ人が採用されるとしてもたいてい工場業務や保守管理業務ですべて男性であり、女性が採用されるとしてもほとんど秘書や窓口業務としてですべて白人」という

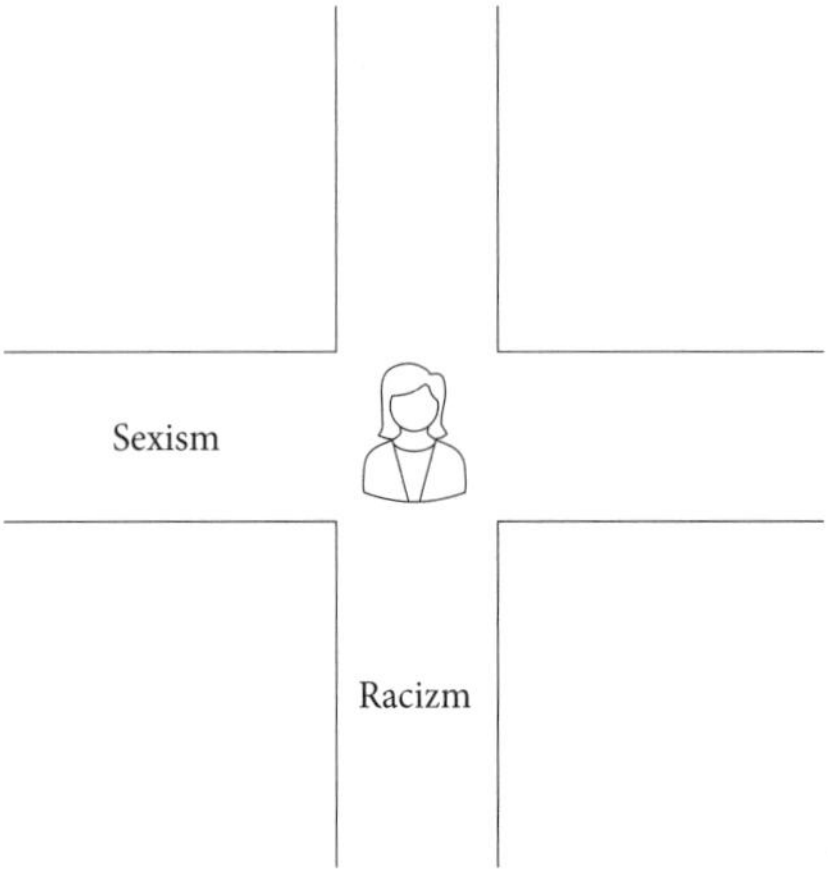

図　インターセクショナリティ（交差性）

職場だった。エマの訴えはアフリカ系アメリカ人であり女性であるという二重の差別についてだったのだが、こういった現象には言及できる枠組みがなかったためにエマの訴えは却下されたとクレンショーは考え、一つの枠組みを提唱した。

私が思いついたのは、簡単に交差点でたとえることでエマのジレンマを裁判官が理解できるかもしれないということでした。こんな交差点を考えてみました。道路はそれぞれ人種と性別で構成した全従業員の構造です。その道を通る車輛は採用方針やこの道に沿ったいろいろな運用です。エマは黒人であり女性でもあるので彼女はまさにこれらの道が交わる地点に立ち、その会社の性別と人種に関しての方針からの二種の影響を同時に受けています。法律はいわば救急車で、エマが人種差別の道路か性差別の道路でけがをしたことが明らかになれば彼女を手当てします。しかし交差点では手当しないのです[*3]（図参照）。

●交差性から考察する

クレンショーのインターセクショナリティの理論はさまざまなケースに応用できると考えられる。障害のある女性についてもこの枠組みで考察することが可能だろう。障害がある、女性である、という二重の排除の構図として見れば問題はわかりやすいだろう。

女性の雇用については、雇用の分野における男女の均等な機会及び待遇の確保等に関する法律（男女雇用機会均等法）はすでに一九八五年に制定されてはいた。しかし、まだ十分に機能していたとはいえない時代であった。いや、現在でも就職における男女の格差は大きい。二〇二一年のジェンダーギャップ指数[*4]の国別ランキングで日本は全体で一二〇位であり、その内訳の経済分野を見ると同一労働での賃金格差は世界平均よりも高く（八三位）、同じ労働なのに賃金格差がある。つまり女性の方が賃金が低い。管理職についている男女の人数の差は世界平均よりもずっと低く（一三九位）、これは日本の女性は責任あるポストに就くことが難しいことを示している。また専門職や技術職に就いている割合も低く（一一〇位）、日本では女性の専門性は認められにくいことがわかる。ジェンダーギャップ指数の国別ランキングで日本が先進国の中でも低位にいることはようやく知られるようになってきた。画期的な政策等が打たれることを望みたい。

障害については、障害を理由とする差別の解消の推進に関する法律（障害者差別解消法）が施行されたのは二〇一六年、筆者の経験したことも現在であれば合理的配慮として何らかの配慮を会社に申し立てることもできたかもしれない。二〇二二年現在、障害者差別解消法は国や地方自治体においては合理的配慮を「義務」としているが、一般企業については努力義務と位置づけているに留まっている。二〇二四年からは一般企業についても努力の文字がとられ「義務」となる。今後の動きに注目したい。

ただし、懸念は残る。経験の中で「杖をついているくらいでは、優しくしなくちゃいけないとは思ってもらえない」と述べているように、軽度障害者は重度障害者に比べて配慮の必要性が認められにくいという難点は否めない。重度／軽度というカテゴリーの線引き、その問題点については別途の考察が必要であると考えている。

第Ⅱ部

言葉が描く〈他者〉と共にある世界

第7章

障害はなぜ「性格」と呼ばれないか

障害個性論と性格の概念

●渡邊芳之●

心理学において「個性」を取り扱う研究領域の代表は性格心理学、あるいはパーソナリティ心理学であろう。そうした領域で用いられる「性格」「パーソナリティ」「気質」といった概念はどれも人の個性を記述するために用いられていて、心理学においては「個性」という言葉と「性格」「パーソナリティ」といった言葉はおおよそ同義といってもよいほど、互換的に用いられている。

一方で、心理学以外の領域では「個性」と「性格」が互換的でない例もいくつか挙げることができる。その一つの代表例が「障害」に関わる表現である。「障害は個性だ」という表現は障害者福祉やノーマライゼーション推進などの文脈でしばしば目にするが、「障害は性格だ」といわれることはまずない。そこでは「個性」と「性格」は同義ではなく、障害は個性とは呼ばれるけれども、性格とは呼ばれないのである。

この章では、障害が個性とは呼ばれるのに性格とは呼ばれないのはなぜか、を解明するために、まず障害が個性と呼ばれること（障害個性論）とその表現がもつ意味や問題点について考える。そのうえで、心理学における性格の概念が個性とはどのように異なり、そうした差異がどのように「障害が性格と呼ばれないこと」を導いているのかについて分析したいと思う。なお、心理学で性格に関連する現象を言い表す言葉には前述のように「性格」「気質」「パーソナリティ」などがあるが、ここでは引用など特別な理由がない限り「性格」という語にそれらを代表させることにする。

1　障害個性論における「個性」

●障害個性論とその歴史

「障害は個性だ」という言葉と、それを支える考え方はしばしば障害個性論と呼ばれる。[*1] さまざまな論者によって述べられる障害個性論に共通しているのは、「障害」というマイナスのイメージで受け止められる傾向の強い言葉を、「個性」というプラスのイメージで受け止められる言葉に置き換えるとともに、[*2] さまざまな障害のもつ特性を健常者にも共通する個性という視点から捉え直すことで、障害（者）と健常（者）の分断や対立を緩和しようとする意図と考えることができる。

障害個性論を最初に主張したのは「全国青い芝の会」であるとされることが多い。[*3] 全国青い芝の会は一九五七年に結成された脳性まひ者の当事者団体であり、一九七〇年代には障害をもつ子を殺した母親への情状酌量に反対する運動[*4]、川崎バス闘争[*5]など社会からは過激と目されるような障害者権利拡大運動によって注目された。山岸倫子[*6]は青い芝の会の障害個性論を「自分たちの身体を健常者に近づけるのではなく、障害者が障害者のまま受け入れられる社会の構築を目指した方便」であるとしている。いずれにしても障害個性論が最初は当事者団体から、自分たちの障害と社会との関係のあるべき姿の主張として現れたことは重要である。

比較的早い時期の障害個性論としては牧口一二[*7]を挙げることができる。小児まひ当事者である牧口と小学生との対話を中心とした本の中に、以下のような記述がある。

> 障害というのは個性やとぼくは考えているわけです。個性といったらちょっと恰好良すぎるので癖というふうに考えたりしています。皆さんも癖だったらいっぱい持っているでしょう。だから障害者というのは、皆さんより一つだけ余計に、わりに目立つ癖を持っている人（後略）[*8]

障害個性論にあらためて注目が集まるきっかけとなったのは、一九九五年の『平成7年版 障害者白書――バリアフリー社会をめざして』である。[*9] この『障害者白書』では「障害者をとりまく4つの障壁」として物理的な障壁、制度的な障壁、文化・情報面の障壁、意識上の障壁を挙げたうえで、意識上の障壁の説明の中で「障害は個性という障害者観」を取り上げて、以下のように述べている。

我々の中には、気の強い人もいれば弱い人もいる、記憶力のいい人もいれば忘れっぽい人もいる、歌の上手な人もいれば下手な人もいる。これはそれぞれの人の個性、持ち味であって、それで世の中の人を2つに分けたりはしない。同じように障害も各人が持っている個性の1つと捉えると、障害のある人とない人といった一つの尺度で世の中の人を二分する必要はなくなる。そうなればことさらに社会への統合などと言わなくても、一緒に楽しんだり、喧嘩をしたり、困っているときは、お互いに助け合い、支え合う普通の人間関係を築ける社会になるであろうと[*10]

この『障害者白書』の障害個性論は、当事者でなく福祉行政から提唱されたことに特徴があり、このことが後述する障害個性論への批判を刺激したともいえる。牧口[*11]と『障害者白書』[*12]の障害個性論に共通するのは、障害を「癖」や「歌が上手か下手か」といった、健常者にも普通に存在するような個人差の範囲の中に収めることで、健常（者）と障害（者）との間の壁を低めようとする意図だともいえる。

これと前後して、ベストセラーとなった『五体不満足[*13]』に「障害は個性である」という表現が取り上げられたり、一九九八年に開催された長野冬季オリンピック・パラリンピックを通じて障害者スポーツへの関心が高まるなかで、障害をもちながら社会的に活躍する当事者たちが「障害は個性である」という表現を用い、それをマスメディアが報道したりすることで障害個性論が広く社会的認知を得ることになる。[*14]これ以降、「障害は個性」という言葉はマスメディアで頻繁に使われるようになり、それは二〇年以上を経た現在も続いている。

こうしたマスメディア的な障害個性論では、個性としての障害は「癖」や「歌の上手下手」のような健常者にも共通する個人差の範囲を超えて、世界大会でのメダル獲得のような、健常者にとってもきわめて困難なことを達成している当事者の障害が、個性と位置づけられることも多い。最近では発達障害への関心が高まるとともに、「サヴァン症候群[*15]」「ギフテッド[*16]」などの概念を通じて、発達障害をもつ人には特定の分野で一般人よりも優れた能力をもつ人が多いというイメージが広がっているが、そうしたイメージもこうしたマスメディア的障害個性論の広がりに貢献していると考えられる。

●「よいもの」としての個性

このように障害個性論は、障害を健常者にもあるような個性の一つと見ることで障害に対するマイナスのイメージを払拭するとともに、障害（者）と健常（者）という二項対立を無効化するレトリックとして利用されてきた。土田耕司[*17]が障害個性論を「障害という言葉と、個性という言葉を対比させて唱えることで大きなインパクトをつくりだした大変よくできた障害者福祉問題の『標語』だった」と評価するのも、この点においてだろう。そしてここでは個性はつねに「よいもの」であり「尊重されるべきもの」と位置づけられている。

『広辞苑〔第六版〕[*18]』は個性を「個人に具わり、他の人とはちがう、その個人にしかない性格・性質」または「個物または個体に特有な特徴あるいは性格」としたうえで、前者に〝individuality〟という英単語をあてている。こうした辞書的定義において個性は「よいもの」「尊重されるべきもの」といったよい意味に限定されるものではなく、個人がもつわるい性質や特徴、望ましくない要素が除外されてはいない。その意味で個性の辞書的定義は広い意味での個人差〔個体差〕一般を指すものと考えられる。しかし障害個性論に限らず個性という語の日常的な用法では、個性には「よいもの」「尊重されるべきもの」という肯定的な価値が与えられるし、乱暴である、嘘つきである、学業成績がよくないといった望ましくない個人の特徴が「個性」と捉えられることは少ない。このことにはわが国では個性という語がおもに教育の文脈で出現し、使われてきたことが関係している。

江戸時代以前に個性という語の使用例が見られないことから、個性という用語は明治以降に翻訳語として導入されたと考えられるし、多くの場合は英語の individuality やドイツ語の Individualität の訳語であった[*19]。これらの語は一九世紀末にヘルバルト派の教育学とともに導入されたもので、〔望ましい〕個性の涵養を教育の重要な目的にする考え方のルーツもそこにあると考えられる[*20]。一九一〇年代に入ると「個性尊重」「個性教育」といった語が教育に関する文献に頻出するようになり、生徒の個性に合わせた教育、個性を育てる教育が望ましいものとされるようになっていった。そして、一九二七年には文部省が訓令「児童生徒ノ個性尊重及職業指導ニ関スル件[*21]」を発して、個性の尊重は教育政策にも明示されるようになる。この訓令では、学校は児童生徒の個性をさまざまな側面から「精密ニ調査」したうえで、卒業後の進路選択を個性に配慮して行うことが求められている。

学校教育がわざわざ児童生徒にわるい個性、望ましくない個性を育てる、それを尊重するということは考えにくいので、こうした教育の文脈における個性の捉え方はごく自然に個性を「よいもの」「望ましいもの」と位置づけるようになった。第二次世界大戦が始まって教育にも全体主義の影響が大きくなると、こうした個性尊重教育の流れは一度途絶えるが、戦後には新しい民主主義、民主教育の中で、教育基本法で「人格の完成」が教育の目的とされるとともに、学校教育法において高等学校では「個性に応じて将来の進路を決定させ」「個性の確立に努める」と定められるなど、個性の尊重が再び重視されるようになる。

一九八五年になると臨時教育審議会の第一次答申が教育改革の目的として「これまでのわが国の教育の根深い病弊である画一性、硬直性、閉鎖性、非国際性を打破して、個人の尊厳、個性の尊重、自由、規律、自己責任の原則、即ち個性重視の原則を確立すること」を掲げる。「ゆとり教育」の理論的支柱となったこの答申が個性尊重や個人の尊厳と（市場主義的な）自由や自己責任を一体と考えることには批判も多かったが[*22]、個性を「よいもの」「望ましいもの」と捉える考えはさらに強化された。

その後、学力低下などが指摘されて「ゆとり教育」は修正されていくが[*23]、教育における個性重視の原則はその後も変化していない。たとえば現行の高等学校学習指導要領[*24]においても、総則で「個性を生かし多様な人々との協働を促す教育の充実に努める」「個性豊かな文化の創造を図る」とされるとともに、各教科の教育目標や教育内容にも「自他の個性を尊重」することや「個性の伸長」が繰り返し示されている。

このように、日本語における個性という言葉は、おもに教育の文脈の中で「尊重すべきよいもの」「育てられるべきよいもの」と位置づけられてきたことによって、たんなる個人差（個体差）の存在を示すだけでなく、肯定的な価値を帯びた意味を強くもつようになっている。このことが前述のように障害個性論に「障害をマイナスのイメージではなくプラスのイメージで捉える」「障害（者）と健常（者）との間にある壁を低くする」レトリックあるいは標語としての力を与えたと考えることができる。

●障害個性論への批判

障害個性論についてはいくつかの観点からの批判がある。こうした批判のほとんどは障害当事者がみずからの障害を個性と捉えることや、当事者が社会に向けて障害個性論を唱えること、それによって障害へのマイナスのイメージを払拭しようとしたり、障害者と健常者の間の壁を低めようとしたりすることには反対しておらず、もっぱら障害に対する支援を行う人々や障害者福祉を提供する国や行政が障害個性論を主張することの問題点を指摘し、批判している。

たとえば教育学者の茂木俊彦[*25]は、教育の場における障害個性論が、障害分野の実践における治療、訓練、教育など専門的な働きかけを拒否する論理をつくり上げる可能性があること、障害をもつ児童生徒の発達とそれを保障しようとする実践の否定論につながることを指摘した。そのうえで、『障害者白書』などに見られる障害個性論が、障害者福祉における制度や施策、予算等のレベル低下を促す役割を果たす可能性があるとし、障害個性論は障害者の権利保障にとって有害であると論じている。

同様に哲学者の河野哲也[*26]は「障害」をインペアメント（身体的・精神的な機能・形態の障害）、ディスアビリティ（インペアメントから生じる能力の欠損ないし低下）、そしてハンディキャップ（インペアメントやディスアビリティによってその人がこうむる生活上の不利益・不便）の三つの側面から捉え、インペアメントだけを重視する医療還元主義、ハンディキャップだけを重視する社会還元主義の両方を批判している。

そのうえで河野は、とくにインペアメントやディスアビリティが治療やリハビリテーションによって改善される可能性があるときに、障害個性論によってその可能性が無視されたり、軽視されたりする可能性を指摘する。そして、障害個性論が障害者を健常者と同様に、あるいは健常者以上に「人並み」に（本稿でいう「よいもの」に）ならなければ社会に参加できないものと位置づけてしまうことを批判して、障害者福祉に必要なのは障害個性論のような個性主義ではなく「（障害者が）利用できる人的・物的・経済的リソースを各個人それぞれの必要に応じて有効にプランニング」するような「徹底的な個人主義」であると述べている。[*27]

いっぽう森正司[*28]はさまざまな障害個性論を比較検討するなかで、障害の種類によって障害個性論の意味が異なることを指摘している。森は「自己決定能力が重視されるこの社会にあって、理解能力・判断能力・主張能力は、障害個性論の効力を測るうえで障害者自身にとって重要な要素となる」

としたうえで、そうした理解能力・判断能力・主張能力に障害をもたない身体障害者が障害個性論を主張する運動の主体になってきた一方で、知的障害者は「障害個性論の射程から、ある部分はみ出たところ」におかれ、運動の主体にならなかったこと、そのことが障害者の中に障害個性論を挟んだ分断を生んでいることを指摘した。

森は指摘していないが、同様のことは精神障害者についてもいえるはずで、「正常な」自己決定能力を永続的に、あるいは一時的に欠いていると見なされやすい知的障害、精神障害においては、障害当事者が障害個性論を主張することは身体障害者に比較して少なかったし、当事者家族や支援者もそれらの障害について障害個性論をとりにくかったと考えることができるだろう。

同様の分断は発達障害においても、いわゆる「大人の発達障害」に代表されるような知的な遅れのない発達障害をもっている「語れる／語る発達障害者」と、知的な遅れを伴う自閉症などをもつ「語れない／語らない発達障害者」との間に生じている。自分たちのもつ障害を「個性」と考えるにせよ、後述のようにそうした障害個性論を批判するにせよ、発達障害論はもっぱら「語れる」発達障害者によって議論されていて、「語れない」発達障害者やその家族がそうした議論にアクセスすることは多くない。障害個性論に限らず、発達障害をめぐる議論や発達障害の社会的存在感が、「語れる」発達障害者とその障害を中心としたものに偏っていることについては、著者自身も知的な遅れのある自閉症者の親として強い危機感をもっている。

さて、障害個性論に対しては障害当事者からの批判や反対論も少なくない。たとえば視覚障害当事者の川田隆一[*29]は、「目は見えなくても、心の目がある」などといった「慰め」の言葉を批判したうえで、障害個性論を以下のように否定する。

「障害個性論」は障害者の強がりであり、社会が障害者への責任を回避するための体の良いすり替えだと思います。「心の目」だって、しょせん気休めです。僕にとって目が見えないということは、個性にしてはあまりに重たすぎます。そして「不便」と呼べるほど軽いものではないのです。[*30]

これら当事者からの障害個性論への批判の多くには、障害をもつことによって自分が経験している苦痛や苦悩、不便が、社会の側が障害を個性と位置づけることによって軽視され、障害への理解や支援が後退してしまうのではないかという危機感が反映されている。インターネット上でも障害当事者がブログなどで障害個性論に批判的な意見を公開しているものは多い。[*31] 最近では発達障害当事者が「健常者や定型発達者が障害個性論を述べること」「自分の障害を個性と呼ばれること」への疑問や不快感を表明するものも散見される。[*32]

このように、障害個性論は障害に対するマイナスのイメージを低減させ、障害を健常者の個人差と同じ範疇に収めることによって障害（者）と健常（者）との壁を低めるためには一定の役割を果たしたものの、パラリンピックでメダルを獲得した身体障害者が自分の障害を個性だと主張するような「成功譚」にはあてはまりにくい種類の障害をもつ人やその家族にとってはときに受け入れにくいものになりうるし、そのことが当事者や当事者家族に生み出す分断にも配慮する必要があるだろう。

2　障害と性格

ここまで見てきたように、個人差や個体差を指し示すさまざまな言葉の中で、個性はとくに教育の文脈の中で「よいもの」「育てるべきもの」という肯定的な価値を与えられてきたことから、障害個性論では障害を個性と位置づけることが、さまざまな批判を受けつつも、障害や障害者へのマイナスのイメージを緩和し、「共生」の障害者観[*33]を推進するためのレトリック、あるいはスローガンとして機能してきた。

一方で、同じように個人差や個体差を指し示す言葉として心理学ではよく用いられる「性格」や「パーソナリティ」「気質」といった言葉が障害にあてはめられて、「障害は性格である」「障害は気質である」と言われるようなことはない。もちろんその一つの理由としては、「性格」や「気質」といった言葉には少なくとも日本語としては「個性」のような肯定的な価値が与えられてこなかったために[*34]、障害とそれを組み合わせても先に書いた障害個性論のような「機能」を生み出しえなかったことがあるだろう。しかしそれだけでなく、障害が性格と呼ばれないことには、そもそも性格という言葉がもっている独自の性質が関係している。

●行動の個人差としての性格

前にも述べたように、辞書的定義では個性は（ときにはわるいもの、よくないものを含んだ）個人差（個体差）一般を指す言葉である。障害がその意味での個性、すなわち個人差であることは、障害のある人とない人がいること、障害をもつ人でもその障害の種類や程度、ありさまは一人ひとり異なることからも明らかであり、その点で「障害は個性である」という言い方には語の用法としての問題はない。

個人差は人間のさまざまな側面に存在する。身長や体重、体つきや顔など身体の外見的特徴、皮下脂肪の量や内臓の大きさなどの解剖学的特徴、走る力や跳ねる力、重いものをもち上げる力などの機能にはそれぞれ大きな個人差があるし、知的な能力や記憶力、思考のスタイルなどの認知的機能、対人関係などで現れる行動のパターンなど心的機能や行動にも大きな個人差が見られる。こういった個人差をすべて個性と考えることができるなら、「人と人との違い」は（そのよしあしや価値と関係なく）すべて個性なのである。

そのうえで、そうした個人差としての個性が不適応を生み出し、日常生活や社会参加を妨げている場合には、その「不適応な個性」は病気あるいは障害と呼ばれて、治療や法的・社会的な支援の対象となる。つまり、個性にはその人の適応や社会参加にプラスとなるもの、プラスでもマイナスでもないもの、そしてマイナスになるもののそれぞれがあって、マイナスになるものの一部が障害と呼ばれる。その意味で、個性はその特徴によっては「障害でもありうる」ものである。

いっぽう「性格」や「パーソナリティ」など、個性についての心理学が用いる言葉が指し示すのは、こうした個人差、個性の広大な領域のうちごく一部分に限られている。渡邊芳之[*35]はパーソナリティを「人がそれぞれ独自で、かつ時間的・状況的にある程度一貫した行動パターンを示すという現象」と定義したうえで、性格を「現象として現れる個性的な行動パターンそのもの」、パーソナリティを「そうした行動パターンと、それを生み出す心理学的構造の全体を指す概念」として区別している。いずれにしても性格という語が指し示すのは個性のうち（認知や思考、知性、対人関係なども含めた広い意味での）行動、あるいは人間の心理学的・社会的な機能に現れる個性だけであって、身体の外見的、生理学的な特徴、体力や運動能力などの個性（個人差）を性格と呼ぶことはない。

その点で、肢体不自由のような身体の障害や、視覚障害や聴覚障害など、その障害が人の行動以外の領域に現れているものは、個性と呼ばれることがあったとしても、性格とは呼ばれない。このように、障害が性格と呼ばれないことの理由は、その障害が性格という言葉が一般に指し示すような行動の個性にあてはまらない場合には、とても明確である。

では、その障害が人の行動や思考・知性、対人関係などに現れる場合には、それは性格と呼ばれるのだろうか。知的障害や精神障害、発達障害などの障害では、その障害の表れ（障害特性）が「人がそれぞれ独自で、かつ時間的・状況的にある程度一貫した行動パターンを示すという現象」という性格やパーソナリティの定義にあてはまる場合がある。しかし、それらの多くも実際には性格と呼ばれていない。

典型的なのは（障害特性が行動に現れていても）「行動に現れている障害の原因が身体的・生理的であることが同意されている場合」である。たとえば認知症では記憶や学習など認知の機能が低下するとともに、易怒性や猜疑性が高まるなど、行動や対人関係にも変化が現れる。認知症で変化するこうした特徴は人の心理学的・社会的な機能であって、性格という言葉が指し示す対象とかなり重なっているが、認知症という病気が性格と呼ばれることはない。これは我々が認知症の原因が脳の病変であることを知っていて、そうした行動上の変化も脳の病変の「結果」であると考えるからである。

知的障害、精神障害、発達障害などで、障害特性がおもに行動上、認知・思考上の個性に現れる場合にも、それが脳や中枢神経系の病気や障害と結びつけられる場合や、遺伝や生得的な原因をもつものと捉えられる場合には、それが性格と呼ばれることは少なくなる。てんかんの症状にはてんかん発作以外にも精神的・行動的なものがあるし、またてんかんを発症した人には「てんかん性格」といわれる行動特性があると古くから考えられてきた。[*36] しかし、てんかんという病気そのものが性格と呼ばれることは考えにくく、それはてんかんが「脳の障害」であることが一般の人も含めて広く同意されているからだといえる。

以上のように、性格という概念は人の行動に現れる特徴を指し示しているため、それにあてはまらない肢体不自由などの身体障害が性格と呼ばれることはないし、知的障害や精神障害など人の行動に現れる障害であっても、その原因が脳や神経などの病変に帰属される場合には性格とは呼ばれにくいということができる。

●「一貫したもの」としての性格

一方で、性格の心理学的定義において「行動に現れる個性である」ということと並んで重要なのは「一貫している」ということである。そのため、障害の特性が行動に現れていても、それが一貫していない場合には、性格と呼ばれることは少なくなる。性格の心理学定義における一貫性には、その行動パターンが時間が経っても安定して観察されるという経時的安定性と、行動パターンが状況を超えて観察されるという通状況的一貫性の二つの側面がある。[*37] 人の行動に何らかの特徴が見られても、それがしばらく時間が経つと消えてしまったり、状況の変化によって大きく変わってしまったりする場合には、我々はそれを性格ではなく一時的な「状態」と捉えることが多い。

行動に現れる個性が精神障害の症状として現れる場合に、それが時間や状況によって大きく変化したり、投薬などの治療によって軽快したりする場合にも、我々はそれを状態として捉え、性格とは考えない。たとえば双極性障害の人が躁状態とうつ状態を繰り返すときには、それらの特徴は経時的安定性をもたないために、その人の躁とうつはそれぞれ状態と捉えられ、性格と呼ばれることはない。また、うつ病の人の気分障害や睡眠障害が、治療を受けて抗うつ薬の投薬を受けることによって軽快するならば、それらの症状は通状況的一貫性をもたないから、性格ではなく状態と捉えられるようになる。

しばしば「性格の著しい偏り」と説明されるパーソナリティ障害について、その専門家の一人である林直樹[*38]は「パーソナリティ障害はパーソナリティの障害や人格的問題ではない」としたうえで、その理由を、パーソナリティ（人格）には人それぞれに固有で変化しがたいものという一般的想定があるので、その診断は「患者に回復困難な人格的問題がある」ことを意味することになってしまう、としている。[*39] ここでも「変化しないもの」＝経時的、通状況的に一貫する特徴をパーソナリティや性格と捉える、という考え方が示されている。

もっとも、我々が日頃「性格」と呼んでいるものに実際にどれだけの経時的安定性や通状況的一貫性があるのか、ということには古くから疑問が投げかけられており、とくに通状況的一貫性の存在についての論争は「一貫性論争」または「人か状況か論争」と呼ばれて、二〇世紀の性格心理学の中心的な問題であった。[*40] とはいえ、我々の日常的な認識において、行動に現れる何らかの特徴が性格と呼ばれるかどうかに、こうした一貫性の存在が大きく影響していることは間違いないだろう。

●「個人に特有な適応」としての性格

ここまで、障害がなぜ性格と呼ばれないかを、性格が「行動のパターンである」こと、性格は「一貫したもの」であること、といった性格の定義と障害との比較によって考えてきた。しかし障害が性格と呼ばれないことにはもう一つ、性格がもっている「それによる環境への適応」という機能を、ふつう障害はもっていないことを挙げることができる。

性格心理学でしばしば引用されるゴードン・オルポート[*41]は、パーソナリティを「個人の内部で、環境への彼特有の適応を決定するような、精神物理学的体系の力動的機構[*42]」と定義している。オルポートは「パーソナリティそのもの」は人間の内部にあるものと考えているが、それが外部に現れる姿、すなわち性格は「環境への個人に特有の適応」の姿という性質をもつだろう。

その意味で性格は、もしそれが何らかの価値に照らして「よいもの」あるいは「わるいもの」であったとしても、それぞれがその人特有の環境への適応のあり方という点では同等だし、適応の対象となる環境の性質によっては、わるい性格こそが適応的でもありうる。たとえば、そこにいる人々が良好な関係で結ばれており、相互に信頼関係を築けているような環境では「正直」や「誠実」といった性格特性が環境への適応にプラスになるだろうが、逆に人々の関係がよくなく、信頼関係も築かれない、「生き馬の目を抜く」ような環境では「猜疑心」をもち「嘘つき」な性格であることは、それが適応的である限りは正常なことといえる。このように、ある性格特性が適応的であるかそうでないかは環境によって大きく変化するし、一般的には「わるい性格」と捉えられるような性格特性がその人の適応にプラスになるような環境や状況を考えることはつねに容易である。

一方、一般に障害や病気といわれるようなインペアメントが適応的であるような環境というのは想定しにくい。もしそのようなインペアメントやディスアビリティがハンディキャップにつながらないような社会、いわば「障害が個性であるような社会[*43]」が実現するとしても、現在とは逆に障害がある方が適応に有利になるとか、環境への適応のために障害を「発達」させるといったことはないだろうし、もし適応的であればそうした個性はそもそも障害とは呼ばれないだろう。そうした意味で、前述のように個性はそれがもつ性質によっては障害と呼ばれうるが、障害と呼ばれるような個性は性格ではないし、性格はそれがオルポートのいうような適応の機構として機能している限りは障害とは呼ばれず、同じ意味で性格によし悪しの価値はないのである。

こうした「適応の機能」としての性格観、性格やパーソナリティによし悪しはないという感覚は、しばらく前までは心理学者に広く共有されていた。たとえばいまから約三〇年前に私と佐藤達哉は以下のように述べている。

われわれ性格心理学者は、「パーソナリティと価値とは無関係である」「性格に良し悪しはない」と日頃考えているし、そのように主張している。もちろん、個性はどんなものでも貴いものであり、人の性格を良し悪しで見ることはまちがっている。しかし、性格心理学が培ってきた性格把握、性格測査（アセスメント）の技術が実際に使われ、その結果が利用されるときに、価値とは無関係に使われているかどうかとなると、全く別の問題である。[*44]

いまとなってはナイーブに響く主張かもしれないが、その時代の心理学者の感覚がよく現れてはいると思う。しかし二一世紀に入って、こういった性格観は徐々に共有されなくなり、幅広い状況で社会的な適応や成功につながるような性格特性、つまり「よい性格」がどのようなものかを示すような研究や、逆にさまざまな環境で一貫して本人の不適応につながったり、周囲の人に不適応を生み出したりするような性格特性、つまり「わるい性格」についての研究が、性格心理学の中でかなり大きな位置を占めるようになった。[*45] そのことは、ある性格特性をもつことや、あるいはもたないことが適応にプラスになったりマイナスになったりすること、とくに適応にマイナスである場合にはそれが障害や病気と呼ばれるようになりうることも意味している。

●よい性格

人のもつさまざまな心理学的な特徴が学業達成や社会的成功、収入などの「アウトカム」と相関すること、幼児期から児童期に示されるそうした特徴が、成人してからのアウトカムを予測することは以前から知られていた。しかし二一世紀に入ると心理学者でなくおもに経済学者が、そうした心理学的特徴を知能や言語能力などの認知能力に対して「非認知能力」または「社会情動的能力」と呼んで、とくに幼児期、児童期にそれらの能力を育成することを新しい教育目標に位置づけるようになった。[*46]

非認知能力の要素として言及される特徴にはさまざまなものがあるが、[*47] その中にはたとえば「誠実性」「グリット」、あるいは「自己制御」「共感性」「エゴ・レジリエンス」など、心理学では性格やパーソナリティの特性と位置づけられ、研究されてきた概念が多く含まれる。非認知能力の文脈ではそれらの性格が「よい性格」、あるいは「高いアウトカムを得るために伸ばすべき性格」と位置づけられている。

こうした望ましい性格特性はオルポート[*48]のいう意味での共通特性（common trait）であり、誰もがある程度はもち合わせていて、個人間の差異は「その特性をよくもっているか、あまりもっていないか」という量的なものになる。[*49] そして、その程度が十分であればよい性格であるし、逆に不足している場合にはわるい性格と見なされ、とくに不足や欠如の度合いが著しい場合には障害や病気と位置づけられることがありうる。

もっとも、非認知能力についての議論はそれらの能力を「教育によって育てられるもの」と位置づけるとともに、非認知能力を伸ばすような教育を政策的に推進することを求めるものであり、個人レベルの非認知能力の不足を即座に「障害」と位置づけるようなものではない。[*50] しかし、そこでは「よい性格」と、その不足あるいは欠如としての「わるい性格」が想定されていることはたしかである。

●わるい性格

一方、その性格特性が本人の社会的不適応を招いたり、あるいは周囲の人の不適応を引き起こしたりするような「わるい性格」への注目も高まっている。[*51] その代表的なものが「ダーク・トライアド」と呼ばれる、ナルシシズム（自己愛傾向）、マキャベリアニズム、サイコパシー傾向の三つの性格特性である。これらはいずれも他者操作性と関係して周囲の人を傷つけ、適応を妨げるわるい性格であり、[*52] これにサディズムを加えた「ダーク・テトラッド」が主張されることもある。[*53] ダーク・トライアドには病理的な、あるいは障害と関係するような側面が指摘される一方で、そうしたわるい性格による環境への適応、社会的利得という面も想定できるかもしれない。

また、平野真理[*54]は臨床心理学的な領域で注目される、自身の不適応につながりやすいような性格特性を「よわい性格」と呼んで、感覚処理感受性などの例を挙げている。こうした性格特性もよい性格の場合と同様に誰にでも大なり小なり見られる共通特性だが、よい性格においてはその不足や欠如が不適応や障害と結びつくのに対して、わるい性格やよわい性格においてはそうした性格特性の過剰が不適応や障害と結びつくと考えられることが多い。

性格心理学では人の性格を五つの基本的次元から記述しようとする「ビッグファイブ」の性格特性論が定着して久しいが、最近ではこれらの五因子より上位にパーソナリティの一般因子（general factor of personality: GFP）の存在を仮定する考え方がある。[*55]この一般因子は性格の社会的な望ましさと結びつくもので、知能や健康、職業的成功などのアウトカムと相関することがこれまでの研究から知られている。そのことは「GFPが高いほどよい性格（低いほどわるい性格）」という見方につながりうるし、GFPが著しく低いことが障害と位置づけられる可能性もある。

このように、性格についての心理学は以前と比較して性格のよし悪しを考えることに積極的になっていることから、これからはわるい性格の程度が過剰であったり、あるいはよい性格の不足が著しかったりする場合に、性格が障害と呼ばれるようになる可能性を考えることができる。このことは同時に、障害や病気などの「不適応な個性」とは質的に異なるものと位置づけられていた性格が、障害と健常、正常と異常とを量的につなぐスペクトラムの中に位置づけられつつあることを示している。

3 おわりに

ここまで、障害が個性と呼ばれるのに性格とは呼ばれない理由について考えてきた。その一つの理由は、障害個性論において個性という言葉が、日本の教育における個性という言葉の用法の影響を強く受けて、「よいもの」「望ましいもの」という価値を負っていることから、障害という言葉がもともともっていたマイナスのイメージを転換させるスローガンとしての力をもったことであった。そして、性格という言葉が個性のうち行動に現れるものに限定されるために、身体的な障害や身体に起因する障害には当てはまりにくいこと、また性格は時間や状況を超えて一貫した特徴を意味するために、一時的な状態であるような障害や病気には適用されないことも、障害が性格と呼ばれない理由と考えることができた。

また、個人差（個体差）としての個性がよいものでもわるいものでもありえて、そのうち個人の適応にマイナスなものが障害や病気と呼ばれること、つまり（障害が個性である以前に）個性は障害でありうるのに対して、性格はどのようなものであれ「環境への個人に特有の適応」の姿であってよし悪しはなく、その意味で（障害が性格と呼ばれるかどうか以前に）性格は障害ではありえないということについても考えた。しかし最近の心理学では性格によし悪しを考えること、よい性格、わるい性格それぞれのあり方について検討することが当たり前になっていることから、性格の捉え方は徐々に、それが障害でありうると考える方向に変化しているということも述べた。

では、(個性が障害でありうることの裏返しとして)障害が個性と呼ばれるのと同じように、(性格が障害でありうるようになることの裏返しとして)これからは障害が性格とも呼ばれるようになるのだろうか。これは「障害は性格である」と主張することが、「障害は個性である」という主張がそうであったように、障害についての視点の変化や、社会的なイメージの改善を生み出しうるかにかかっているだろう。

第8章 精神医学の概念を用いて自己を理解すること

文化的環境、行為の遡及的再記述、道徳的評価

●浦野　茂●

1 はじめに

以下では、精神障害（mental disorder）の概念を用いて自己を理解することがどのようなことなのか、検討したい。医療と医学的知識が身近なところにある社会において精神障害の概念を用いて自己を理解することは、とくに珍しいことではない。心身に急激な異変が生じたり、思わしくない状態が長く続くことで生活に支障を来しているとき、私たちは医学の知識を参照してこの状態を理解しようとすることがある。また、診療所や病院で治療を受けるなかで、特定の診断概念が自分の状態に当てはま

るのを自覚することもあるかもしれない。これを受けてさらに、これまでの生活を振り返り、これからの生活を思うこともあるだろう。折に触れて私たちも行うかもしれないこのような精神障害の概念の自己帰属について、これがどのような実践を形づくることになるのか、以下において検討したい。

とはいえ、このような課題に対しては次のような疑問が寄せられるかもしれない。たとえ精神障害の概念が関わっているとはいえ、自己理解のような個人的事柄を実践と呼ぶのはおおげさではないか。また、こうした事柄には研究に値するような意義があるのだろうか。このような疑問に対しては実際の検討を通じて応じていくつもりだが、この課題の背景となる関心を形式的にではあれここで説明しておきたい。

まず、精神的な異変を疑いこれに気づくことは、そのなかでそれぞれの人が役割を担い有意味な行為を行っている具体的な生活状況の中において生じている。したがって異変はこうした役割や行為を規定する規範と文化、社会制度の中で、これを背景にすることではじめて浮き彫りになる。この意味で、精神的な異変とは身体的行動そのものや内的状態そのもののことをいうのではない。そうではなく、このような文化的環境の中でこれを支えとしながら疑われあるいは同定される、文化的な対象なのである[*1][*2]。

また、精神障害の概念を帰属することは、このような文化的に観察可能になる対象に対してふさわしい分類を与えることである。したがってこの分類は、それが有効な分類であるためには、異変を観察可能にする背景となっているものと同一の文化的環境に基づいて成立している必要がある。分類項目となる診断概念には多数の種類があり、それぞれについて相異なる内容が知られている。たとえば症状や想定される原因、治療法、有病率など。それだけでなく、それぞれの精神障害の典型像、すなわちその障害をもつ典型的な人物像と成育・生活環境、発症からその後に至るエピソードなども存在している。これらはいずれも異変を観察可能にするのと同じ文化的環境の中で特定され、それに基づいてつくり上げられてきたものである。このことを踏まえると、診断概念についても、その対象である個々の異変と同じ文化環境の中に「生息している」のだといえる。*3

さらに、異変に対して診断概念を与えることは、異変に見出される特徴を理解可能にする操作である。異変に見出される諸特徴は、部分的にそれに合致する症状を備える診断概念を手がかりにすることで、全体的な布置が把握できるようになるかもしれない。また、診断概念の中には特定の原因によって引き起こされると広く想定されていたり、そう信じられているものがある。したがってそれぞれの異変に診断概念を当てはめることは、その異変を経験している人やその生活状況の中に原因となりうる事柄を探し求めることにつながる。そしてこのような操作はその異変を理解可能にさせてくれるだけでなく、その異変をめぐる責任を誰かに帰属し、これを追求することでもある。したがって診断概念の帰属は、異変をめぐる認知的であると同時に道徳的でもある秩序を組織することなのである。*4さらにその際に見落とすべきでないのは、この概念を使用する権限が非対称的に分配されている点である。このため、非専門家とされる人たちが診断概念を自身に用いることに対して、道徳的にさまざまな評価が与えられることがありうる。

以上のようにおおまかに見るだけでも、自分自身に対して精神障害の概念を用いることが注目に値する実践であるといえるはずである。種々の規範と文化、社会制度の中にある具体的状況の中において、自身や他者の道徳的責任をめぐる考慮とも切り離せない仕方で、精神障害の概念は私たちの生活の中に存在している。したがってその診断概念に人が何らかの形で関わりをもつということは、この文化的環境の中で、認知的で道徳的な秩序をそのつど組織する実践なのである。以下では、この実践についてそれがどのように組み立てられており、どのような道徳的帰結をもたらすことになるのか、一つの事例を読み解きながら検討したい。[*5]

2 虚偽記憶論争とその背景

検討の題材とするのはイアン・ハッキングによる『魂を書き換える――多重人格障害と記憶の科学』である。[*6] この書物の中心的主題は、多重人格を患う人々による過去の経験の捉え直しが巻き起こした道徳的・法的な係争である。ハッキングはこの道徳的・法的係争について、この係争の不可欠な基盤をなしている記憶をめぐる精神医学とその由来を踏まえながら哲学的検討を行っている。この検討を追うのに先立ち、背景的事情を紹介しておきたい。[*7]

北アメリカでは一九八〇年代前半から一九九〇年代前半にかけて多重人格障害の診断数と診断率が急激に増加する。[*8] 二〇人に一人は解離性障害（多重人格障害をその一部として含む、意識や記憶、知覚などの機能の統合が破綻することを特徴とする障害）を患っていたとまで言われている。[*9] この診断の増加の背景にあったのは「多重人格運動」とも呼ばれた医学的・文化的啓蒙運動だった。この診断の増加につれておもに女性の患者たちと患者の父親を中心とする近親者との間で道徳的・法的な係争の数も増加する。精神療法や自助グループの場において患者たちが自身の幼かった頃に父親らによってなされた身体的・性的虐待を思い出してその家族を非難し、なかには父親らを虐待の廉で告訴する患者まで現れるようになったからである。

この非難や訴えの背景にあるのは、多重人格障害の原因をめぐる仮説とその治療法である。[*10] 原因は患者が幼児期に経験した虐待とそれによる外傷的記憶にあるとされている。幼児期になされた身体的・性的虐待は患者にとって大きな精神的外傷として経験される。これに適応するための反応としてこの経験は患者によって他の記憶からは隔離されて記憶され、この記憶は通常の意識に上ってこない解離と呼ばれる状態に置かれることになる。つまり患者は、他の記憶や行動とはうまく接合せず、またその意識から捉えることもできない記憶や行動の要素をもつことになる。こうした要素が患者の中でまとめ上げられたのが交代人格と言われるものである。

多重人格障害の治療については、解離された外傷的記憶を患者が想起し、これを再経験することで記憶の統一性をつくることによって成し遂げられるといわれる。解離という反応は外傷的経験に対しては適応的だが、その経験の状況からはすでに離れた状況においては不適応的である。したがってこの解離した記憶を想起しあるいは催眠術によって意識化することによって他の記憶や行動との統合のもとに組み入れることが必要であるという。

この治療の結果、患者は自身の記憶の中に、多重人格障害の原因をめぐる仮説と合致する虐待の経験を見つけ出す。しかしこの記憶は患者の治療のコンテクストを超えた広い含意をもつ。父親ら家族の行った虐待に対する道徳的な非難、さらには虐待を許してきた家庭における男性支配（家父長制）をめぐる問題意識、また家庭崩壊をめぐる保守主義的危機感。このような社会的価値判断のただなかにおいて患者の想起は行われているのである。

その一方、こうした非難や告発を受けてきた家族たちを擁護するため、「虚偽記憶症候群協会」が一九九二年にフィラデルフィアで結成される。この協会は、虐待の告発がセラピストやフェミニストらの暗示によって生じた虚偽記憶に基づいているとして、告発を受けた家族たちを擁護し、患者や支援者たちへの非難を展開していった。また、認知心理学的研究に基づきながら、支援者たちが依拠する理論的仮説に対する批判もなされた。[*11]

こうしてハッキングが言う「虚偽記憶論争（false memory polemics）」が生じることになった。[*12] この論争において争われていた中心的な問いは「それは本当なのか」であった。[*13] すなわち、多重人格障害とされる人たちが思い出したと主張している事柄は正しいのか否か、言い換えるならばこの人たちは想起した通りの行為をその幼時に本当に経験していたのか否か。また、このような経験を想起する人たちが患っているとされる多重人格障害とは本当の障害（disorder）なのか否か。論争はこの問いを中心として繰り広げられていった。

ハッキングのこの書物は、この問いを哲学的に検討することを目的としている。おもにこの検討がなされるのは「過去の不確定性」と題された第一七章である。次節以降ではこの検討をいくつか補助線を引きながら追いたい。

3　過去の不確定性

虚偽記憶論争は、患者たちの想起内容の真偽を中心的問題として争われていた。父親らによる身体的・性的虐待についての患者たちの想起が真実なのかそれとも虚偽なのかが争われていた。もしその通りだとすれば、この論争は、過去の事実がすべて確定しているという前提の上で展開されていると考えられる。単純化していえば、双方の言い分についてその真偽を決定するはずの過去の事実は確定しているのだが、まだその事実を示してくれる決定的証拠が見当たらずに争われている――こうした形で論争が成立していたということになる。

しかしハッキングは、この論争についてこうした過去の事実の確定性を想定することに対して疑問を提起する。もちろん過去の行為や出来事そのものが変化するために不確定であるというのではない。むしろその記述が不確定なのである。行為や出来事は生起した時点においてはそれらが後にどう記述されるか確定していない。生起した後にどう再記述されるかは不確定である。したがって行為や出来事についてそれが生起した後になされた再記述をどう受け止めたらよいのかという問題が生じる。なかでも、再記述された行為の意図と責任の問題は重大な意味をもつはずである。

過去の不確定性というハッキングの議論はこうした論点をめぐって展開される。したがって彼の議論は、最終的には虚偽記憶をめぐる論争とその前提を相対化し、これとは別の前提を提示しながら多重人格運動への批判を示すことになる。

ここでまず、ハッキングがその議論において念頭においていると思われる仮想的事例について述べておく。それは一九九〇年代に北アメリカに三〇代の年齢を迎えながら暮らす女性の事例である。[*14] この女性は五歳のときにおそらく父親によってなされた性的虐待を、その後の三〇歳代になって自助グループか精神療法に参加したのをきっかけに思い出した。なお、ここで想起されている行為がなされたとされる一九六〇年代半ばは、児童虐待の概念がとくに乳幼児への身体的暴力として捉えられて広がりつつあった時期である。言い換えると、当時はまだ、児童虐待が性的暴力までを含むものとしては捉えられていなかったのである。

こうした仮定に加えてハッキングはさらに、そのときに父親からなされた行為が「周縁」にあるものだったと仮定している。[*15] このように表現する理由はおそらく、行為が父親からなされた当時において、その行為の意味はさほど判明なものではなかったと彼が考えるからである。一方においてその行為は、当時の基準に照らして暴力性や異常性が明確なものではなかった。しかし他方、女性はその行為に対して不快感を感じてもいた。たとえばハッキングが触れているのは、父親が女児と入浴しその身体を洗うというような場面であり、そのとき彼女は微妙な不快感を感じており、父親もそれを認識しながらもやめなかったという事例である。[*16] 想起される行為にはこうした両義性が備わっていたと仮定してハッキングは考察を行っているのである。[*17]

それでは、このような事例において行為の再記述はどのようにして問題になるのか。非難や告発のもとになっているのは、生活上の困難に苛まれて多重人格者の自助グループや精神療法の場に参加することになった女性による想起である。おそらく女性はこのような場に参加することを通じ、幼時に被った虐待とその記憶を原因とする多重人格障害の病因論を知る。そしてこれに合致するような行為をかつて父親からなされたことに思いあたり、彼女はこの行為を性的虐待として再記述したうえで父親を非難し、その責任を追及することになる。この非難の基礎をなす行為の再記述について注目すべきは、行為がなされた当時とそれを再記述する時点との間において、その記述のために用いることのできる概念が変化している点である。ちなみに入手可能な概念のこのような変化は、非難対象の行為に対する記述の変化をもたらす可能性があり、したがってまた非難される行為に対する行為者の意図と責任をめぐる不一致や係争を生じさせる可能性がある。

4　経験と想起の概念空間

ここで入手可能な概念の変化と述べたのは、当の行為のなされた時点において女性に入手可能な概念と、この行為を想起し非難する時点において同じ女性に入手可能な概念との間の変化のことである。

この事例においてこの変化は、この間における個人の成長発達による変化と社会環境の変化とが折り重なり、錯綜したものとなっている。[*18]

まず個人の成長発達による概念的変化に関わる行為の再記述については、ジークムント・フロイトによる「事後性」の概念が参考になる。[*19] ここでは『ヒステリー研究』におけるカタリーナの事例に触れておきたい。

カタリーナは日頃から呼吸困難に悩まされていた。彼女から聞き出した話をもとにフロイトは次のように分析する。彼女は一六歳の頃に叔父と従姉妹との性交場面を目撃して呼吸困難に陥り、以後不安発作に悩まされるようになった。しかしフロイトによるとこの出来事が彼女の症状の原因なのではない。実際にはこの場面を目撃したことにより、それよりも二、三年前に起きた別の出来事の意味を彼女は理解することになった。それは、この叔父が彼女のベッドに潜り込んでくるという出来事である。叔父によるこの行為はその後に叔父と従姉妹の場面を目撃することを機に、新たに性的襲撃という意味によって理解され直すことになり、結果としてそれは外傷的経験として記憶の中で抑圧されることになる。「まだ性を知らない時期の諸印象」が後になって「性生活への理解が開かれ」た結果、その印象が再記述されて「外傷的な力」が生じることになったのである。[*20]

この事例において、行為と出来事はその後に生じた経験を契機に以前とは異なる仕方で再記述され理解されている。そしてこの遡及的再記述のもとに理解された行為・出来事が本人にとっての外傷的記憶となっている。こうした遡及的な再記述はハッキングの事例にもあてはまる。女性たちは、かつて父親が自身に対してなした行為をその後の成長とともに性的虐待として再記述し、これが外傷的記憶を構成しているのである。[*21]

次に、社会環境の変化に関わる概念変化と行為の再記述について確認する。すでに述べた通り、ハッキングの事例では、個人の成長発達による概念的差異に折り重なりながら社会的な概念的環境の変化が生じている。

一九六〇年代以降の北アメリカにおいて児童虐待の概念、なかでも児童に対する性的虐待の概念は大きく変化してきた。[*22]児童虐待の概念が公的言説において用いられ始めたのは一九六〇年代である。以後、この概念を通じ、家庭において児童に向けてなされる近親者による身体的暴力とネグレクトが問題にされていく。他方、この時点では等閑視されていた児童に対する性的暴力が、一九七〇年代に入って以降、おもにフェミニストによる告発を通じて明かされていく。身体的暴力を意味していた児童虐待の概念は、これを機に性的暴力をも含むものへとつくり直された。これを通じて児童虐待は家父長制における性的支配の問題として明示的に捉えられていった。

性的虐待はまた、その外傷的経験とそれによる記憶障害の観点からも問題化される。幼児期の性的虐待は、外傷後ストレス障害や多重人格障害の原因として位置づけられ、問題化されたのである。[*23]こうして幼児期の性的虐待という社会問題の中で多重人格障害の研究と治療、知識が広まっていく。この辺の事情についてハッキングは、多重人格障害をめぐる研究と運動は児童性的虐待という社会問題を宿主とする寄生生物のようであると述べている。[*24]

こうして家庭における児童への性的虐待が認知され、これを防止するための啓蒙と教育の活動があわせて進められる。たとえば大人からなされる接触について、悪性のものを教示するといった啓蒙・教育活動である。こうした結果、性的虐待の概念が広がり、またその総称のもとに含まれる行為も具体的に特定されながらその数を増していく。たとえば身体への不適切な接触やともに入浴すること、寝室を共有することなどもそのようなものとして教示されていく。[*25] 結果、児童虐待の概念以前からタブーとされてきた近親姦についても、こうした児童虐待の概念のもとに包摂され、これを通じてより微妙な接触のことをも意味するように意味が変容していく。

一九六〇年代から一九八〇年代後半にかけて児童性的虐待をめぐる概念がどのように変化してきたか、ハッキングによる整理に基づいて述べた。一言で言うと、家族の空間における身体接触の適切性をめぐる捉え方が大きく変容した。この結果、一九八〇年代後半において多重人格者を対象とした精神療法や自助グループに参加する成人の女性たちは、新たな概念空間の中で自身の精神的困難を理解し、その原因とされる幼少期の外傷的経験を探し求め、その想起を試みることになった。

以上において、多重人格者による児童性的虐待の想起に介在している、想起の時点と想起される行為の時点との間にある概念的差異について確認した。この想起とそれに基づく告発は、個人の成長発達と概念的環境変化が生じた後の時点から、そこにおいて入手可能となった概念に依拠してなされている。この概念を用いながら、これらが現れる以前に自身に対してなされた行為を再記述しているのである。この事情について、ハッキングは記述に用いる概念を絵の具になぞらえてこう表現している。

「私たちが塗り描くときに用いる絵の具は、そのエピソードが実際の場面において起きた時点には存在していなかった絵の具であることがしばしばなのである」[*26]。

しかしそれでは、この新しい絵の具によって塗り描かれた場面は、もともとの場面やその人物たちとどのような関係にあるのだろうか。概念的差異を跨いで再記述された行為のことを行為者の意図的行為であると見なすことはできるのだろうか、したがってまたそれを、行為者にその責任を問うことのできる行為と見なせるのだろうか。

5 物語

この問題を検討するにあたり、ハッキングが注目しているのは言語的形式としての物語である。第一に、物語は過去についての知識を表現するためのおもな言語的形式である。物語は、時間的に前後する一連の行為・出来事を、それらが生起した後の状況に基づいて遡及的に再記述し、理解可能な形へと組織化する。したがって物語は過去の不確定性の源泉となっている。第二に、物語は多種多様な場における想起と歴史記述のための主要な手段である。自助グループや精神療法の場においても同様である。たしかに物語は想起の一手段にすぎないが、現実の想起の実践においては理解可能な物語を語ることが重視される傾向がある[*27]。この二点を踏まえ、物語を手がかりとして行為の遡及的記述の問題を検討する。

アーサー・ダントによると、物語について先に挙げた特徴は彼が「物語文」と呼ぶタイプの文の中に体現されている。[*28] 物語文は次の特徴をもつ。[*29] ①時間的に離れた少なくとも二つの行為・出来事に言及している。②ここで言及している行為・出来事のうち、より初期のものを記述している。彼が挙げているのはたとえば次の文である。「アリスタルコスは紀元前二七〇年に、コペルニクスが一五四三年に発表した理論を先取りしていた」。この文は、アリスタルコスとコペルニクスのそれぞれによる天動説の公表という二つの行為に言及し、そのうえでより後の行為であるコペルニクスの公表と関係づけることにより、それよりもはるか以前になされたアリスタルコスの行為を再記述している。このように物語文は、後の行為や出来事を踏まえてそこから遡及的により以前の行為や出来事を再記述することで、複数の行為や出来事を組織化する。

因果関係を言い表す次のような文も、こうした組織化の一つである。「A（あるいは、私）の発言が大騒動の引き金を引いた」。このような歴史記述や想起においてしばしば現れる因果関係を言い表す文においても、やはり物語文の形式が用いられている。

それだけでなく、物語文は日常生活におけるごく普通の行為や出来事を言い表すために用いられている。たとえば「Bがドアを開けた」のような文にしても、Bがドアノブを捻る行為とその後に生起したドアが開くという出来事が言及されており、後者に基づいて前者を遡及的に再記述している点において物語文である。たしかにダントは物語文によって記述される人間の行為は「しばしばほぼ例外なく意図的でない」と述べている。[*30] しかしこの最後の例を踏まえるならば、意図的行為を再記述する物語文はむしろありふれており、日常生活の基礎を構成しているといえる。[*31]

以上より過去の不確定性をこう理解できる。物語文による行為や出来事の記述は、それらが生起している最中にはなしえない記述である。[*32] 最後に挙げた「Bがドアを開けた」のような文でも、たしかに行為者は「ドアを開ける」という記述のもとでドアノブを引いている。しかしこれが実現されて実際にドアが開いたのを観察するまでは、「ドアを開けた」と記述することはできない（たとえば外開きだと思ってドアノブを引いたもののドアが内開きだったために開かなかった場合）。

こうして、私たちが過去の行為や出来事を物語文によって記述しているという事実から、過去の不確定性が導き出される。行為や出来事はその生起の時点では後にどのように再記述されるかは確定していない。言い換えると「過去は未来に開かれている」――ただし行為・出来事そのものが変化するという意味においてではなく、その記述が変化するという意味において。[*33] そしてハッキングが過去の不確定性で述べているのもこの不確定性のことであると理解できる。

6　意味論的感染

物語文とは、行為や出来事について、その後に生起した行為や出来事に言及して再記述する言語的形式である。したがって物語文は、その記述の対象である行為・出来事について、その生起の時点では記述できない仕方で記述することができる。これを記述される当の行為・出来事の側からいえば、それらが後にどう記述されるかは不確定である、となる。しかし反面、この過去の行為・出来事はそれが生起したときにどう記述されていたにせよ、その後に生起する行為・出来事によって可能になる新たな記述によって再記述されうる。したがって過去の行為・出来事は、後の時点において成立している概念に基づいて再記述されることになるだろう。言い換えるならば再記述はその再記述の時点において理解可能な概念の秩序に従って行われざるをえない。このように行為の再記述が、再記述の時点における概念の秩序に備わる理解可能性に従ってなされることを指して、ハッキングは「意味論的感染」と呼ぶ。[*34][*35]

ハッキングは、記憶回復運動による児童性的虐待の想起の中にこの意味論的感染を見ている。彼の仮想的事例（第3節参照）ではそれは次のように現れている。女性は幼時に、その暴力性が明白とはいえない「周縁的な」行為を父親からなされる。しかしその後、性的虐待の概念が成立し、これを原因とする多重人格の病因論が成立した。彼女は、この新たに成立した概念の秩序の中で、これに導かれながら、以前になされた父親の行為を語り想起する。結果、父親によるかつての行為は性的虐待として再記述され、外傷的記憶として彼女に経験される。かつての自身には思いもよらなかった仕方でその行為は再記述され、感じ直されていく。[*36][*37]

こうした意味論的感染という現象は、虚偽記憶論争への独自の視点をハッキングに与えている。意味論的感染は、想起のなされる時点において成立している概念が、想起とその語りの理解可能性を定めていることを言い表している。有意味な語りとして、したがってまた想起として認識されるためには、この語りと想起の時点における概念の秩序を前提にせざるをえないということである。
場合によると、この語りと想起は、その対象である行為がかつて生起した時点において記述されていたものとは異なる概念を用いているかもしれない。しかしだからといってそれをただちに虚偽であると、したがって過去の行為について意図的な歪曲がなされていると片づけることはできない。むしろそれは、想起のなされる現在の概念に依拠することから避けようのない仕方で生じている。現在の状況において、理解可能な仕方で想起という実践をなすという要請――理解可能性という規範的要請――から生じる「内的に促された暗示すなわち意味論的感染」なのである。[*38]
こうしてハッキングによると、虚偽記憶論争について本当に検討すべき問題は、一般に争われているような真偽をめぐるものではじつはなく、行為を記述するための概念的秩序とその変動をめぐるものとなるのである。

7 意図的行為の記述依存性

意味論的感染とは、事後に入手された概念の秩序に従い、この秩序の定める理解可能性に従って、これとは異なる理解可能性のもとでなされ経験された行為を再記述することである。ここで注意しておきたいのは、想起の対象となる行為の生起した時点とそれを想起する時点との間にある概念的差異についてである。それは、行為の記述に用いる概念の差異やその行為の意図性、そしてその責任のありかといった一連の問題につながっている。

エリザベス・アンスコムが明確にしたように、行為が意図的であるかどうかはその行為をどのように記述するかに依存している。[*39] 一つの行為を私たちはさまざまな仕方で記述できる。「ドアを開ける」という記述のもとで私がドアノブを捻りつつ引き寄せているとき、この行為は「ドアを開ける」という記述のもとでは意図的行為である。しかしそうすることで私がドアの反対側にいた学生を驚かせてしまった。これは私の意図せざる行為である。私は「ドアを開ける」という記述のもとでこの行為を行っていたのであり、その行為の結果によってはじめてこの行為に「学生を驚かせる」という記述が当てはまることを知ったからである。たしかに私は学生を驚かせた。私はそのことを詫びるだろう。しかしそれは私の意図的行為ではなく、したがって非難されたり責任を追及されることはないだろう。

このように一つの行為はある記述のもとでは意図的行為となり、別の記述のもとでは意図せざる行為となる。対応して、一つの行為について私はある記述のもとでは責任を負うものの、別の記述のもとではそうではない。

これと同じことはこれまで検討してきた事例にも当てはまる。告発は、その対象となる行為が生起した後に現れた概念による記述に依拠している。このため告発が依拠している記述は、かつてその行為がそのもとでなされていた記述とは異なる。告発は、そのもとでなされ経験された概念とは異なる概念によって再記述され、経験し直されることに基づいてなされている。したがってその行為は告発が用いる記述のもとでは意図せざる行為となる。この場合、実際には告発は、過去になされた行為を当時とは異なる新たな基準によって非難しているのである。したがってこの行為が性的虐待として再記述されるのは現時点から振り返る限りのことであり、当時においてはなんら咎められるような性質をもってはいなかった……。

場合によると、このように整理できるかもしれない。もしそうだとすれば、実際には性的虐待にあたる意図的行為は何ら行われていない。いわゆる外傷的記憶なるものも、実際にはセラピストらによる暗示の産物、言い換えると虚偽記憶であるということになる。

もし虚偽記憶をめぐる係争が以上のようなものであるとすれば、事実としては大きな問題なのかもしれないが、ハッキングがするような哲学的検討までは必要ないだろう。これに対し、ハッキングが細かな検討を行っていくのはより微妙なケースである。このようなケースこそが、過去の行為をめぐる遡及的な告発を理解することの難しさを示している。

8　遡及的再記述と意図的行為

そこで事例に戻ろう。それは周縁的事例だった。かつて父親からなされ不快感を感じつつもうまく捉えられなかった行為について、女性たちがその後に成立した概念的秩序の中でこれを想起するとき、この行為はどう再記述されるのが適切なのか。これが問題なのである。

この問題についてハッキングはおおむね次のように考えている。かりにかつての概念的秩序において性的虐待のような概念が存在していなかったとしても、だからといって当時において性的虐待をなすことが論理的に不可能だったと断じることはできない。第一に、性的虐待の概念はさまざまな具体的行為を要素とする集合を表す総称的概念だったからだ。したがってこの総称的概念としての性的虐待の概念が存在していなかったとしても、概念的秩序の変化の前後において同じ具体的行為がなされていたと考えられる。しかし、この点だけではこの行為が当時においても性的虐待であったと再記述できることにはならない。そもそもこの具体的行為を遡及的に性的虐待として記述できる根拠までは与えられていないのだから。したがってこれに加えて第二の根拠として、当時の状況においてその行為のもっていた意味を挙げられる。仮想的事例では、想起者はなされていた行為の意味を明確に把握していなかったものの不快感をもっていた。また父親はそのことを認めつつも行為をやめようとしなかった。あくまでもこれは仮想例ではある。しかし、もしこのような状況が成立していたのであれば、この過去の行為を性的虐待として遡及的に告発することは論理的に可能であると考えられる。

たしかに行為のなされた時点では性的虐待の概念は存在していなかった。しかし関与者たちはなされている行為をこの概念の表現する意味によって実質的に理解していたといえる。この行為についての関与者たちの理解は、もし当時にこの概念が存在していたのであれば実質的にそれに置き換えることが可能なものだったということである。もしこのように言うことができるのであれば、性的虐待の概念をその成立以前の状況における行為に遡って適用し、これを意図的な性的虐待の行為として再記述することができるだろう。すなわち父親は女児が九歳のときに一緒に入浴することにより虐待行為を意図的に行っていた、と再記述することは可能なのである。

これらの再記述〔過去の行為の遡及的再記述：引用者注〕は過去について完全な真実でありうるかもしれない。すなわちそれらは、過去について私たちが現在断言する真実なのである。にもかかわらず逆説的ではあるがそれらは過去においては真実ではなかったのかもしれない。すなわちその行為がなされた時点において意味をなすような、意図的行為についての真実ではなかったのかもしれない。過去が遡及的に改訂されると私の述べる根拠はこれである。[*40]

遡及的な再記述がたんに意図せざる行為についての真実であると言うにとどまらず、過去の意図的行為についての真実でもありうる。したがってその再記述によって私たちは行為者に責任を帰属できる。この可能性をハッキングは示している。[*41]

9　道徳的問題と経験的知識

虚偽記憶論争はすでに確定された過去に照らして想起の真偽を争うという前提に基づいて成立していた。これに対し、ハッキングは、過去の不確定性を指摘しながら、過去の行為・出来事についての記述とそれに用いる概念に注目している。虚偽記憶論争において自明視されていた記述と概念の次元に注意を向けることで、行為・出来事を記述するための概念的秩序とその変動をめぐって検討すべき問題があることを彼は明らかにした。そのうえで、この変動を踏まえたうえでも、多重人格者の想起が真実でありうる可能性を彼は示した。これは、この想起を通じた非難と告発が成立することを意味している。多重人格者たちの想起やそれに基づく非難と告発が、これを虚偽として退ける陣営に抗して、実際に有意味であり真実でありうる、こうした余地をハッキングは確保しているのである。

しかしその反面、ハッキングは、告発をめぐる真偽の問題とは別に、記憶回復運動に対する独自の批判を行っている。それは、多重人格運動における想起の従属性に向けた批判である。

多重人格の病因論は人間の記憶を対象とした経験的知識である。それは記憶の備える諸性質と病理、その基盤を解明してきた。しかしそれを超えてこの経験的知識は、私たちの生をめぐる道徳的・倫理的問題にまで踏み込むことになった。記憶回復運動と虚偽記憶論争はその一例である。みずからの不幸な生を多重人格障害の病因論を下敷きにして想起を行い、想起された加害行為を告発する。あるいは記憶の仕組みに依拠してこれを退ける。こうした係争において、自己のありようとあり方をめぐる道徳的・倫理的問題が、記憶をめぐる経験的知識に基づいて理解され、判断されている。ハッキングが批判しているのはこの点である。

こうしたハッキングの批判はどこから来ているのだろうか。その背景にあると思われるのはミシェル・フーコーがイマヌエル・カントより引き継いだ倫理と道徳についての考えである。「自己を改善すること」と題されたハッキングによるフーコー論を見ておきたい。[42]

おもに扱われているのはフーコーのインタビューである。[43] フーコーは、それぞれの自己が自身を道徳的主体として構成する仕方のことを倫理の概念によって把握していた。そしてこの倫理における重要な問いとして、各自が人生を芸術作品として仕上げていくことの可能性を挙げている。ハッキングによると、これをただの耽美主義的願望と捉えるべきではない。この一種の不可知論に見るべきはむしろ、生をめぐる道徳的・倫理的問題を経験的知識から切り離して問うべきとのフーコーの態度である。そしてハッキングによると、この点においてフーコーはカントを引き継いでいる。

カントは道徳を、そのもとにおいて人間が自由たりえない経験的知識に対し、その外側に位置づけた。道徳とは、経験的知識によっては知りえない不可知のものであり、人間がみずからつくり上げるものである。すなわち道徳とは自由と自律を基礎としている。このようなカントの道徳哲学をフーコーの倫理の問いに見出せるとハッキングは述べる。

ハッキングが記憶回復運動に従属性を見出していることについてもこの点に基づいて考えることができる。多重人格障害の病因論とさらにはその背景をなす力動精神医学は経験的知識の一つである。この記憶の科学が精神医学の領域を超えて浸透することで、それは人々が自身と来歴を理解するための概念的資源となった。それは見てきたような不幸な生にとどまらず、善い生がどのようなものかを理解するためにも用いられるだろう。しかしいずれにしてもこれらに従って理解する限り、私たちは自由と自律から隔たっていると言わざるをえない。

人々は自身の生を記憶の科学によって書き換えていく。そのような動きの中で、魂という人間の道徳的・倫理的存在を言い表す概念は経験的法則によって支配される記憶へと書き換えられ、置き換えられていく。こうした状況をハッキングは記憶回復運動と虚偽記憶論争に見出して批判しているのである。

10　想起の共同的実践の意義

このように整理すると、多重人格者による記憶回復運動に対してハッキングは両義的な態度を示していることがわかる。一方で、この人たちによる遡及的再記述による告発を虚偽とは見なさず、それが真実でもありうると指摘している。しかし他方で、この遡及的再記述のありように従属性を見ている。現状に不遇と不幸を感じる一定数の人々が、多重人格障害の病因論に従ってその来歴を因果的に理解しながら自身を多重人格者へとつくり上げていること、ここにハッキングは従属性を見ているのである。

こうしたハッキングの両義的な態度を、多重人格者の記憶回復運動に共感的な立場から批判する議論が、スー・キャンベルによってなされている。以下では、このキャンベルによる批判を追いたい。キャンベルはその主著である『関係的想起——記憶戦争を再考する』において、記憶回復運動に向けられてきた批判と懐疑に対し、フェミニズム哲学の立場からの反批判を行っている。[*44] 第2節において見たように、幼時の家庭でなされた虐待をめぐる、多重人格者を含む女性たちの想起に対しては、虚偽記憶協会などが中心となって認知心理学的研究をも踏まえて批判がなされてきた。これに対してキャンベルは、これら心理学的研究もが自明の前提としている記憶と想起の概念にまで遡って検討を行い、女性たちの想起と告発を擁護する反批判を行っている。そのなかで彼女は、従来の記憶概念に備わる個人主義的バイアスの問題を指摘し、これを足場に記憶の共同的・集合的側面に注目しながらその一つの具現としてフェミニズムによる意識覚醒の実践を肯定的に評価する。このようにキャンベルは女性たちによる想起と告発を擁護する。[*45] さらには、ハッキングに対しても、記憶回復運動に対するその両義的な態度について批判している。[*46]

ハッキングの態度は、一方で女性たちの想起が真実である可能性を確保しながらも、他方でそこに従属性を見出し、したがって女性たちによる証言能力とその想起の意義とを貶めることになっている。ハッキングの議論のもつ問題を、キャンベルはこのように特徴づける。そのうえでハッキングの示すこの否定的な評価が、彼が議論の枠組みとして採用している一つの区別に由来していることを指摘する。

その区別とは「個人的記憶（personal memory）」と「共同的記憶（communal memory）」の区別である。[*47] ハッキングはこの区別を、多重人格者による告発とそれが引き起こした係争の特徴を言い表すために導入した。述べてきたように、この告発と係争は外傷的記憶をめぐる経験科学を不可欠な前提として成立している。したがってこの「個人的記憶の政治」については、記憶をめぐる経験科学の成立のはるか以前より存在していた「共同的記憶の政治」とは区別して検討する必要がある。こう考えてハッキングはこの区別を導入し、女性たちの想起と告発を個人的記憶に位置づけた。

一見すると、記憶と想起についてこうした区別が成立すること、また外傷的記憶の想起がこの区別における個人的記憶に位置づけられること、これらにとくに問題はないように思われる。しかしキャンベルはモーリス・アルヴァックスの集合的記憶論に依拠しながら、この区別に対して疑問を提起している。[*48] 想起とは、そのつどの具体的な社会的状況において、他者と共有する言語および概念を不可欠な枠組みとしながら、何らかの社会的地位にある想起者による過去の再構成として成し遂げられる。[*49] このことに注目するならば、個人的記憶と共同的記憶という区別は表面的で便宜的なものでしかないといえる。

ハッキングは、家庭において生起した行為・出来事をめぐる多重人格者による想起をプライベートな、したがって個人的な想起と位置づけていた。[*50] しかしそうだとしても、この想起は家族の一成員である想起者によってなされている。想起者は、かつての家族において女児として行為を経験し、この家族のもとで育てられてきた女性としてこの行為を想起している。あくまで表面的な意味において、この行為のことを個人的領域における行為と見なせるのだとしても、そこで想起されている内容は想起する者の社会的地位――家族における子どもであり女性であるという地位――と切り離して理解することはできない。また反対に民族の記憶にしても、たしかに儀礼やモニュメント、メディア等の社会的な装置を通じてそれが喚起されるものの、その成員である個々人による想起に裏打ちされなければば存続しえない。

このように考えると、個人的記憶と共同的記憶の区別を、表面的・便宜的区別以上の根本的な隔りとして捉えることは適切ではない。しかしそれにもかかわらずハッキングはこの区別に基づいて多重人格者たちの想起を個人的記憶へと振り分けることで、想起が備えているこうした特徴を適切に評価することができなくなってしまった。こうしてハッキングは、多重人格障害の病因論に依拠した想起に従属性を見出すことになってしまった。キャンベルはこのように断じている。こうした判断に至る筋道は次のようなものである。

まず、個人的記憶としてこの想起を位置づけることで、ハッキングはその議論において想起をめぐる古典的概念に引き摺られてしまった。この古典的概念は、想起を個人の知覚経験の因果的再生と見なす。この古典的概念によると、想起とは、ちょうど川が水源地から水が絶えることなく流れることで生じているのと同様に、知覚経験からの因果的な連鎖を通じて生じるものであると理解できる。[*51] これによると、想起とは社会的要素――社会的状況や依拠する言語、想起者の社会的地位――とは無縁の、あるいはそれらが付随的にのみ関わるものと捉えられることになる。このとき、多重人格の病因論に依拠しこれに従って自身の幼時の性的虐待を想起する人々のことを、想起にとって付随的な社会的要素に影響されてしまっていると判断することができる。事実、ハッキングは意味論的感染のことを「内的に促された暗示」と呼んだ。[*52] セラピスト等から外的に促されたのでないにしても、概念的環境を通じて促されたという意味において暗示という表現が用いられているのだろう。この点からも、想起についてハッキングの採用した区別がその議論に歪みを生じさせているのを確認できる。

さらに別の問題もある。公的言説において児童性的虐待の概念が不在だった状況においてなされた行為について、この概念を用いて再記述することに対するハッキングの評価は、容認するというどちらかというと消極的なものだった。つまり状況が実質的に適用可能な仕方で組織されているのであれば、こうした記述は意図的行為の記述として真であり、責任を追及できるというものである。しかしここで個人的記憶と共同的記憶という区別から離れて考えるならば何がいえるだろうか。想起する者の置かれた社会的地位のためにその想起の語りが抑圧されてきた可能性を考慮に入れると、何が見えてくるだろうか。

第一に、この想起が被ってきた数々の認識上の不正義が見えてくるはずである。[*53] 想起内容はかつての家族において自身が女児として経験した被害だった。想起者がかつて家族において置かれていたこの従属的な社会的地位は、この経験の想起を強く抑圧してきたはずである。まず、行為のなされた時点において、年齢のためにこの行為を言い表す概念を知りえなかったかもしれない。その後、行為の意味がわかるようになったとしても、それを加害として理解させてくれる概念的資源は存在しなかったかもしれない。また、この行為を語り共有するような機会についても、この行為の否定的意味のために強く抑圧されてきただろう。さらに想起者の多くは不安定な生活に苛まれている脆弱な女性たちである。想起による告発は、それによって得られる利得に誘導されたものとして、信憑性を割り引かれて聞き取られてしまうかもしれない。[*54]

このように考えると、多重人格者の想起と告発の検討にとり、ハッキングの採用した個人的記憶と共同的記憶という区別のもつ問題がわかる。想起の実践において実際に何がどのように想起されるかは、経験と想起の主体がどのような社会的地位にあるのか、経験がなされまた想起がなされる状況においてどのような概念が入手可能であるのか、さらに想起を実践する場面がどのように組織されているのか、このような要素と切り離しがたく結びついている。想起の古典的な理解とは大きく異なり、想起の内容はこのモデルによると想起の主体に非本質的とされるようなさまざまな社会的要素とともに成立している。

しかしハッキングの採用した区別は想起と社会的諸要素とのこの結びつきを断ち、後者を多重人格者たちの想起と告発にとっての汚染源のごとく扱うことになった。結果、ハッキングは、かつてなされた行為をめぐる想起を阻んできた社会的な不正義を十分に考慮せず、むしろこの不正義にみずから荷担しかねない議論を展開することになってしまったのである。

第二に、以上の裏面ではあるが、想起の語りを可能にするための集合的な実践が想起に対するただの付随的な要素ではなく、むしろ不可欠な要素であることが見えてくるはずである。多重人格をもつ女性たちの想起には、民族の記憶と同様に集合的要素が含まれている。たとえば、これまでに個々人の中で抑圧されてきた経験のためにどのような場を用意し、そこで語ることと聞くことをどのように組織するのか。これらの経験をどのような概念のもとに一般化し、道徳的に評価するのか。そしてこれらの概念を通じ、どのように自身の生を含むこれまでの社会的世界を認識し直し、またこれに道徳的判断を行っていくのか。想起はこのような実践とともに、そしてこれを通じて成し遂げられるのである。

こう考えると、自助グループや精神療法の場を通じてなされてきた意識覚醒とも呼ばれてきた集合的実践が、とりわけ社会的に脆弱な地位に置かれた人々による経験の想起にとって欠かせない要素であることが見えてくる。これらの集合的実践を、想起に対して外側から影響する汚染源としてではなく、むしろ想起を成立させる本質的要素として積極的に評価する必要がある。このような場に参加して語り想起することは――この場に立ち会い語りに耳を傾けることとともに――従属としてではなくむしろ人間の認識的で道徳的な主体としての能力の発揮として考えられるべきなのである。

11　おわりに

以上において、ハッキングの議論に基づきながら、多重人格障害の概念を自己に帰属することがどのような実践となるのかを検討してきた。一言で述べるとそれは、家父長制の問題化と医学的知識が複雑に絡んだ文化的環境において、不安定な生に暮らす人々の精神療法や自助グループにおける想起の実践を通じ、過去から現在にまでいたる自己を取り巻く社会的世界を認知的にかつ道徳的に編み直す実践であるといえる。

簡単に振り返っておく。まず、診断概念はそれが用いられる文化的環境のあり方との間に連関関係をもっている。多重人格障害の概念については、そのおもな原因として指摘されていた児童性的虐待が大きな社会問題とされるような文化的環境を一種の生息環境とし、そのなかで広く浸透していった。また、診断概念はこれに対応した治療と支援のための方法論の考案を通じ、精神療法や自助グループのような社会的場面を成立させる。この社会的場面への参加を通じ、不安定な生を送るおもに女性たちがこの障害の原因として信じられている内容に依拠しながら自身の過去を語り直すことで、幼時の被虐待経験を想起することになった。

さらに、診断概念を自己に帰属することは、その原因をめぐる信念や知識に依拠することによって自身の状態をもたらせた原因の推測を可能にし、これを通じてこの状態をめぐる道徳的な推論をもたらせる。多重人格障害をめぐる想起では、この障害の病因論を資源として家族成員のかつての行為が障害の原因となる虐待行為として再記述され、結果としてその責任追及の動向をもたらした。しかし診断概念のような専門的概念はその使用権限が専門家と非専門家との間で非対称的に分配されている。これに基づくと、この概念を自己に適用する専門家ならざる人たちのあり方のうちに専門家への従属性と非自律性が見出されてしまうのも理解できる。それは人の言動のうちに別の人の言動の模倣を見て取るのと同様の論理によっている。そして虐待をめぐる想起をただの暗示の産物として受け取ってきた批判にしても、この論理と無関係ではないはずである。

じつはこの最後の点は、ハッキングの議論自体にも当てはまる。これをどう考えるべきか、本論を閉じるにあたり触れておきたい。

彼は、多重人格障害の概念に依拠した共同的想起の実践について、その想起の真実性を認めながらも、そこに暗示が介在するおそれのあることに懸念を寄せていた。この懸念は、記憶を個人的記憶と民族や国民の記憶のような共同的記憶とに分ける二分法によっていた。多分に無自覚に採用されたこの二分法によって多重人格障害の想起を捉えることで彼は、集団において共同で語り合う想起の実践的側面を暗示の源泉として否定的に評価することになった。

しかしながら、この実践こそが、社会的に脆弱な地位に置かれた人たちに、その経験を語り、聞くことを可能にしていた。それを通じてこの実践は、自身に対してかつてなされた行為を捉えるための適切な概念を探し、これを被害として捉え直すことをも可能にしていた。このため、この実践を暗示の温床と見てしまうことは、この想起の実践が抵抗しようとしている加害行為に対して間接的に加担してしまうことでもあると考えられる。それを避けるために必要なことの一つは、実践の細部を見ることである。共同的想起がどのように行われているのか、語ることと聞くこととをどのように組織しながら何が成し遂げられているのか、そしてこのような実践の共同性が想起内容に対してどれほどの大きな意義をもっているのか。この点をよく見ることが必要になる。[*55] 精神障害の概念による自己理解をめぐるハッキングの議論に対して、このような指摘ができるはずである。

私たちは自身の経験を語り想起する場をどのように組織してきたのだろうか。語ることと聞くことを組織するためにどのような具体的方法を用いてきたのだろうか。そのなかで生じた沈黙や言い淀み、そして実際に口にされた言葉は、立ち会う者たちがその経験を振り返る視点にどれほどの影響を及ぼしてきたのだろうか。実践としての想起がその細部に備えているこのような道徳的・倫理的な意義に対し、相応の注意を払う必要があるはずである。[*56]

第9章 「普通」を生き延びる

知的障害における自立／依存をめぐって

●渋谷　亮●

1　はじめに

ジョン・カサヴェテスが監督し、一九六三年に公開された映画『愛の奇跡』（原題：*A child is waiting*）は、知的障害の子どものための「訓練学校」を舞台としている。全寮制のその施設で、校長のクラーク博士は信念をもって障害児教育に取り組んでいる。映画は、新米の音楽教師ジーンが自閉症の少年と親しくなり、障害のある子どもといかに向き合うかを学ぶ、その過程を描きだす。

この映画を興味深いものにしている一つは、校長クラーク博士の人物像である。博士はあるとき、予算をめぐって政治家（あるいは役人）と対立し、どのくらいの数の子どもが「普通の生活（normal life）」を営むようになるのかと問われる。これに対して彼は、「普通とは何か」と問い返し、どの子にも等しく支援が必要だと主張する。しかし、博士も「普通」の呪縛から逃れているわけではない。子どもたちが「普通の生活」を取り戻すため、彼はルールを守らせ、言葉を教えようとする。ジーンに向かって博士は言う。「奪われた自由は二度と戻らないかも。規律を身につければ取り戻せる。他者と共に社会で生きられる」、と。

博士が目指すのは、結果だけを見るのではなく、個々の子どもを尊重し、彼らができることを少しでも増やすことである。しかし同時に博士にとっては、施設という「普通」ではない場所で、可能な限り「普通」を身につけさせるという矛盾に挑むことが、子どもたちが「他者と共に」生きるための唯一の道であった。このように彼は、「普通」をめぐる矛盾を体現する人物として描かれる。ここで思い起こす必要があるのは、映画が公開された一九六三年が、時代の変わり目であったことである。まさに博士が示す矛盾は、古びたものになろうとしていた。一九六〇年代から七〇年代にかけて、施設の存在意義が問われ、社会に出るために「普通」を身につけるのではなく、まずもって「普通」の環境を用意すべきだという考えが芽生えはじめる。

とはいえ、「普通とは何か」という博士の問いかけは、いまだに私たちにとって重要なものではないだろうか。現代社会では多様性が謳われ、私たちは必ずしも固定された「普通」を前提とするわけではない。「障害者差別解消法」が整備され、合理的配慮が強調されるなかで、私たちは多様な人と共にある社会へ向けて前進しようとしている。しかし、その一方で、ささいな逸脱や異常への関心が高まっている。人々の行動はたえずチェックされ、働きかけの対象となる。私たちは現代において、多様性が尊重されながら、同時に標準化を迫られるという新たな矛盾を生きようとしている。おそらく「普通」は形を変え、現代社会を生きる人々をいまなお呪縛している。

そうであるならば、「普通とは何か」をあらためて問うことにも意味があるだろう。それは、「正常（normal）」と「異常（abnormal）」の揺れ動く境界を問うことでもある。障害者運動や障害学はこれまで、普通とされているもの、また正常なものが、自然なものではなく、歴史的・政治的な構築物であることを明らかにしてきた。施設や制度、知能検査といった装置、医学や心理学の言説、メディアが生み出す表象、それらが折り重なって正常と異常を分かち、「普通」をつくり出していく。そのような「普通」は選別と排除の基準となり、人々が共に生きる場を奪い、とりわけ障害者たちの生存を脅かしてきたのである。

しかし「普通」は、たんに捨て去ればいいというわけではない。必要なのはおそらく、生存の脅威とならない「普通」とは何かを考えることである。本章では、正常と異常を分かつ近代社会のメカニズムを問うとともに、「普通」を生き延びることができるものに転換する方法を探っていく。とはいえ、「普通」という言葉はきわめて多義的で捉えがたい。そのため、どこから検討を始めるべきか、見定めることすら困難である。ここでは、『愛の奇跡』における「普通の生活」が、依存から脱し地域で労働する「自立」を意味することから出発しよう。「普通の生活」は、自立と密接に結びついてきた。むろん、「普通」と自立や依存との関係は一筋縄ではいかない。私たちはまず、知的障害に焦点を当て、自立と依存がいかに考えられるかを検討することから始めてみたい。

2　自立と依存の絡まり合い

近代社会において「普通」は、多かれ少なかれ自立を意味してきた。現在でも自立と社会参加は、目指すべき「普通」として論じられている。その一方で、依存はしばしば貶められ、異常や病理として扱われる。こうした自立と依存の捉え方は、知的障害者の歴史的位置づけとも関わっている。哲学者マーサ・ヌスバウムは、西洋社会に根づいた「能力のある自立した成人としての市民」という神話」が、「正常な人」とそうでない人を分割し、知的障害を含む認知障害の人々にスティグマを与えてきたと指摘している。[*1] 理性的で自立した個人が近代社会の範型であり、知的障害はそこからの逸脱と見なされてきたのだといえよう。

だが、自立を正常に、依存を異常に振り分ける理解は、いささか単純すぎるようにも思われる。障害に関わる自立の概念は、身辺自立、経済的自立、自己決定としての自立など、さまざまな意味を含んでいる。こうした意味連関の内で、自立と依存は対立するのではなく、絡まり合うものとして把握されてきたのではないだろうか。おそらく近代社会の正常は、自立と依存の絡まり合いが歴史的・政治的に配分されることで成立してきたと考えることができる。だとすれば、自立と依存が「普通」と結びつく、その複雑な様相を検討する必要がある。以下では、こうした観点から知的障害者処遇の歴史を概観していく。

●知的障害における自立と依存

ナンシー・フレイザーとリンダ・ゴードンの論考「依存の系譜学」によれば、産業化以前において「依存」は、神や主人との従属関係を意味し、必ずしも異常や逸脱とは見なされていなかった。「自立」の概念も独立した国家や教会に用いられ、「自立性（independency）」は「働かずして暮らせるだけの資産の所有」を意味していた。しかし産業化とともに、自立が賃労働への従事を指すようになり、貧者や奴隷、主婦などは依存する者として周縁化されていったという。[*2]

それでは知的障害における自立と依存はどのように捉えられてきたのだろうか。知的障害はもともと一九世紀までさまざまな名称で呼ばれ、思考を欠いた治療不可能な状態として把握されていた。また、その規定はしばしば曖昧なものであった。だが、依存者が周縁化される一九世紀を通じて、精神医学や教育の領域で「白痴（idiocy）」への関心が高まり、より詳細に規定されていく。[*3] その際、白痴は依存とのみ結びつけられてきたわけではない。そのことは自立と依存が、フレイザーとゴードンが示す以上に複雑に絡まり合い、知的障害を規定してきたことを示している。ここでは、ジェームス・トレントの歴史研究などを参照し、知的障害における自立と依存の絡まり合いを検討する。

しばしば論じられるように、白痴は一九世紀前半のフランスにおいて、精神科医のジャン・エティエンヌ・エスキロールらによって精神疾患から区別され、教育不可能な発達の不在として把握された。さらに一八四〇年前後に、エドゥアール・セガンが白痴を一定の発達の遅れとして捉え直し、その教育方法を確立していく。セガンにとって白痴児は、神経系の欠陥によって感覚を統御する意志が未発達であり、その結果、衝動に支配され、世界から切り離された子どもであった。とはいえ、それは病や狂気ではなく、神経系と意志の不調和にすぎない。それゆえ、感覚への働きかけや体操による筋肉の組織化、さらに日課や習慣づけによって一定の発達を見せるとされた。このように白痴の子どもを発達の程度から判断し、訓練や教育によって活動・知性・意志を結びつけ、人間性の回復を目指すべきとされたのである。[*4]

セガンの試みは、とりわけアメリカにおいて白痴学校の設立を活性化する契機となった。当初、セガンの方法に従って適切な訓練や教育を行えば、完全な自立が難しいとしても、一定の管理と指導のもとで労働に従事させ、コミュニティに返すことが可能と考えられていた。しかし、生徒数の増加や経済状況の不安定化とともに、教育の限界が強く意識され、白痴学校は知的障害者を保護収容する施設へと転換されていく。[*5] トレントは、南北戦争後、施設の対象者が子ども以外にも拡大され、メンバーの呼称も生徒ではなく「収容者」へ変化したと指摘している。[*6] だが、それでも知的障害者の自立が完全に否定されたわけではなかった。

トレントらが詳細に論じているように、一九世紀末に施設は大規模化し、障害者を、食料の生産、裁縫、清掃、重度障害者の世話などのさまざまな労働に従事させる慣行が広がっていった。その頃には、白痴よりも「精神薄弱（feeble mind）」という言葉が用いられたようである。こうしたなかで知的障害者は、施設の外で自立できないとしても、適切な教育と環境によって施設内では身辺自立し、労働できるとされた。障害の分類も、いかなる労働が可能かという観点からなされ、施設内労働に合わせて訓練や教育が課せられた。コネチカット州の施設長ジョージ・ナイトは、軽度の障害者であれば「施設規模が大きくて、彼らのできる作業を施設内に見つけてやれば、自立すること（self-supporting）ができる」と述べている。[*7]

施設の大規模化を推し進めた施設長たちにとって、施設は各人が能力に応じて働くユートピア的側面をさえ有していた。歴史家のピーター・タイオワとリーランド・ベルは、ペンシルベニア州の施設長アイザック・カーリンの印象的な言葉を引いている。

ここかしこに、国中には、心や体がゆがんで、矯正できない者から構成される「愚者の楽園」があって、彼ら自身はもっと重度な人々の援助に真に貢献するであろう。それは、すべての者が満足して生活する避難所である。[*8]

施設は外の世界とは異なり、各自がそれぞれの仕方で自立し、助け合う独自の世界であり、そこには固有の「普通」が存在していたのである。

とはいえそれが、知的障害者を異常とするまなざしと表裏一体だったことも忘れるべきではない。

知的障害者は、施設の外では過度な依存によって家庭を混乱させ、社会の重荷になると考えられていた。それどころか専門家たちは、彼らが容易にアルコール依存に陥り、面倒をみることができない子どもをつくることで、社会を危険に晒すと主張した。たとえば、カーリンは一八八〇年代に「道徳的痴愚(moral imbecile)」というカテゴリーを強調し、精神薄弱を道徳的欠陥に結びつけ、精神薄弱が売春や犯罪の原因になると訴えている。[*9] さらに一九一〇年代には、優生学的な観点から知的障害の境界領域にある「魯鈍(moron)」の危険性が論じられた。

このように知的障害者は、一方で特定の環境内で一定の自立が可能であるとされ、他方で過度な依存によって社会を危険に晒すとされた。そこには自立と依存の両義的な絡まり合いを見出すことができる。この両義性をいかに考えればよいのだろうか。ここで参照したいのが、哲学者ミシェル・フーコーによる「正常化=規範化」をめぐる議論である。フーコーは、多様な異常を種別化する権力という観点から、近代社会を捉えようとした。それは、知的障害における自立と依存の絡まり合いを説明する手がかりとなるはずである。

●「正常化=規範化」の権力

一九七〇年代前半のフーコーの関心は、規律権力の機能と射程を明らかにし、新たな権力理論を打ち立てることにあった。規律権力は、監視、検査、調教などによって身体を個別化し、内側から管理する近代社会の権力である。とりわけ一九七三年頃から問題化されるのが、規律権力における「正常化＝規範化（normalisation）」のプロセスであった。[*10] 一九七三年のコレージュ・ド・フランス講義『処罰社会』は、規律権力の浸透とともに「正常化＝規範化の言説」が登場したことを確認して締めくくられる。フーコーによれば、それは、「監視をして、規範を述べ、正常なものと異常なものを分割し、評価をつけ、裁きを行い、決定を下す人物の言説」であり、すなわち教師、裁判官、医師、精神科医らによる「人間科学」の言説である。[*11] こうして彼は、「人間科学」という新たな知が正常と異常を分かち、一定の規範のもとで人々を種別化するという見取り図を提示する。

さらに翌年の講義『精神医学の権力』において、フーコーは講義の一回分を費やしてセガンを取り上げ、知的障害が発達の「異常」として発見されたことを強調する。フーコーによればセガンは、発達の有無から知的障害を捉えるエスキロールらとは異なり、発達を時間的な広がりのあるものとして把握し、その力動性を問題化した。これによって知的障害は、第一に大人という終着点との関係で、第二に他の子どもたちとの関係で測られるようになる。[*12] このような二重の基準のもとで発達は正常を測る「規範」として位置づけられ、白痴の子どもは、病ではなく、「異常な子ども」となっていった。[*13]

フーコーが示そうとするのは、人間科学という近代的知が、正常から異常へ向かう連続体を設立し、「異常者」の領野を産出してきたことである。この主題は、一九七五年の講義『異常者たち』において正面から取り組まれる。そこでフーコーは、司法と医学の間で機能する「正常化＝規範化の権力」を問題化し、法を侵犯し転覆さえする「怪物」が、いかにしてささいな逸脱を示す「異常者」の形象へと練り上げられてきたかを検討する。フーコーによれば、一九世紀に精神医学が、本能と行動の自動性を扱う技術として発展し、性本能の逸脱や小児性の残存を異常の印として把握していく。そこから、倒錯や小児性を特徴とする異常者たちの一群が形成され、社会に対する危険と見なされたのである。[*14]

フーコーの言う「正常化＝規範化」の権力は、正常と異常を分割するだけでなく、本能と行動の曖昧な逸脱を精査し、多様な異常を種別化するものだといえる。それは、異質なものを外部に放逐することなく、正常と異常の連続体において差異化し、階層秩序化する。そこにおいて異常者は、社会の内なる敵として特異な両義性を担わされる。すなわち、規範のもとで測られる限りで秩序に包摂されるとともに、危険な存在として警戒される。また教育や矯正の対象となりながらも、完全に従順になることはない。このように「正常化＝規範化」の権力は、異常者を内と外の両義的な存在として産出するのである。

フーコーの議論が示唆するのは、こうした両義性において、自立と依存も連続し揺れ動くものとして位置づけられてきたことである。すなわち、「正常化＝規範化」の権力は、配分し管理すべきものとして自立と依存の絡まり合いを生み出し、絶えざる介入の拠点にしてきたのだといえよう。知的障害はこうした権力作用において、結節点の一つであったと考えることができる。実際フーコーは、知的「異常者」の系譜を辿るなかで、知的障害を含む種々の障害が「矯正すべき」異常として着目されてきたことに言及している。[*15]

知的障害者は、一方で教育と訓練の対象となり、他方で危険な存在として保護収容されてきた。その両義性は、知的障害が「正常化＝規範化」の権力のもとで、本能や行動の倒錯と幼児性を示すものとして、自立と依存の揺れ動きに位置づけられてきたからに他ならない。知的障害者は、通常の仕方では自立しえず、かといって自立が不可能なわけでもない、特別な環境の内でたえず管理されるべき「異常者」とされたのである。

こうした状況は二〇世紀初頭以来、「社会適応」が強調され、特殊学級などの施設外の教育が整備されるようになっても、大きく変わることはなかった。むしろ、知能検査の普及、児童相談所の設立、特殊教育体制の整備などによって、「正常化＝規範化」の装置はますます精緻化され、多様でささいな逸脱に焦点があてられていく。人々は正常から異常への勾配に位置づけられ、医師や教師たちによる管理のネットワークが張りめぐらされていったのである。しかし、一九六〇、七〇年代以降、知的障害における自立と依存は新たな局面を迎えていったように思われる。次節ではその変容を、ノーマライゼーションを中心に検討したい。

3 「普通」の変容

第二次世界大戦後、「精神薄弱」に代わって、「精神遅滞（mental retardation）」などの言葉が用いられるようになる。知的障害の捉え方も変わりつつあった。とりわけ保護者たちが「全米遅滞児協会」を設立し、知的障害者を愛情や配慮の対象として考えるべきだと主張していった。[*16] 一九六〇年代には、アーヴィング・ゴフマンやバートン・ブラットらが施設批判を展開し、さらなる変化が訪れる。多くの障害者たちが暮らしてきた施設はいまや、人間性を貶めるものとして人々の目に映りはじめていた。

こうしたなか、北欧で展開されていた「ノーマライゼーション（normalizattion）[*17]」を捉え直し、障害者福祉を方向づけたのがヴォルフ・ヴォルフェンスベルガーである。彼は一九六〇年代末に知的障害者の寄宿制サービスに関する報告書をまとめ、その後、北米におけるノーマライゼーション運動をけん引していく。ヴォルフェンスベルガーについては、批判を含めてさまざまに論じられてきた。[*18] だが、ここで注目したいのは、彼の議論が知的障害者を管理する新たな原理を提唱するものだということである。これによって彼は「普通」を再規定し、知的障害における自立と依存の布置を再編成していったのだといえよう。

●ノーマライゼーション

北欧のノーマライゼーションは、知的障害者に通常の生活パターンを提供し、「普通」の環境を用意すべきと主張するものであった。これに対してヴォルフェンスベルガーは、ゴフマンの相互行為論などの影響のもと、ノーマライゼーションを脱施設化と結びつけていく。その試みは、以後の障害理解に大きな影響を及ぼす。それでは彼にとって「普通」とはいかなるものだったのか。代表作『対人サービスにおけるノーマライゼーションの原理』（一九七二年）を中心に検討しよう。[*19]

ヴォルフェンスベルガーはこの著作の第二章で、「精神遅滞者」に対するまなざしと扱いが、時代や地域によって変化してきたことを確認している。精神遅滞者はあるときには「疑似人間」とされ、人間以下の対応を受けてきた。またあるときには「恐怖の対象」として隔離され、別のときには「永遠の子ども」として保護のもとに置かれてきた。[*20] 彼は、こうした取り扱いがいずれも、文化的イデオロギーに根差すものだと指摘する。そのうえで、逸脱とされる行動を、周囲の人や環境との相互行為の帰結として把握していく。すなわち、周囲のまなざしや取り扱いこそが、個々人を障害者の「役割」にはめ込み、逸脱的行動をもたらすというのである。

こうしてヴォルフェンスベルガーは、従来の処遇が知的障害者をスティグマ化してきたことを批判し、独自のノーマライゼーション原理を打ち立てる。それは、障害のある者が可能な限り「文化的に規範となっている（normative）行動や特徴」を維持し確立できるように、「文化的に規範となっている手段」を用いなければならないというものである。[*21] 換言すれば、障害者は「普通」の行動や特徴を維持すべきであり、そのために「普通」の環境や手段が提供されるべきなのである。

ここで重要なのは、ヴォルフェンスベルガーがノーマライゼーションのために管理しようとするのが、障害者の行動自体というより、周囲の人々のまなざしや取り扱いであることだ。そうした管理は、おもに環境への働きかけによってなされる。まず、環境における外観を徹底的に操作すべきだとされる。障害者が使用する建物の見た目は他と違っていてはならないし、障害者の呼び名もスティグマ化するものであってはならない。次に人々の分布を操作する必要があるとされる。つまり、障害者を一カ所に集中させるのではなく、地域において分散させなければならないし、世話をする者も何らかの逸脱者であってはならない。[*22]

このようなヴォルフェンスベルガーの議論は、二つの点で従来の施設的管理を転換するものだといえる。第一に、環境を管理し、「普通」な状態を維持することが、適切な振る舞いを促す最適な方法と考えられていることである。過度な矯正や訓練は不要であり、行動のチェックは相互作用の中で自動的になされる。第二に、環境管理は施設外でもなされるべきだとされる。行政やソーシャルワーカーは、施設外における環境管理のもとで「普通」を維持する役割を担う。

それでは、ヴォルフェンスベルガーにとって「普通」とはいかなるものか。彼は、みずからの言う「規範となっている」が、「統計的な意味」であり、「標準的」であることに等しいと述べている。[*23]とはいえ、そこで言われる標準は、もはや自然に存在するものでも固定されたものでもない。むしろ慎重な管理のもとでつくり出され、維持されるある種の秩序を意味している。ここにおいて脱施設化という標語は、秩序維持の原理へと転換される。脱施設化とはたんに施設をなくすというより、施設外の環境と人口分布の操作によって異常を分散管理することで、秩序としての「普通」をつくり出すことであり、それが障害者福祉の新たな役割となるのだ。

こうした議論において自立と依存は、個人の特性ではなく、環境次第で変化する見え方にすぎない。むしろすべての人は相互作用の影響下にあり、その意味で半ば依存的である。前節で見たように、一九世紀後半以降の施設長たちにとってすでに、知的障害における自立と依存は絡まり合い、施設内の環境操作を通じて管理可能と考えられていた。ヴォルフェンスベルガーのノーマライゼーションは、隠されたこの前提を白日のもとに晒し、障害者だけでなく施設外のあらゆる人へ拡張したものだといえる。そこでは、誰もが潜在的には、管理すべき「異常者」となる。

この文脈で興味深いのは、彼が、徹底した教育の「特殊化」によって、ノーマライゼーションの原理に沿った統合教育が実現できると論じていることである。

> 喜ばしいことだが、将来において障害児の統合教育はよりすばらしいものになり、より実現しやすいものになるだろう。なぜなら、融通のきかない教授法から教授学習プロセスの個別化が進むにつれて、すべての教育が特殊教育になっていくからである。（中略）すべての教育が特殊化すれば、今あるような学年と学年別集団は消えてなくなり、統合が今日引き起こしているような問題も存在しなくなるだろう。[*24]

ここに示されているように、ノーマライゼーションが最終的に目指すのは、障害児と健常児の双方に対して、個別化された環境管理を徹底することである。そこでは、すべての子どもが潜在的に異常であり、逆説的にも「特殊化」によってのみ「普通」が維持される。こうした考えは、ヴォルフェンスベルガー個人を超えて、その後の障害者福祉や障害児教育の基本的枠組みを形成していったように思われる。

●インクルージョンと新自由主義的な統治

一九八〇年代の通常教育主導政策、一九九四年のサマランカ宣言、そして現在各国で展開されているインクルージョンやインクルーシブ教育は、障害と健常を区別することなく、誰もが多様なニーズを有するという考えを推し進めている。[*25] それは、ノーマライゼーションの根幹にある発想を、それぞれに実現するものだといえよう。とはいえ、そこには大きな違いもある。ヴォルフェンスベルガーにとって、環境管理を行い「普通」を維持するのは、行政、ソーシャルワーカーなどの「管理者」であった。だが現代のインクルージョンでは、あらゆる人が自己と環境の管理をみずから行うという課題に直面しているのではないだろうか。

マールテン・シモンズとジャン・マッシェラインはフーコーの統治性をめぐる議論を参照し、一九八〇・九〇年代以降のインクルージョンやインクルーシブ教育を、新自由主義的な統治という観点から捉え直している。彼らによれば、インクルージョンの理念において、すべての人が多様なニーズをもつ「企業家」として把握される。そこでは障害者も健常者も、みずからのニーズを満たすために、「合意や契約に達するプロセスに参加し、コミュニケーションを行うためのスキルをもち、問題解決ができる」ことが求められる。[*26] すなわち、誰もがみずからの特性や欠点を自覚し、自己の能力を開発することで、有益なつながりをつくり続けなければならないのである。

このような状況において、学校は脱規範化され、すべての教育は個別のニーズに合わせてまさに「特殊化」されていく。シモンズとマッシェラインは、インクルーシブ教育の推進者たちが、学校を規範的な制度というより、多様なニーズに合わせた「フレキシブルな事業」として再定義すると指摘している。[*27] こうして学校は個々の子どもに即した能力開発のための空間となる。とはいえそれは、子どもが人的資本として把握され、学校が諸能力の競争の場になることを意味している。子どもたちはそこで、みずからのささいな逸脱に気を配り、変化し続ける「普通」を見定め、自己と環境を管理しながら、多様なスキルを競わなければならない。[*28]

ここでは自立とは、労働することでも依存しないことでもない。依存は不可避である。誰もがニーズを満たすため、他者に依存する必要がある。しかし、依存がそのままで認められるわけではない。むしろ、みずからの依存を意識し、マネジメントしながら、それを有益なものへと変えることが求められる。依存のマネジメントこそが自立となる。その意味で自立は、依存と密接に結びついたプロセスとなり、人々はいっそう自立へと追い立てられていく。そして、みずからの依存をマネジメントできない者は、見えない仕方で排除されるのである。

このように見てくるならば、「正常化＝規範化」の権力が現代社会において、いかに組み直されてきたかが理解できるだろう。いまや「正常化＝規範化」の権力は施設の内と外の区分を超えて全面化し、多様な逸脱を種別化しながら、ますます融通無碍に機能している。そこでは、すべての人がみずからの潜在的な異常性を認識し、自己と環境を管理しながら、集団の中でつかの間の「普通」を維持するよう迫られている。こうして多様性が促進されるとともに、標準化が推し進められる。それはたしかに、障害と健常の区別なく人々を包摂する社会を目指しているように見える。しかし、そこに見出されるのは、かつて以上に捉えどころがないまま、生存を脅かす「普通」ではないだろうか。だが、それも出口のない袋小路ではない。フーコーが複雑な権力の機制を執拗に分析したのは、現在とは異なる仕方で考える道筋を開き、対抗的なものの位相を見定めるためであった。それではいかにして、「正常化＝規範化」の権力への対抗的イマジネーションを形成できるのか。私たちは以下で、正常と異常という基本概念を再検討することで、そのための糸口を探っていく。

4　正常と異常——G・カンギレムとM・フーコー

フーコーは「正常化＝規範化」の権力を論じる際、科学哲学者ジョルジュ・カンギレムの正常をめぐる議論を参照していた。*29 フーコーに多大な影響を与えたカンギレムは、一九四三年に医学博士論文「正常と病理に関するいくつかの問題についての試論」（以下「試論」）を提出し、その二〇年後に新たな論考を加え『正常と病理』として出版する。そこで彼は、正常概念の多義性を解きほぐし、正常とは何かを示そうとする。その考察は、「普通」を生存可能なものとして捉え直す土台を提供してくれるだろう。カンギレムの議論を見ていこう。

●平均と規範

カンギレムは「試論」において、「正常な（normal）」という概念が、医学や生理学の中でいかに扱われてきたかを批判的に検討する。カンギレムによれば、一九世紀にオーギュスト・コントやクロード・ベルナールが、正常を量的に把握し、病理的な状態と連続的なものとして捉えようとした。また、正常はしばしば統計的な平均として位置づけられ、測定や実験を通じて客観的に得られるものだとされてきた。このような歴史を踏まえたうえでカンギレムは、これらの考えが一面的でしかないことを示そうとする。

イアン・ハッキングや重田園江がカンギレムを参照して論じるように、正常を量的に把握し、平均として捉える見方は、歴史的に形成されてきたものである。ハッキングによれば、一八世紀末以降、さまざまな事象を計測する試みが展開され、「印刷された数字の洪水」が生み出された。やがてそれらの数字に規則性が見出され、そこに法則と原因があるという信念が形成される。とりわけアドルフ・ケトレは一九世紀半ばに、胸囲、身長などの平均（正規分布の中央値）を、人々を代表する「平均人」という理念を示すものとして把握し、平均をあるべき規範として解釈していった。[*30]

こうした試みは、一九世紀末以降、フランシス・ゴルトンやアルフレッド・ビネの試みへと帰着する。ゴルトンは正規分布の両端に着目し、平均からの偏差を基準に個人差を位置づける方法を練り上げた。ビネも同様の発想から知能検査を考案している。[*31] こうして一九世紀を通じて、平均としての正常が前提となり、正常と異常を評定する論理と装置が形成されたのだといえよう。

カンギレムが「試論」で試みるのは、このような統計的な平均とは異なる正常のもう一つの意味を、価値や判断に関わるものとして示すことである。それは、量的に把握された正常ではなく、生命自体に内在する「生物学的規範」に基づく正常である。彼は、「生物学的正常さを統計的現実の概念ではなく、価値の概念にするのは、医学的判断ではなくて、生物それ自体である」と述べている。[*32]カンギレムによれば、生物は内的な規範（norm）を有し、それに沿って無意識裡に環境を判断し、価値づけ、秩序化していく。曰く、「生きることは、アメーバにおいてさえ、選ぶことであり、また拒否することである」[*33]。すなわち、生きることは「規範活動」であり、そこにおいて個体と環境の調和として示されるのが生物学的正常である。

これに対して病理的な異常とは、形態や機能の変異によって、生物と環境の間に生み出される断裂である。カンギレムはそれを、客観に還元しえないものとして把握する。生物と環境の不調和は、既存の規範を乱すことで個体の内で苦しみや不快として感知され、異常となる。カンギレムによれば、このような異常は新たな規範の設立の出発点となる。最初に規範の侵害があり、苦しみが経験され、そこから生物は新たな規範をつくり出すのである。ここでいう規範の設立とは、生物が生存のために自己と環境を改変することである。手塚博は、フーコーとカンギレムを検討する論考で、それを「知覚世界の分節化」と「環境世界の構造化」として説明している。[*34]すなわち生物は、知覚を変容させ環境をつくり変えることで、異常に直面しながらも生き延び、正常を実現していくのだといえる。

こうしたカンギレムの議論は、「普通（正常）」を量や平均から切り離し、環境との関わりにおいて捉えることを可能にする。カンギレム自身が、障害や突然変異の例を挙げて説明するように、異常が生じたとしても、生物は新たな規範を設立し、環境との調整を試みるのであり、それが成功する限りで障害も変異も正常であり、「普通」なものとなる。[*35] ここでは「普通」とは、個体がみずからの主観をもとに、生き延びるためにつくり出す環境との調和である。

とはいえ注意すべきは、森下直貴が指摘するように、カンギレムの議論が、「新たな状況のなかで柔軟かつ不断に」規範を創設する個体の「強さ」を称揚するように見えることだ。[*36] カンギレムにとって健康とは、「一定の場面で正常であるということだけでなく、その場面でも、また偶然出会う別の場面でも規範的である」[*37] ことを意味する。すなわち健康であるためには、たえず能動的かつ柔軟に自己と世界を変革し調和をつくり出さなければならない。逆に、能動性と柔軟性を欠くならば、特定の場面で正常であっても、病理的だといわれる。このような健康と病理の規定は、状況に合わせて自己と環境を管理し、「普通」の維持を求める新自由主義的な発想と重なるものではないだろうか。

ここで見落とされているのはおそらく、人間が多様な仕方で依存していることである。たしかにカンギレムは、生物と環境の調整を問題とし、個体の環境への依存を考慮している。だが、少なくとも「試論」は、個体の力能に着目し、自律的な規範の創設を称揚する限りで、生命論的な自立の哲学を標榜しているように思われる。そこでは、適応力を失い、依存せざるをえない状態をいかに捉え直すべきかは明確ではない。しかし、依存のマネジメントを促す新自由主義的な統治に対抗するのであれば、生命の内的規範とともに生命の依存性を考慮する必要があるだろう。そのために思い起こすべきは、フーコーがカンギレムの議論を延長し、生物学的規範に留まらず、生物と社会の交差する地点において「正常化＝規範化」の権力を問題にしたことである。

●可能なものとしての規範

手塚が論じているように、カンギレムは『正常と病理』の新たな論考において、生命に内在する生物学的規範と社会的規範を区別している。手塚によれば、人間は個々人ではどうにもならない環境を「歴史共同性」と社会的諸技術によって改変する。そのなかであるべき規範を定め異常を管理するための社会的規範が形成されていく。[*38] カンギレムは、こうした規範化の諸技術が一八、一九世紀を通じて、医療、教育、産業などの領域で発展したと見なしている。[*39] このプロセスを通じて正常は、統計的な平均に結びついていったと考えることができる。

これに対してフーコーは社会的規範を、生物学的規範に根差しながら、その力を屈曲させるものとして把握し、種々の異常を産出する権力として捉え直す。このことが含意するのは、第一に、「正常化＝規範化」の権力において、集団的な規範の設立が問題となることである。第二に、「正常化＝規範化」の権力は、歴史的・論争的なものであり、その内に社会と生命、専門家と異常者などの対立を含み込んでいることである。すなわちフーコーは規範の設立を、集団的かつ論争的なものとして解読していく。

このような観点から眺めるとき、カンギレムの議論は「正常化＝規範化」の権力への対抗軸を示すものとなる。カンギレムは、「それ自体正常な事実、またはそれ自体病理的な事実は存在しない。異常や突然変異が、それ自体で病理的なのではない。それらは生命について別の可能な規範である」と述べていた。[*40] 田中祐理子は、この一節をフーコーの異常者をめぐる議論と結びつけ、「異常者」とは「他にも可能な数々の規範」であり、「拒絶されたもうひとつの規範」であると論じる。[*41] すなわち、「正常化＝規範化」の権力が産出する異常者たちは、権力の内側において新たな規範の可能性をわずかに指し示すのである。

むろん、この新たな規範は、可能性に留まり、個々人が自立的に創設できるものではない。しかし、自立ではなく依存に基づいて共同的なプロセスを展開するならば、異常性の内に示される規範は徐々に現実化されるのではないだろうか。これまで検討してきたように、「正常化＝規範化」の権力は、二〇世紀前半に至るまで、依存を自立との絡まり合いにおいて管理してきた。現代社会では、個々人が依存をマネジメントすることが求められる。だが、依存は個人のみで管理できるものではありえない。そこで重要なのは、依存を承認し、共有していくことであろう。それは、「正常化＝規範化」の権力が異常として名指すものの内に新たな規範の可能性を見出し、これを現実化する対抗的プロセスとなるはずである。

ここで私たちは、こうした試みの具体的事例を哲学者エヴァ・フェダー・キテイの議論に探ってみたい。彼女は、重度の知的障害がある娘の母として、依存を人間の本質と見なし、みずからと娘が生き延びることのできる社会のあり方を検討する。それは、依存を軸としながら、新たな規範を共同的に設立するプロセスを体現している。

5 「普通」をつくる――E・F・キテイ

キテイは、娘のセーシャが生まれて六カ月のとき、娘に重度の知的障害があることを告げられた。セーシャには発語がなく、脳性まひと重度の知的障害がある。キテイは書く。「彼女は非常に脆弱だった」[*42]。セーシャは生の可能性を制限され、規範を常にみずから設立できるわけではない。キテイは、娘と共に生き延びるために、依存やケアついて考察する。そこで彼女が目指すのは、依存に基づく共同性において「普通」を生存可能なものに転換することだといえよう。以下では、『愛の労働あるいは依存とケアの正義論』(一九九九年、以下『愛の労働』)と『娘から学ぶ』(二〇一九年)を参照し、依存に基づく共同性とはいかなるものか、そしてどのように「普通」を捉え直すことができるかを考察していく[*43]。

●依存に基づく共同性

キテイは『娘から学ぶ』において、依存が人間の普遍的な条件であり、自立は一つの神話にすぎないと指摘したうえで、依存が関係をつくり出すことに焦点をあてる。依存する者はみずからのニーズを満たすために誰かを必要とし、またケアする者も多くの場合、他の誰かによる支援や資源の提供を必要とする。このように依存は複層的な関係を生み出していく。キテイは、心理学者のキャロル・ギリガンを参照して述べる。「依存は他者を必要とする。その点で依存は孤立と対照的である」、と。[*44] たとえば、セーシャは無数の繊細なケアを必要とする。キテイは夫と協力するだけでなく、長年の介護者としてペギーを雇っている。それでも、必要なケアは抱えきれないほどとなり、さまざまな人に頼らなければならない。キテイは、「子どもを育てるには一つの村がいる」という格言を引いている。[*45] こうして、セーシャの周囲に依存を軸としたケアのコミュニティができあがっていくのである。

たしかに依存する者と支援する者の関係は、非対称的であるがゆえに、抑圧的な関係に陥る可能性をもつ。だが、その関係を適切に発展させるなら、依存はそれ自体で価値を有するとキテイは言う。その際に彼女が強調するのは、依存を受け入れ、「マネジメント」することである。[*46] だがそれは、個々人がみずからの依存を管理し、活用することを意味するわけではない。セーシャのような人にとって、依存の自己管理は困難である。むしろ重要なのは、管理しえない依存を共有し、関係を拡大させることだといえよう。

この点について、『愛の労働』は具体的な事例を提供している。それは、赤子をケアする人を他の誰かがケアするという「ドゥーラ」の実践である。[*47] そこでは、ケアされたら今度は別の人をケアする、あるいはケアしている人を別の誰かがケアするといった形で、依存とケアが、贈与と返礼の連鎖を通じて不均等に循環する。その結果、個人の交換的やりとりを超えて、ジグザグ状の関係が形成される。こうして依存に基づく共同性がつくられるとともに、依存が共同的にマネジメントされるのである。

こうした共同性は、新自由主義的な枠組みを超えるものだといえる。シモンズとマッシェラインは、新自由主義におけるコミュニティが、企業家たちの「一時的な集合」であると指摘していた。[*48] 彼らは、哲学者ロベルト・エスポジトを参照し、その特質を「免疫化（im-munization）」という概念で論じている。エスポジトによれば、コミュニティの語源は、ラテン語のムヌス（義務や贈与）を共にすることである。これに対して免疫化とは、ムヌスから自由になることを意味する。そこからシモンズとマッシェラインは次のように述べる。「免疫化が含んでいるのは、私たちが共有し、互いに負っているものを定義し、すべての社会関係を透明なルール、規範、契約、合意に変容させ、すべての責務を、経済的で、計算可能な交換と見なすことである[*49]」。

免疫化は、あらゆる社会関係を透明な交換の原理に基づくものへと還元する。しかし依存に基づく共同性は、ケアの贈与と返礼を通じて、開かれた不均等な関係性をつくり出していく。それはむしろ、拡張された共感のもとで、計算に還元できない協働や交換を展開するものといえよう。そこにおいて過剰な免疫化に陥ることなく、依存を共有できるのである。

●包容力のある「普通」

キテイにとって、依存のもとで関係を拡大することは、正常と異常の区分を捉え直すことでもある。それでは彼女は「普通」をいかに考えるのだろうか。キテイは『娘から学ぶ』の第二章で「普通（normal）」を主題とし、私たちは誰もが「普通」であることを望むと述べる。それは私たちが、周囲の人たちによって「コミュニティの一員として、すなわち「私たちの内の一人」として受け入れられる」ことを望むからである。[*50] さらに彼女は、個々人が固有性をもつ存在として尊重されるには、まず受け入れられる必要があると指摘する。キテイによれば、「普通」とは、個人の固有性と対立するものではない。むしろ「普通」という背景のもとではじめて、固有性が知覚され、認められる。その意味で、「普通」と固有性は弁証法的関係にある。

とはいえそれは、医学やメディアなどが示す平均や「普通」に従うことを意味しない。それらは、種々の逸脱を人々に割り当てる「正常化＝規範化」の装置に他ならない。「正常化＝規範化」の権力が多様な異常を産出するのだとすれば、キテイは「普通」の幅を広げようとする。彼女にとって重要なのは、「個人を抑圧・排除し、個人の開花を禁じるような、抑制的な既存の規範に挑戦する」とともに、「より包容力のある（capacious）普通」をつくり出すことである。[*51] キテイは言う。「異常とされている人たちは、一定の共通点から出発して、普通を再定義し取り戻すために、またみずからの正常性（normalcy）の感覚をつくり出すために、そして受容し支援を与えてくれる人たちを探し出すために、動き出すのである」。[*52]

ここでキテイが論じていることは、まさにカンギレムの言う規範の設立である。とはいえそれは、個々人が能動的に自己と環境を改変するというものではない。問題となるのは、「異常とされている者」が新たな規範の可能性を示し、依存的な関係を通じて周囲の人々と共に環境を変える、そのような共同的プロセスである。たとえば、キテイや支援者は、セーシャと関わるなかで、依存を共有し、みずからの感覚や知覚を変化させ、彼女を「普通」な人として見ることを学ぶ。こうして新しい「普通」が依存を通じて形成されるのである。

セーシャを「普通」の人間として見ることはおそらく、セーシャの視点で見ることを含んでいる。キテイは、長年の介護者ペギーがセーシャと出会った最初の頃のエピソードを紹介している。ペギーは、早期介入プログラムをセーシャに受けさせて疲れ果て、公園のベンチに腰かけて途方に暮れていたという。セーシャをどうすればよいのか、この仕事を続けられるのかなど、さまざまな迷いが頭をよぎる。そのときペギーは、セーシャが何をしているのかに気がつくのだ。ペギーは次のように語る。

彼女は一枚の葉っぱが落ちていくのを見つけて、その落下の様子を追っていたのよ。私はこう言ったわ。「私の先生になってくれてありがとう、セーシャ。いまわかった。わたしのやり方じゃなくて、あなたのやり方でやればいい。ゆっくりとね」ってね。[*53]

ペギーのやり方とセーシャのやり方は異なり、彼女たちはお互いを理解することもままならない。だがこのとき、ペギーの視点はセーシャの視点とわずかに交差する。そこにおいて、もう一つの可能な規範が密かに示される。その可能性のもとで、ペギーはセーシャを「普通」の人としてまなざし、みずからの知覚を変更することで、セーシャの「やり方」を「普通」のものとして受け入れるのである。

こうしてつくり出された「普通」は、徐々にコミュニティへと広がっていく。キテイ自身が述べるように、それはある種のノーマライゼーションである。とはいえ、ヴォルフェンスベルガーのノーマライゼーションは、環境を管理することで行動を正常化するものであった。これに対してキテイのノーマライゼーションは、周囲の人の感覚や知覚を変容させ、「普通」の幅を拡大していく。それは、「正常化＝規範化」の権力に内側から異議を申し立て、共同的プロセスを通じて「普通」を生存可能なものにずらす試みだといえよう。

だが、このような「普通」はつねに不安定な地盤の上に立つものである。キテイは、脳性まひで重度の知的障害のある息子をもつヘレン・フェザーストーンの経験を引用している。フェザーストーンは、息子ジュディのベビーシッターを雇うために面接を行い、一人の少年を気に入った。だが、その少年はジュディを見るやいなや、態度を変える。その体験は、彼らが時間をかけて築いた「普通」を打ち砕くものであった。フェザーストーンは書く。

さらに悪いことに、ジョディを、この一〇代の少年の目で見ている自分に突然気づいた。私がいつも世話をしている元気でハンサムな七歳児ではなく、よだれを垂らし、不可解なノイズを発する重度障碍児を見た。忘れていたジュディの赤ん坊時代の恐怖が浮かんできた。私は自分の息子を、他の重度障碍児を七年前に見たであろうように見た。*54

フェザーストーンはジュディとともに、七年かけて「普通」をつくり上げ、「普通」という背景のもとでジュディを見ることを学ぶ。だが、少年の視線は、フェザーストーンの知覚を上書きし、彼らがつくり出した「普通」を一瞬にして塗りつぶしてしまう。

だが、それは、フェザーストーンの視線が少年の知覚を上書きする可能性をも示しているのではないだろうか。少年の視点が、フェザーストーンの視点、さらにそれを通じてジュディの視点と交差するのであれば、そこに新たな「普通」が立ち上がる。だからキテイは次のように書く。「最重度の認知障害を持つ、異常な女性への同情が溢れでるのを止めようとするならば、セーシャと私がキスと抱擁を交わすのを見るだけで、そして彼女から発せられる喜びを見るだけで十分である。そして、これが我が家の普通（normality）なのだ[*55]」。このような「普通」は、依存に基づく不均等な関係とともに、徐々に広がっていく。そこにおいて「普通」はかろうじて生き延びることができるものとなるだろう。

6 おわりに

「普通」は移ろいやすく、捉えがたい。しかしそれは、さまざまな制度、装置、実践と結びつき、時に生存を脅かすものとなる。現代社会において私たちは、たえず変化する「普通」に合わせて生きることを迫られている。そこでは、ささいな逸脱を意識し、みずからの依存を管理しなければならない。とはいえ、「普通」がない世界も同様に生き難いものだろう。「普通」は、互いの依存を認め共に生きる場をつくる基礎となるからである。

私たちはこれまで、近代社会における「普通」がいかにつくられてきたのかを、「正常化＝規範化」の権力という観点から検討してきた。フーコーによれば、人間科学の知は、内と外の狭間に異常者をつくり出し、多様な異常を産出しながら、人々を階層秩序化してきた。知的障害は、このような「正常化＝規範化」の権力のもとで、両義的な位置を与えられ、施設体制のもとで管理されるべき自立と依存の絡まり合いとして把握されてきたのである。

これに対してヴォルフェンスベルガーのノーマライゼーションは、施設的な管理を逆転することで、障害者を「普通」の人として理解する枠組みを提示する。とはいえそこには、すべての人が有する潜在的な異常を焦点化し、環境管理を通じて「普通」な状態をつくり出すという傾向を見出すことができる。それは、個々人に依存のマネジメントを求める近年の動向に結実するものだといえる。それではいかにして「普通」を生き延びることができるのだろうか。

正常に関するカンギレムの議論は、「普通」を量的な把握や平均から切り離し、規範の設立として捉える見方を提供する。彼の議論をさらに進め、依存と共同性を軸に考えるならば、そこに新しい視座が開かれる。とりわけキテイの議論は、依存がつくり出す不均等な関係を通じて、実践において「普通」が形成され広がることを確認させてくれる。視点のわずかな交差の中で、互いのやり方を理解をできないまま、それでも他者を「普通」としてまなざすことができる。そこには、「異常とされている者」が示す新たな規範に向けての一歩が刻まれている。そこにこそ生き延びることのできる

「普通」が開かれるのではないだろうか。

コラム② 知的障害者からの情報発信――新たな理解の契機として

●打浪文子●

●はじめに――知的障害をもつ当事者からの情報発信

障害当事者からの情報発信は、そのメッセージの内容のみならず、障害理解においても重要な役割をもつことがある。しかし知的障害者は、その他の障害者と比較すると当事者からの発信が少ない。言語理解やコミュニケーションに困難を有するとされる彼らは、みずから意見を発信するという社会的位置からも排除されがちである。*1

ここで、一つの雑誌記事を引用したい。以下は、知的障害をもつ当事者によって雑誌『ノーマライゼーション』に寄稿された文章の一部である。

「いままで　自分たちは　わかりやすい　じょうほうを　うけて　いろいろなけいけん　をして、たっせいかんを　える　ことが　すくなかった。

いままでは　じょうほうを　自分のものに　することができず　けいけん　たっせいかんを　うばわれてきた。

おや　まわりの人たちは　なにもわからない　と　さいしょから　きめつけて　なんでも　かってに　やってしまう。

せつめいするのも　めんどうと　おもっている。
けいけんも　させない。
せんたく　することも　させない。
ちいき　では　すめないと　きめつけている。
かってに　きめつけるのを　やめてほしい。
（中略）
自分たちは　かんがえても　うまくひょうげん　することが　むずかしい。
どこが　人と　ちがうのか　あいてに　つたえることが　むずかしい。
おや　まわりの人の　つごうで　ふりまわされている。
自分たちが　どうやって　わかりやすい　じょうほうを　もらい　けいけんをし、たっせいかんを　えていくかです。
そのために　じょうほうの　バリアを　なくして　ほしい。
それが　ごうりてき　はいりょ　です」（原文ママ）[*2]

引用の文章は知的障害当事者である土本秋夫氏によって書かれたものである。はたして、このメッセージを読んだ人はどういった印象をもつだろうか。たとえば、知的障害者は文字の読み書きが苦手だという思っていた人は、当事者からの意見の発信が文書で行われること自体を意外に感じるのではないだろうか。また、中略後の文章では、知的障害とはどのようなものであるのかが、当事者の実感から語られている。この部分を読んだ人には、〝援助が必要な人々〟という知的障害者像とは異なる認識が生まれうるのではないか。このように、なかなか公に発信されることの少なかった知的障害当事者からの直接的なメッセージは、時に知的障害についての認識や見解を新たにするきっかけとなりえるのではないか。

本コラムでは、障害当事者からの情報の〝発信〟に焦点を当てて、知的障害者を含めた新聞づくりの実践や、当事者主体のインターネット・メディアを紹介する。当事者からの情報発信によって、知的障害に対する理解が変化しうる可能性について考えてみたい。

●「わかりやすさ」をつくる実践——みんながわかる新聞『ステージ』

まずは知的障害者に関わりの深い情報媒体を取り上げたい。社会福祉法人全日本手をつなぐ育成会によって一九九六年より二〇一四年三月まで刊行されていた、知的障害者を対象とした新聞の体裁をとる機関誌『ステージ』である。

ステージは、スウェーデンの読みやすい新聞『8 SIDOR』を参照して創刊された全八ページの情報媒体であり、知的障害者を読者として全国規模で時事情報の配信を行っていた紙面媒体としては国内唯一のものであった。そして、ステージは創刊時より知的障害を有する複数名の当事者が編集委員を担当しており、話題の企画から編集作業まで知的障害者が直接関わるという当事者主体性を有していた。[*3]

ステージの作成の過程において、知的障害者と新聞記者や支援者らは共に文章を作成し、言葉の「わからなさ」を率直に議論していた。[*4] それらを通じて、平易な表現が追究され蓄積されていった。ステージの実践は、日本語という言語理解やその運用において生じていた「文字情報の難しさ」という社会的障壁をいかに変えていけるかという試みであった。また、実際に作成された記事は中度・軽度の知的障害者にとってだけでなく、多くの人にとっても読みやすい情報媒体となっていた。知的障害者が情報発信の主体になれることを示した活動でもあったともいえる。

●パンジーメディア

インターネットを介した情報発信の試みにも着目したい。社会福祉法人創思苑によって運営されている、インターネット放送局「パンジーメディア」[*5]という取り組みがある。[*6]パンジーメディアは、知的障害当事者らが自分たちの想いを表現し発信することを主とした、インターネットを介した放送局である。月に一度の頻度で作成された動画は、ウェブサイトだけでなくＹｏｕＴｕｂｅにもアップロードされている。内容としては、知的障害をもつ人の個人史といった知的障害者および関係のある人々にとって身近な内容だけでなく、料理などの一般性もある内容となっている。

パンジーメディアで特筆すべき点は、知的障害者にとって利用に難しさがある人が多いＩＣＴ〈Information and Communication Technology〉面でのサポートの充実によって、知的障害当事者の声が直接的な形でインターネットに発信されている点である。その他の知的障害者団体等でもウェブサイト等を介した情報発信は行われているが、知的障害当事者が主体的に話し行動することを、動画等を用いて発信するメディアはきわめて少ない。当事者の生き様や伝えたいこと、彼らのニーズをそのままの形で社会へと伝えられることを示す活動だといえよう。

●おわりに——新たな障害理解の契機として

当事者からの発信によって、これまで社会の中で不可視化されがちであった知的障害者たちの声や、彼らの主体的な生き方は、少しずつ可視化されつつある。また、知的障害をもつ人たちと共に進めるインクルーシブリサーチ[*7]のように、知的障害をもつ人たちの当事者研究の動きもある。研究や情報発信を通じた主体的な試みは、彼らのニーズをより明確にし、結果として専門的認識を変革していくことにもつながるだろう。

冒頭の土本秋夫氏の発言の引用に見られるように、これまで専門家や家族、支援者らが生み出してきた知的障害への認識や見解は、却って当事者のニーズを押し込めていた可能性がある。社会的に発言しづらい位置におかれてしまう知的障害者の情報発信の保障と、彼らの発信時に新たな差別や誤解を生まないような支援が今後ますます必要となるだろう。そのような支援のあり方を考えるとき、知的障害についての新たな理解が生まれうるのではないだろうか。

あとがき

本書は、「障害理解」というワードをタイトルに冠してはいるものの、「はじめに」で栗田さんも述べるように、「障害理解」についてのより適切で効果的な方法を解説することを意図したものではない。「障害理解」というと、どうしても「障害理解教育」のように、学校現場でのアイマスク体験や車いす体験などが想起されるかもしれないが、そして、本書にもそれを素材とする論考が収録されているのではあるが、全体として本書が行ってきたのはそれとは別のことだ。ここでは本書をつくろうとした私たちの問題意識と本書の背景的コンセプトについて簡単に述べることで、この本の目指すところをつまびらかにしておこう。

この本の構想について最初に栗田さんと話し合ったのは、二〇二〇年の師走のことである。栗田さんとは、関西インクルーシブ教育研究会という、近畿圏を中心に細々と活動する小さな研究コミュニティを通じて知り合ったのだが、心理学の立場から障害や障害児の教育について丹念に実証研究を積み重ねてこられた栗田さんから教えてもらうことはとても多かった。そのうえで、社会学的な観点から障害児の教育について考えようとしてきた私と栗田さんとではよって立つディシプリンに違いはあるにせよ、障害児の教育について多くの問題意識を共有することができていた。

とくに私たちが切実に感じていたのは次のことだ。つまり、障害の社会的生成メカニズムについての理論的探究や経験的研究が近年大きく進展しているにもかかわらず、そうした議論は障害児教育の実践現場にも、障害児の教育を対象とするアカデミズムの世界にも、ほとんど浸透していないのではないかということである。

二〇世紀末に誕生し、近年ようやく市民権を獲得しつつあるように見える「障害の社会モデル」という考え方をとってみても、その流通範囲はいまだ限定的である。せいぜい社会学や社会福祉学、法学などの社会科学の範囲内と、歴史学や哲学、現代思想といった人文科学分野の一部において受容されてきたにすぎず、そのインパクトは、特殊教育や心理学など、他の学術領域にまで十分波及しているようには思えない。日常レベルでも、障害の社会モデルというタームは、福祉行政の担当者や障害をもつ当事者、各種障害者支援機関の関係者、あるいはダイバーシティ・インクルージョンを掲げる企業のメンバーなど、障害者に関わる人々の中の、そのまたごく限られた範囲において、（時に曲解や誤解を含みながら、曖昧かつ恣意的に）理解されてきただけのように思われる。いまだ多くの人々にとって、障害とは個人の機能障害（インペアメント）のことであり、障害をもつ経験とは、個人的な悲劇や不幸のことであり、障害者が直面する種々の困難は当人の個人的努力や身近な人の善意、専門家による指導、あるいは社会道徳を通じて局域的に改善、克服、対処されるべき性質のものであり続けている。

こうした現実認識をより所に、私たちは、障害を個人の機能障害やそれに伴う能力欠如の問題として把握し、その改善や保障、アセスメントに注力するような、科学的客観主義の立場に立つ、従来からの個人モデル的障害論を相対化し、障害それ自体をより広範な文脈に位置づけて、社会的な物事や社会関係のもとで理解することを促すような入門的な論集をつくれないだろうかと考えた。とりわけ編者二人は障害児の教育についての研究に傾倒してきたということもあり、障害に関わる心理学や教育学方面の人たちも含めて、障害というトピックに関心を寄せる、各分野の多くの人々に幅広くアピールするような本をつくろうと考えたのである。本書にはそうした思いが結実している。

むろん、障害を社会的文脈のもとで捉え返していこうという趣旨の本はすでに多く出版されている。総体として見るならば、障害の社会モデルや、その出自であるところの障害学（ディスアビリティ・スタディーズ）との関係を軸に、障害者権利条約や合理的配慮といった概念、諸々の国内法制度や障害者運動、バリアフリーや障害当事者の経験といったトピックなどが取り上げられてきた。この間それぞれ独自のカラーやスタイルをもつ良書が多数公刊されてきたということである。そうした観点からしてみれば、私たちが編集した本書もまた、それ固有の個性をもつユニークな論集として組み立てられている。

まず本書の特徴として指摘したいのは、複合的な観点から障害と社会との関わりを立体的に描き出そうとしてきたという点である。障害と社会というテーマに関わるこれまでの書籍は、その多くが、どちらかといえば社会科学的な色合いの濃いものであったように思われる。それらと比べてみると、本書の章立ては、いわば人間科学的な色彩を強く帯びている。執筆者の人選はもっぱら私と栗田さんとで行い、結果として現在各分野で精力的に活躍し、発信活動を続けている研究者の参加を得ることができた。ここには、社会学を専門とする者のみならず、教育学や認知科学、哲学や、心理学といった分野を専門とする人々が参加している。バックグラウンドを異にしながらも、障害の社会モデルの洞察に学びつつ、社会と障害との関わりについて独自に思索を深めてきた、多様な人々の参加を得て本書は成立しているということである。

ところで、私たちは本書で、社会との関連において障害を捉えるためのいくつかの形式と、そこから得られる知見について、順を追って示そうと努めてきた。その際、導きの糸となっているのが、人々は障害をどのように理解してきたのかという問いである。すなわち、本書の各章においては、障害をめぐる理解が特定の社会的文脈を通じて達成される、その過程や様相を、各々が対象とするフィールドやテキストの構成するリアリティに準拠しながら、分析・記述しようと試みてきたのである。こうしたコンセプトについて本書を企画した編者の立場から一言解説しておきたい。

いまここで、「理解が達成される」という表現を用いたのだが、これはあまり耳慣れないものであるかもしれない。この表現は、じつのところジェフ・クルターというエスノメソドロジストの観点を踏まえた言い方である。「理解していることということというのは」、「私的で内面的な心的もしくは経験の状態・過程といったものでは」なく、「その時々のコンテクストに応じてさまざまに、その時々の実際の目的に適った形で、振る舞いにおいて達成され表示される」ものだというのが、言語派哲学の議論にならってクルターが指摘したことである。[*1] 要するに、理解というのは、特定の文脈の中で実際に行われる何かしらの行為によってそのつど成し遂げられていくものだというのがこの表現の眼目なのである。

このような次第で、本書においても、「障害理解」という場合には、クルターが提起した当の用法を基本的に踏襲している。すなわち、障害の理解とは障害をめぐる実践において／を通じて達成され表示されるものに他ならないというのが本書に通底する前提なのである。そうした観点を念頭に、調査データに基づいて、人々のローカルな状況でのやりとりのプロセスを解読してきた第Ⅰ部においても、また、複数のテキストを基礎文献として渉猟しながら、概念間の論理関係のあり方を解析してきた第Ⅱ部にあっても、本書では、特定の状況での障害をめぐるそれぞれの活動を理解の表示として読み解く作業を行ってきた。

その際、本書においては、障害を統一的に定義し、当の概念の内包をあらかじめ確定しておくようなことは行ってこなかった。理解の生成過程に照準するという本書の方法論的スタンスを堅持するにあたって、それは当然のことであるだろう。あくまでも本書では、障害はどのような活動や概念といかに結びついて、それを通じてどのようなものとして理解され表現されることになるのか、その結果、どのような社会的現実を立ち上げていくことになるのかといったことを、個別の行為連鎖、概念連関を丁寧にたどることで明らかにしようとしてきたのである。あえて、ここまでの各章での論述を踏まえて、本書における障害概念について緩やかに定義するとするなら、障害とは、人々の間で交わされる行為や言葉によって立ち現れてくる出来事であり、特定の状態として一義的に定義したり理解したりすることのできない、健常性とは共約不可能な関係にある〈他者〉として現れる現象だということになるだろう。

だが、いうまでもなく障害理解とは、一度なされればそれで完了し、その後は固定され改定を免れて永続するようなスタティックな事柄などではない。障害をめぐる理解を表示する諸々の実践は、リフレクシブな行為（リフレクション）としての特性を帯びている。現代の社会生活が有する再帰性（リフレクシビティ）についてのアンソニー・ギデンズの議論を援用して述べるならば、障害について何らかの理解を表示する実際の営みは、その営為に関して、そのときその場の社会的文脈のもとで新たに入手可能となる知識や情報、知見によってつねに吟味・改定され続けており、それゆえ、当の営み自体はつねに変化に開かれている、ということになる。[*2] 本書の執筆者たちが精緻に分析してきたのも、まさしくその種のダイナミズムなのである。

そして、この点を敷衍して述べるならば、障害に対する一定の理解を表示する本書の各章における分析や考察もまたリフレクシブに構成されているということになる。私たちの学問的な記述は、既存の障害にまつわる知の構図を否応なく所与とせざるをえず、ある程度それらに則って成り立つものである一方で、アカデミズムに埋め込まれた障害に関わる一連の支配的前提であったり全体化された見方や考え方、既存の概念群などを一つひとつ問い直していくことへとつながる営みでもあるということである。さらにいえば、現代社会はみずからの知をたえず問い直していく再帰的な特質をもつのだから、私たちの議論もやがて社会の中へと還流していくことになるはずである。であれば、我々の記述はいかなる知識や知見として人々の実践としての理解へと回帰し、それらをどのように書き換えていくだろうか。

世間が障害を理解するありようは、この四半世紀の間にある程度変化してきただろうし、たしかに障害者は、市井の人々の生活にとって以前に増して身近な存在であるかもしれない。だが、大局的な観点に立ってみるならば、それらへの世間の理解が大きく進展したようには思えない。ＳＤＧｓへの関心が高まりを見せ、共生社会の構築とか多様性の尊重とか、抽象的なスローガンが喧伝される一方で、相変わらず匿名のネット世界では、そういうポリティカル・コレクトなクリシェを横目に障害者への罵詈雑言が書き散らされている。二一世紀の世の中にはまだまだ差別的な言説や侮蔑的な態度、抑圧的な身振りや偽善的なまなざしなど、障害者の主流社会への参画にとって足枷となるような、冷淡で硬直的な障害理解の形式が残存している。本書がそのような社会的現実に介入し、それを攪乱し変容させていくことに多少なりとも貢献するのだとするならば、あるいは、現代社会の片隅で積み重ねられてきたマージナルな日常実践と、それが表現してきた非主流の豊かな障害理解の形式を可視化させていくことに幾分なりとも結びつくのだとするならば、私たちにとってそれは願ってもないことであるだろう。本書が「リフレクション」というパースペクティブにこだわって、障害の意味生成の過程へとアプローチしようとしてきた所以はまさにここにある。

以上、本書を編纂するに至る課題意識と、本書の特徴について理論的背景を含めて述べてきた。最後に、この度、本書刊行の労をとってくださった株式会社ちとせプレス代表の櫻井堂雄さんに感謝を申し上げたい。櫻井さんとは栗田さんからの紹介で知り合うことができたのだが、本書の構想についてお話しした際、櫻井さんは躊躇なく賛意を示してくださった。その後は企画段階から関わっていただき、本書を形にしてくださった。本書がある程度のクオリティを備えていて、いくぶんかでも読みやすい構成になっているとするならば、それはひとえに櫻井さんのおかげである。櫻井さんには執筆者および編者を代表して心よりの謝意を表したいと思う。本当に、どうもありがとうございました。

佐藤 貴宣

二〇二二年一一月

図表の出典

図序 -1　Pind, J. L. (2012). Figure and ground at 100. *Psychologist*, *25*, 90-91, p. 90.

図 3-1　文部科学省 (2019).「特別支援教育資料（令和元年度）」https://www.mext.go.jp/a_menu/shotou/tokubetu/material/1406456_00008.htm

文部科学省 (2020).「学校基本調査（令和 2 年度）」https://www.e-stat.go.jp/stat-search/files?page=1&layout=datalist&toukei=00400001&tstat=000001011528&cycle=0&t-class1=000001021812&tclass2val=0

図 3-2　国立大学法人お茶の水女子大学 (2014).「平成 25 年度全国学力・学習状況調査（きめ細かい調査）の結果を活用した学力に影響を与える要因分析に関する調査研究」国立教育政策研究所 https://www.nier.go.jp/13chousakekkahoukoku/kannren_chousa/pdf/hogosha_factorial_experiment.pdf

図 3-3　Queensland Government (Department of Education). (2018). Inclusive education: Policy statement. https://education.qld.gov.au/student/inclusive-education/Documents/policy-statement-booklet.pdf

表 3-1　原田琢也 (2011).「特別支援教育に同和教育の視点を ── 子どもの課題をどう見るか」志水宏吉編『格差をこえる学校づくり ── 関西の挑戦』(pp. 83-100), 大阪大学出版会

49 Simons & Masschelein (2015), p. 223.

50 Kittay (2019), p. 34.

51 Kittay (2019), p. 43.

52 Kittay (2019), p. 45.

53 キテイ (2010), p 346.

54 Featherstone, H. (1980). *A difference in the family: Life with a disabled child*. Basic Books. キテイ (2010), p. 370 より引用。

55 Kittay (2019), p. 52.

コラム②

1 古賀文子 (2006).「『ことばのユニバーサルデザイン』序説 ── 知的障害児・者をとりまく言語的諸問題の様相から」『社会言語学』6, 1-17.

2 土本秋夫 (2011).「バリア（かべ）とおもうこと」『ノーマライゼーション』*31*(12), 31-33, pp. 32-33.

3 打浪（古賀）文子 (2014).「知的障害者への『わかりやすい』情報提供に関する検討 ──『ステージ』の実践と調査を中心に」『社会言語科学』*17*(1), 85-97.

4 野沢和宏 (2006).『わかりやすさの本質』日本放送出版協会

5 https://pansymedia.com/

6 林淑美 (2018).「知的障害がある人にとってのメディアとは？ ── 当事者主体の放送局・パンジーメディアの取り組みから」『手をつなぐ』*747*, 22-23.

7 笠原千絵 (2019).「“プロセス”そのものがもたらす研究成果 ── 知的障害のある人が／と自分たちのやり方で行うインクルーシブリサーチ」『福祉のまちづくり研究』*21*(1), 40-43.

あとがき

1 Coulter, J. (1979). *The social construction of mind: Studies in ethnomethodology and linguistic philosophy*. Macmillan Press.（西阪仰訳，1998『心の社会的構成 ── ウィトゲンシュタイン派エスノメソドロジーの視点』新曜社），翻訳書 pp. 78-80.

2 Giddens, A. (1990). *The consequences of modernity*. Polity Press.（松尾精文・小幡正敏訳，1993『近代とはいかなる時代か？ ── モダニティの帰結』而立書房），翻訳書 p. 55.

ダニエルズ，H.・ガーナー，P. 編著（中村満紀男・窪田眞二監訳）(2006).『世界のインクルーシブ教育 ── 多様性を認め排除しない教育を』明石書店，pp. 136-173.

29　フーコー (2002), pp. 54-57.

30　ハッキング，I.（石原英樹・重田園江訳）(1999).『偶然を飼いならす ── 統計学と第二次科学革命』木鐸社

重田園江 (2003).『フーコーの穴 ── 統計学と統治の現在』木鐸社，pp. 68-71.

31　ハッキング (1999), pp. 268-281; 重田 (2003), pp. 25-86, pp. 136-154.

32　カンギレム，G.（滝沢武久訳）(1987).『正常と病理』法政大学出版局，pp. 108-109.

33　カンギレム (1987), p. 114.

34　手塚博 (2011).『ミッシェル・フーコー ── 批判的実証主義と主体性の哲学』東信堂，pp. 204-205.

35　カンギレム (1987), pp. 118-124.

36　森下直貴 (2003).『健康への欲望と〈安らぎ〉── ウェルビカミングの哲学』青木書店，pp. 167-168.

37　カンギレム (1987), p. 175.

38　手塚 (2011), pp. 210-216.

39　カンギレム (1987), pp. 226-233.

40　カンギレム (1987), p. 124.

41　田中祐理子 (2021).「禁忌と真実の一致 ──『異常者たち』とはなにか」佐藤嘉幸・立木康介編『ミッシェル・フーコー ──『コレージュ・ド・フランス講義』を読む』(pp. 47-68)，水声社，p. 64.

42　キテイ，E. F.（岡野八代・牟田和恵監訳）(2010).『愛の労働あるいは依存とケアの正義論』白澤社，p. 333.

43　筆者は以前に能力と平等という観点からキテイについて論じた。以下の議論は，その論考と一部重なっている。

渋谷亮 (2022).「障害のある子どもと共に学ぶとはどういうことか？ ──『障害と教育』について」國崎大恩・藤川信夫編『実践につながる教育原理』(pp. 119-134)，北樹出版

44　Kittay, E. F. (2019). *Learning from my daughter: The value and care of disabled minds.* Oxford University Press, p. 154.

45　キテイ (2010), p. 348.

46　Kittay (2019), pp. 163-164.

47　キテイ (2010), pp. 156-158.

48　Simons & Masschelein (2015), p. 216.

欧の試みとヴォルフェンスベルガーの違いについてくわしく論じている。ヴォルフェンスベルガーは，ノーマライゼーションへの批判を受けて，後年には「価値ある社会的な役割（social role valorization）」の獲得を強調するようになる。

中園康夫 (1981).「『ノーマリゼーションの原理』の起源とその発展について——特に初期の理念形成を中心として」『社会福祉学』*22*(2), 89-111.

中園康夫 (1994).「W. ヴォルフェンスベルガーのノーマリゼーション原理——その発展の軌跡」『四国学院大学論集』*85*, 227-256.

清水貞夫 (2010).『インクルーシブな社会をめざして——ノーマリゼーション・インクルージョン・障害者権利条約』クリエイツかもがわ

杉野昭博 (1992).「『ノーマライゼーション』の初期概念とその変容」『社会福祉学』*33*(2), 187-203.

19　以下の引用は，本論の文脈に応じて訳し直している。

20　Wolfensberger, W. (1972). *The principle of normalization in human services*. Wolfensberger Collection 1. National Institute on Mental Retardation. https://digitalcommons.unmc.edu/wolf_books/1（中園康夫・清水貞夫編訳，1982『ノーマリゼーション——社会福祉サービスの本質』学苑社），pp. 16-25，翻訳書 pp. 32-46.

21　Wolfensberger (1972), p. 28，翻訳書 p. 48.

22　Wolfensberger (1972), pp. 32-40，翻訳書 pp. 53-67.

23　Wolfensberger (1972), p. 29，翻訳書 p. 49.

24　Wolfensberger (1972), p. 51，翻訳書 p. 81.

25　中村満紀男がくわしく論じているように，アメリカでは 1980 年代に教育省次官補だったマデライン・ウィルが，特殊教育の有効性を疑問視し，特殊教育と通常教育を統合する通常教育主導（REI）を提唱した。またユネスコは，1994 年に「特別なニーズ教育に関する世界会議」を開催し，多様なニーズに応じた教育を提起する「サマランカ宣言と行動大綱」を採択する。ノーマライゼーションからインクルージョンに至る流れについては，清水（2010, pp. 156-183）を参照。

中村満紀男 (2021).『障害児教育のアメリカ史と日米関係史——後進国から世界最先端の特殊教育への飛翔と失速』明石書店，pp. 727-739.

26　Simons, M., & Masschelein, J. (2015). Inclusive education for exclusive pupils: A critical analysis of the government of the exceptional. In S. L. Tremain (Ed.), *Foucault and the government of disability* (pp. 208-228). University of Michigan Press, p. 221.

27　Simons & Masschelein (2015), p. 220.

28　本編ではインクルーシブ教育が有する新自由主義的な側面を強調して論じている。とはいえ，インクルーシブ教育を競争や新自由主義に対抗するものとして把握する見方もある。こうした点を考えるには，インクルーシブ教育の多面性をより詳細に検討する必要があるだろう。この点については以下も参照。

以上に，その教育目標は限定されていたことを指摘している。中村によればハウは第一に生活習慣を身に着けさせることを目指し，場合によっては適切な管理のもとで「生活費」を稼ぐことも可能と考えていた。この点に関しては，清水編著（2004, pp. 210-235）を参照。また 19 世紀後半における白痴学校の方針転換については以下を参照。

津曲裕次 (1981).『精神薄弱者施設史論』誠信書房

6 トレント (1997), 上，pp. 113-126.

7 Knight, G. H. (1892). *The colony plan for all grade of feeble-minded.* Proceedings of National Conference of Charities of Correction, *19*, 155-160.

トレント (1997), 上，p. 150 より引用。

8 Kerlin, I. N. (1885). *Provision for idiots: Report of the standing committee.* Proceedings of National Conference of Charities of Correction, *12*, 158-174.

タイオワ，P. L.・ベル，L. V.（清水貞夫・津曲裕次・中村満紀男監訳）(1988).『精神薄弱者とコミュニティ ―― その歴史』相川書房，p. 72 より引用。

9 トレント (1997), 上，pp. 154-160.

10 フーコーは『臨床医学の誕生』（1963 年）以降，近代社会の規範を問題としていた。とはいえ「規範化＝正常化」に本格的に取り組むのは，1970 年代の講義および『監獄の誕生』（1975 年）においてである。フーコーの規範論の位置づけや変遷については，以下を参照。

重田園江 (2020).『フーコー風向き ―― 近代国家の系譜学』青土社，pp. 43-74

坂本尚志 (2021).「規範化される生から規範をつくる生へ ―― カンギレムと八〇年代のフーコー」佐藤嘉幸・立木康介編『ミッシェル・フーコー ――『コレージュ・ド・フランス講義』を読む』(pp. 293-316)，水声社

11 フーコー，M.（八幡恵一訳）(2017).『処罰社会 コレージュ・ド・フランス講義 1972-1973 年度』筑摩書房，p. 324.

12 フーコー，M.（慎改康之訳）(2006).『精神医学の権力 コレージュ・ド・フランス講義 1973-1974 年度』筑摩書房，p. 256.

13 フーコー (2006), p. 258.

14 フーコー，M.（慎改康之訳）(2002).『異常者たち コレージュ・ド・フランス講義 1974-1975 年度』筑摩書房

15 フーコー (2002), p. 359.

16 トレント (1997), 下，pp. 173-186.

17 Normalization は，中園康夫によるヴォルフェンスベルガーの著作の邦訳では「ノーマリゼーション」と表記されている。しかし，近年では「ノーマライゼーション」と表記されることも多く，本論では後者を採用する。

18 ヴォルフェンスベルガーの試みについては，以下を参照。これらの研究は，北

Fricker, M. (2016). Fault and no-fault responsibility for implicit prejudice: A space for epistemic 'agent-regret'. In M. S. Brady & M. Fricker (Eds.), *The epistemic life of groups: Essays in the epistemology of collectives* (pp. 33-50). Oxford University Press.

54　ハッキングにしても，多重人格者たちの想起と告発のことを "me-tooism" と貶めた精神科医の言葉をなかば共感的に引いている（Hacking, 1995, p. 255)。

55　浦野茂 (2019).「発達障害を捉えなおす――制度的支援の場における当事者の実践」榊原賢二郎編『障害社会学という視座――社会モデルから社会学的反省へ』(pp. 38-64)，新曜社

浦野茂 (2017).「『言いっぱなし聞きっぱなし』のエスノメソドロジー」熊谷晋一郎編編『みんなの当事者研究』(臨床心理学増刊第 9 号，pp. 197-199)，金剛出版

56　本稿の作成に際し，JSPS 科研費（21K01881，19KT0001）の助成を受けた。

第 9 章

1　Nussbaum, M. C. (2004). *Hiding from humanity: Disgust, shame, and the Law*. Princeton University Press.（河野哲也監訳，2010『感情と法――現代アメリカ社会の政治的リベラリズム』慶應義塾大学出版会)，pp. 310-312，翻訳書 pp. 389-392.

2　フレイザー，N.・ゴードン，L. (2003).「依存の系譜学――合衆国福祉のキーワードをたどる」N. フレイザー，仲正昌樹監訳『中断された正義――「ポスト社会主義的」条件をめぐる批判的省察』(pp. 185-226)，お茶の水書房，pp. 189-199.

3　Wehmeyer, M. L. (Ed.). (2013). *The story of intellectual disability: An evolution of meaning, understanding, and public perception*. Brookes Publishing Co., pp. 63-90.

また知的障害は歴史的に，白痴（idiocy)，精神薄弱 (feeble mind)，精神遅滞(mental retardation）など，さまざまな用語で指示されてきた。それらの意味するところは完全に同一とは限らない。また知的障害の区分も多様である。本稿では基本的に知的障害という言葉を用いるが，歴史的な記述において必要な際には当時の名称を使用する。

4　セガンの白痴の捉え方や初期セガンにおける「活動・知性・意志」の位置づけなどに関しては以下を参照。

トレント，J. W., Jr.（清水貞夫・茂木俊彦・中村満喜男監訳) (1997).『「精神薄弱」の誕生と変貌――アメリカにおける精神遅滞の歴史』学苑社，上，p. 86.

清水寛編著 (2004).『セガン 知的障害教育・福祉の源流――研究と大学教育の実践 2』日本図書センター，pp. 114-158.

5　白痴学校が初期に目指したのはコミュニティにおける「自立」であったと論じられることがある。これに対して中村満紀男はアメリカの最初の白痴学校創設者サミュエル・グリドレイ・ハウを取り上げ，トレントを含む既存の議論が想定する

Hacking, I. (2003). Indeterminacy in the past: On the recent discussion of chapter 17 of *Rewriting the Soul*. *History of the Human Sciences, 16*(2), 117-124.

Leudar, I., & Sharrock, W. (2003). Changing the past? *History of the Human Sciences, 16*(3), 105-121.

Sharrock, W., & Leudar, I. (2002). The indeterminacy in the past? *History of the Human Sciences, 15*(3), 95-115.

Sharrock, W., & Leudar, I. (2003). Action, description, redescription and concept change: A reply to Fuller and Roth. *History of the Human Sciences, 16*(2), 101-115.

42 Hacking, I. (2002). Self-improvement. In *Historical ontology* (pp. 115-120). Harvard University Press.（出口康夫・大西琢朗・渡辺一弘訳「自己を改善すること」『知の歴史学』(pp. 237-246)，岩波書店）

43 Foucault, M. (1983). À propos de la généaologie de l'éthique: Un aperçu du travail encours. In H. Dreyfus & P. Rabinow (Eds.), *Michel Foucault: un parcours philosophique* (pp. 332-346). Gallimard.（守中高明訳，2002「倫理の系譜学について —— 進行中の作業の概要」蓮實重彥・渡辺守章監修『1984-88 倫理 道徳 啓蒙』（ミシェル・フーコー思考集成 X，pp. 69-101)，筑摩書房）

44 Campbell, S. (2003). *Relational remembering: Rethinking the memory wars*. Rowman & Littlefield.

45 ハッキングは，キャンベルによる自身に対する批判を含むこの著書を書評しており，本論で後に触れる「個人的記憶」と「共同的記憶」の区別の問題点への批判を含めて，好意的な評価を行っている（Hacking, 2005)。しかし，この区別に実質的に重ねられていたもう1つの区別である，記憶の科学を前提にして成立する記憶とそうでない記憶との区別については維持する旨を述べている。ただし，この点について両者の間に争点はない。

Hacking, I. (2005). Relational remembering: Rethinking the memory wars by Sue Campbell. *Hypatia, 20*(4), 223-227.

46 Campbell, S. (2014). *Our faithfulness to the past: The ethics and politics of memory*. Oxford University Press.

47 Hacking (1995), 第 15 章.

48 Campbell (2003), p. 190.

49 Halbwachs, M. (1925). *Les cadres sociaux de la mémoire*. Librairie Alcan.（鈴木智之訳，2019『記憶の社会的枠組み』青弓社）

50 Hacking (1995), p. 6.

51 Warnock, M. (1988). *Memory*. Faber & Faber, p. 51.

52 Hacking (1995), p. 256. 強調は引用者による。

53 Campbell (2003), p. 191.

31　柏端達也 (1997).『行為と出来事の存在論 ── デイヴィドソン的視点から』勁草書房，p. 140.

32　Danto (1965), 翻訳書 p. 318.

33　Danto (1965), 翻訳書 p. 189.

34　Hacking (1995), p. 256.

35　この隠喩のねらいは，行為について記述し理解する仕方が，新たな概念的秩序の備える理解可能性によって影響される点を強調するところにあると思われる。

36　ただし，意味論的感染が生じるのは，述べてきたような過去の行為の再記述の場合に限られているわけではなく，概念的秩序の変動が，想起や知覚に際して行為や出来事を記述し理解する仕方を無自覚の内に変動させていくことを一般に言い表している（Hacking, 1995, p. 238）。

37　Hacking (1999), p. 162, 翻訳書 p. 336.

38　Hacking (1995), p. 256.

39　Anscombe, G. E. M. (1963). *Intention* (2nd ed.). Basil Blackwell.（柏端達也訳，2002『インテンション ── 行為と実践知の哲学』岩波書店）

40　Hacking (1995), p. 249.

41　このようにハッキングは，行為についてその後に生じた概念を用いた遡及的な再記述が，そのもとにおいてこの行為を意図的行為とする記述でありうる可能性を積極的に検討している。つまり彼は，公的言説（学術文献や訴訟等）においてある概念（たとえば児童性的虐待）がいつ出現したのかを踏まえながらも，そこに踏みとどまらず，その概念がいまだ不在だった状況についてもその概念が実質的な適用できる形で組織されていたかどうかを探っているのである。それを通じ，公的言説における概念の在不在に基づく異文化性の単純なイメージを弄することなく，多重人格者の想起による告発が実質的な意味をもちうることを確認しているのである。

しかしこの議論は誤解にさらされてきた。ウェス・シャロックとイワン・ロウダーによる一連の批判がその1つである（Sharrock & Leudar, 2002, 2003; Leudar & Sharrock, 2003）。彼らは，公的言説における概念の在不在だけに着目し，過去の状況があたかも根本的な異文化の下にあるかのように見なして議論を進める。その結果，遡及的な記述が意図的行為の記述となりうる可能性をいっさい否定し，ハッキングの議論を混乱したものと断じている。彼らの読み方の問題は，異文化性の単純なイメージに飛びついたうえで，異文化のもとにある行為の記述をめぐる方法論的議論を展開してしまった点にある。結果として彼らは，ハッキングがこうしたイメージを超えて，多重人格者による遡及的記述に基づく告発が有意味でありうることとその条件を明確にしようとしていることを見落としている（Hacking, 2003, p. 119）。

17　こうした周縁的な事例を仮定して議論することのねらいは，一言で言うと，多重人格者たちによる遡及的記述に基づく非難・告発をできる限り有意味で現実的なものと受け止めることにある。まず仮定された事例に依拠しているのは，多重人格者たちによる遡及的記述に基づく非難・告発の有意性の条件を明確にするためである。また，あえて周縁的な事例を仮定しているのは，そのような場合の方が不一致を生じやすく，したがって事例により現実性を与えるためと思われる。

18　Hacking (1995), p. 248.

19　Hacking (1995), p. 248f.

Laplanche, J., & Pontalis, J.-B. (1967). *Vocabulaire de la psychanalyse*. Presses Universitaires de France.（村上仁監訳，1977『精神分析用語辞典』みすず書房）

立木康介 (2018).「トラウマと精神分析 ── フロイトにみる『外傷』概念の分裂」田中雅一・松嶋健編『トラウマを生きる』(pp. 33-62)，京都大学学術出版会

20　Freud, S. (1952 [1895]). *Studien über Hysterie*. Gesammelte Werke, Bd. 1. S. Fisher.（芝伸太郎訳，2008『ヒステリー研究』フロイト全集 2，岩波書店），翻訳書 p. 170.

21　Hacking (1995), p. 249.

22　Hacking, I. (1991). The making and molding of child abuse. *Critical Inquiry, 17*(2), 253-288.

Hacking (1995, 1999).

23　Herman, J. (1992). *Trauma and recovery*. Basic Books.（中井久夫訳，1999『心的外傷と回復〔増補版〕』みすず書房）

24　Hacking (1995), p. 115.

25　Hacking (1995), p. 240f.

26　Hacking (1995), p. 254.

27　Hacking (1995), p. 257.

Ryle, G. (1949). *The concept of mind*. Hutchinson.（坂本百大・宮下治子・服部裕幸訳，1987『心の概念』みすず書房），翻訳書 p. 410.

28　物語について述べる際，ハッキングはダントの歴史の物語論には言及していない。にもかかわらずここでこれに言及するのはエイドリアン・ハドック（Haddock, 2002）の示唆による。彼は，過去の不確定性の議論を行為・出来事そのものの変化ではなくその記述の変化をめぐるものとして明確に整理するなかで，それをもたらす言語的形式として物語文に注目している。

Haddock, A. (2002). Rewriting the past: Retrospective description and its consequences. *Philosophy of Social Sciences, 32*(1), 3-24.

29　Danto, A. C. (1965). *Analytical philosophy of history*. Cambridge University Press.（河本英夫訳，1989『物語としての歴史 ── 歴史の分析哲学』国文社），翻訳書 p. 174.

30　Danto (1965), 翻訳書 p. 220.

浦野茂・前田泰樹・中村和生・小宮友根編『概念分析の社会学 2 ── 実践の社会的論理』(pp. 7-26)，ナカニシヤ出版

5 したがって念のために述べると，精神障害とは何かに答えることがここでの目的ではない。むしろさまざまな立場に置かれた人たちが状況に迫られながらこの問いに直面し，その答えを求めて煩い，何らかの了解を得ていくこと自体を主題として検討したい。こうした態度を採ることで，さまざまな人たち（たとえば患者とその近親者，医療者や支援者，その他の人たち）が精神障害の概念を用い，参照し，あるいはこれに再帰的に関わりながらつくり上げている現実を捉えることができるはずである。

6 Hacking (1995).

7 以下の背景的事情についてはアリソン・ウィンター（Winter, 2012）が参考になる。またダイアナ・ラッセル（Russel, 1986）は多重人格をもつ人たちの側に立ってこのあたりの事情を述べている。

Russell, D. (1986). *The secret trauma: Incest in the lives of girls and women*. Basic Books.（斎藤学監訳，2002『シークレット・トラウマ ── 少女・女性の人生と近親姦』ヘルスワーク協会）

Winter, A. (2012). *Memory: Fragments of a modern history*. The University of Chicago Press.

8 多重人格障害は，1980 年に刊行されたアメリカ精神医学会『精神障害の診断・統計マニュアル 第 3 版（DSM-III）』に診断概念として組み込まれる。しかしその後の 1994 年に刊行された同第 4 版（DSM-IV）において多重人格障害の概念は解離性同一性障害（Dissociative Identity Disorder）へと変更された。

9 Hacking (1995), p. 8.

10 原因と治療法についての以下の内容は，ハッキングが著書の中でおもに参照しているフランク・パトナムによる説明を踏まえたものである（Putnam, 1989）。

Putnam, F. W. (1989). *Diagnosis and treatment of multiple personality disorder*. Guilford Press.（安克昌・中井久夫訳，2000『多重人格性障害 ── その診断と治療』岩崎学術出版社）

11 Loftus, E., & Ketcham, K. (1994). *The myth of repressed memory: False memories and allegations of sexual abuse*. St. Martin's Press.（仲真紀子訳，2000『抑圧された記憶の神話 ── 偽りの性的虐待の記憶をめぐって』誠信書房）

12 Hacking (1995), p. 258.

13 Hacking (1995), p. 8.

14 Hacking (1995), p. 254.

15 Hacking (1995), p. 249.

16 Hacking (1995), p. 240.

52　下司忠大・小塩真司 (2019).「Dark Triad と他者操作方略との関連」『パーソナリティ研究』*28*(2), 119-127.

53　Međedović, J., & Petrović, B. (2015). The Dark Tetrad: Structural properties and location in the personality space. *Journal of Individual Differences*, *36*(4), 228-236.

54　平野 (2021).

55　van der Linden, D., Dunkel, C. S., & Wu, P. (2022). The applied relevance of the general factor of personality: Advancements in the occupational and clinical context.『パーソナリティ研究』*30*(3), 199-211.

第 8 章

1　ただし，これは識別や同定の条件という認識の局面について述べたものである。したがってかりにその異変が生物学的要素をおもな原因としており，したがってまたそれが文化や人間の認識とは独立した存在であったとしても，このことは成立する。この点についてはハッキングによる意味論に依拠した整理を参照のこと（Hacking, 1999）。

Hacking, I. (1999). *The social construction of what?* Harvard University Press.（出口康夫・久米暁訳，2006『何が社会的に構成されるのか』岩波書店）

2　Goffman, E. (1971). The insanity of place. In *Relations in public: Microstudies of the public order* (pp. 335-390). Basic Books.

3　Hacking, I. (1998). *Mad travellers: Reflection of the reality of transient mental illness.* University of Virginia Press.（江口重幸・大前晋・下地明友・三脇康生・ガイタニディス，ヤニス訳，2017『マッド・トラベラーズ ── ある精神疾患の誕生と消滅』岩波書店）

4　一例を挙げると，自閉症の原因を母親の冷淡な育児に求める仮説は，母親に対する道徳的非難をもたらせてきた（Eyal et al., 2010; 浦野，2016）。また，後に検討するように外傷的経験と結びついた障害については，とりわけ他者による行為がその原因として考えられる場合には，道徳的・法的な責任をめぐる議論と係争と切り離して考えることはできない（Hacking, 1995; Leys, 2000; 信田ら，2019）。

Eyal, G., Hart, B., Onculer, E., Oren, N., & Rossi, N. (2010). *The autism matrix: The social origins of the autism epidemic*. Polity Press.

Hacking, I. (1995). *Rewriting the soul: Multiple personality and the sciences of memory.* Princeton University Press.

Leys, R. (2000). *Trauma: A genealogy*. The University of Chicago Press.

信田さよ子・上岡陽江・キャンベル，シャナ (2019).『被害と加害をとらえなおす ── 虐待について語るということ』春秋社

浦野茂 (2016).「『神経多様性』の戦術 ── 自伝における脳と神経」酒井泰斗・

── 歴史的経緯」『精神科治療学』*37*(6), 583-589.
37 渡邊芳之 (2010).『性格とはなんだったのか ── 心理学と日常概念』新曜社
38 林直樹 (2018).「パーソナリティ障害と行動異常」尾崎紀夫・三村將・水野雅文・村井俊哉編『標準精神医学〔第 7 版〕』(pp. 279-302), 医学書院
39 林 (2018), p. 282 の脚注。
40 渡邊 (2010).
渡邊芳之 (2022).「心理学における性格の定義について」『精神科診断学』*37*(6), 597-601.
41 Allport, G. W. (1937). *Personality: A psychological interpretations*. Holt.（詫摩武俊・青木孝悦・近藤由紀子・堀正訳, 1982『パーソナリティ ── 心理学的解釈』新曜社）
42 Allport (1937), 翻訳書 p. 40.
43 土屋貴志 (1994).「障害が個性であるような社会」森岡正博編『「ささえあい」の人間学 ── 私たちすべてが「老人」+「障害者」+「末期患者」となる時代の社会原理の探究』(pp. 244-261), 法藏館
44 渡邊芳之・佐藤達哉 (1994).「『よい性格』と『わるい性格』── 性格について価値判断することをどう考えるのか」『日本性格心理学会第 3 回大会発表論文集』38.
45 渡邊芳之 (2018).「パーソナリティ研究の現状と動向」『教育心理学年報』*57*, 79-97.
平野真理 (2021).「パーソナリティ研究の動向と今後の展望 ── ビッグ・ファイブ, 感受性, ダークトライアドに焦点をあてて」『教育心理学年報』*60*, 69-90.
46 Heckman, J. J. (2013). *Giving kids a fair chance*. The MIT Press.（古草秀子訳, 2015『幼児教育の経済学』東洋経済新報社）
47 小塩真司編 (2021).『非認知能力 ── 概念・測定と教育の可能性』北大路書房
48 Allport (1937).
49 オルポート（Allport, 1937）はそうした共通特性と対立するものとして, 特定の人にだけその性格特徴が見られ, 他の人にはまったく見られないというように, 個人間の差異が質的なものとなる性格特性を挙げ, それを個人特性（individual trait）と呼んでいる。
50 その点で, わが国では非認知能力に関する議論が国や自治体の教育政策の問題でなく,「非認知能力を育てる子育て」というように教育産業等に対する親の教育投資の問題と位置づけられがちであることは大きな問題と考えている。
51 Zeigler-Hill, V., & Marcus, D. K. (Eds.). (2016). *The dark side of personality: Science and practice in social, personality, and clinical psychology*. American Psychological Association.（下司忠大・阿部晋吾・小塩真司監訳, 2021『パーソナリティのダークサイド ── 社会・人格・臨床心理学による科学と実践』福村出版）

二十五日文部省訓令二十号)」https://www.mext.go.jp/b_menu/hakusho/html/others/detail/1317978.htm

22　田辺和徳 (1997).「個性の概念と『個性重視の原則』」『大阪教育大学教育学教室教育学論集』*26*, 1-9.

大西勝也 (2013).「学習指導要領と臨時教育審議会答申にみる『個性』に関する教育理念と『個性』概念について」『神奈川大学心理・教育研究論集』*34*, 65-68.

23　戸田浩史 (2009).「『ゆとり教育』見直しと学習指導要領の在り方」『立法と調査』*295*, 65-74.

24　文部科学省 (2019).「高等学校学習指導要領」

25　茂木俊彦 (2003).『障害は個性か ── 新しい障害観と「特別支援教育」をめぐって』大月書店

26　河野哲也 (2000).「障害は『個性』か？ ── 特殊教育とその倫理的問題」『慶應義塾大学日吉紀要 人文科学』*15*, 1-27.

27　河野 (2000), p. 24.

28　森 (1999).

29　川田隆一 (2006).『怒りの川田さん ── 全盲だから見えた日本のリアル』オクムラ書店

30　川田 (2006), p. 249.

31　佐々木一成 (2016).「障害を『個性』だなんて言うけれど。」プラス・ハンディキャップ https://plus-handicap.com/2016/07/7557/

長野僚 (2020).「障害は個性ではない（※3年前執筆：ブラッシュアップバージョン）」https://note.com/ryonagano/n/ne6dac103581f

32　遥けき博愛の郷 (2021).「なにが『障害は個性』だろうか」障害者ドットコム https://shohgaisha.com/column/grown_up_detail?id=2049

33　総理府 (1995).

34　もっとも，日本語の「性格」に対応する英語の“character”にはもともと品性，人徳，高潔さ，正直さといった肯定的な価値が与えられていて，アメリカの心理学者が“character”より“personality”の語を用いたのはそうした価値的な意味を嫌ったからだとされる（Allport, 1961）。一方日本語で“personality”の訳語として用いられる「人格」には「人格者」といった価値的な意味があるために訳語を用いず「パーソナリティ」と記されることも多い。

Allport, G. W. (1961). *Pattern and growth in personality*. Holt.（今田恵監訳，1968『人格心理学』誠信書房）

35　渡邊芳之 (2005).「パーソナリティの定義とパーソナリティ研究の意義」中島義明・繁桝算男・箱田裕司編『新・心理学の基礎知識』(pp. 278-279)，有斐閣

36　松浦雅人 (2022).「なぜ，てんかん性格という言葉は偏見のもととなったのか

2021』を公表」『共同参画』5月号 https://www.gender.go.jp/public/kyodosankaku/2021/202105/202105_05.html?msclkid=fcc52d92b03f11ec9be1d66bb5e1b985

第 7 章

1　土田耕司 (2015).「障害個性論の背景── 『障害は個性である』という言葉の役割」『川崎医療短期大学紀要』*35*, 51-55.
2　山岸倫子 (2009).「障害個性論の再検討」『社会福祉学評論』*9*, 1-11.
3　森正司 (1999).「障害個性論── 知的障害者の人間としての尊厳を考える」大阪市立大学文学部哲学科卒業論文 http://www.arsvi.com/1990/990600ms.htm
　土田 (2015); 山岸 (2009).
4　横塚晃一 (2007).『母よ！殺すな』生活書院
5　廣野俊輔 (2015).「川崎バス闘争の再検討── 障害者が直面した困難とは？」『社会福祉学』*55*(4), 43-55.
6　山岸 (2009).
7　牧口一二 (1988).『雨あがりのギンヤンマたち』明石書店
8　牧口 (1988), p. 217.
9　総理府 (1995).『平成 7 年版 障害者白書── バリアフリー社会をめざして』
10　総理府 (1995), p. 12.
11　牧口 (1988).
12　総理府 (1995).
13　乙武洋匡 (1998).『五体不満足』講談社
14　土田 (2015).
15　有路憲一・関口あさか (2017).「サヴァン症候群の実態調査とその実践的価値」『信州大学総合人間科学研究』*11*, 195-217.
16　小林茂 (2021).「日本における gifted という語の受容の課題」『札幌学院大学心理学紀要』*3*(2), 1-11.
17　土田 (2015).
18　新村出編 (2008).『広辞苑〔第六版〕』岩波書店
19　片桐芳雄 (1995).「日本における『個性』と教育・素描── その登場から現在に至る」森田尚人・藤田英典・黒崎勲・片桐芳雄・佐藤学編『個性という幻想』（教育学年報 4, pp. 53-84），世織書房
20　鵜殿篤 (2001).「『教育的』及び『個性』── 教育学用語としての成立」『東京大学教育学研究室紀要』*27*, 15-24.
　鵜殿篤 (2014).「個性概念に関する一考察」『文京学院大学教職研究論集』*5*, 65-73.
21　文部省 (1927).「児童生徒ノ個性尊重及職業指導ニ関スル件（昭和二年十一月

究』3, 25-43.

8　高梨克也 (2019).「発散型ワークショップでの発言に伴う指さし── 多重の行為から見た活動への志向」安井永子・杉浦秀行・高梨克也編『指さしと相互行為』(pp. 191-217)，ひつじ書房

9　Mondada, L. (2014). The local constitution of multimodal resources for social interaction. *Journal of Pragmatics, 65*, 137-156.

10　Endo, T. (2018). The Japanese change-of-state tokens *a* and *aa* in responsive units. *Journal of Pragmatics, 123*, 151-166.

11　Endo (2018).

12　Sacks, H. (1992). *Lectures on conversation*. Blackwell.

13　Mondada (2014).

Mondada, L. (2018). Multiple temporalities of language and body in interaction: Challenges for transcribing multimodality. *Research on Language and Social Interaction, 51*(1), 85-106.

14　Mondada, L., Bouaouina, S. A., Camus, L., Gauthier, G., Svensson, H., & Tekin, B. S. (2021). The local and filmed accountability of sensorial practices: The intersubjectivity of touch as an interactional achievement. *Social Interaction: Video-Based Studies of Human Sociality, 4*(3).

15　Mondada et al. (2021).

16　西阪仰 (2018).「会話分析はどこへ向かうのか」平本毅・横森大輔・増田将伸・戸江哲理・城綾実編『会話分析の広がり』(pp. 253-279)，ひつじ書房

17　Mondada et al. (2021).

18　Jefferson, G. (2004). Glossary of transcript symbols with an introduction. In G. H. Lerner (Ed.), *Conversation analysis: Studies from the first generation* (pp. 13-31). John Benjamins.

19　西阪仰 (2008).『分散する身体── エスノメソドロジー的相互行為分析の展開』勁草書房

20　Mondada (2018).

コラム①

1　秋風千恵「歩く重度障害者が感じる『どっちつかず』」http://hippo.heteml.net/mild_disability/symposium02/akikaze.html

2　Technology Entertainment Design の略称で，学術・エンターテインメント・デザインなど幅広い分野の専門家による講演会を主催しているアメリカの非営利団体。

3　キンバリー・クレンショー「インターセクショナリティの緊急性」TED http://www.ted-ja.com/2017/01/kimberle-crenshaw-urgency-of.html

4　男女共同参画局 (2021).「世界経済フォーラムが『ジェンダーギャップ指数

ってくるたびにいちいち最初から教える」ことのあまりの大変さに同情的な立場もある。そうした大変さを減らすべく，集団的にアシストする体制を整えることもまた自立生活の実現を阻む障壁を減らすことでありうるからである。こうした，既存の「運動のロジック」がまさに運動の現場で具体的にどのように実践されているか，その融通無碍なリアリティを捉えておく必要はあるだろう。

19　山下幸子 (2008).『「健常」であることを見つめる ── 一九七〇年代障害当事者／健全者運動から』生活書院

20　本研究は，JSPS 科学研究費補助金（2020 年度 基盤研究 C : 課題番号 20K02109 ; 研究代表者 : 井口高志）の助成を受けた調査研究成果の一部である。

第 6 章

1　Suchman, L. A. (1987). *Plans and situated actions: The problem of human-machine communication*. Cambridge University Press.（佐伯胖監訳，水川喜文・上野直樹・鈴木栄幸訳，1999『プランと状況的行為 ── 人間－機械コミュニケーションの可能性』産業図書）

Clancey, W. J. (1993). Situated action: A neuropsychological interpretation (Response to Vera and Simon). *Cognitive Science, 17*(1), 87-116.

Clancey, W. J. (1997). *Situated cognition: On human knowledge and computer representations*. Cambridge University Press.

諏訪正樹 (2015).「一人称研究だからこそ見出せる知の本質」諏訪正樹・堀浩一編著，伊藤毅志・松原仁・阿部明典・大武美保子・松尾豊・藤井晴行・中島秀之著『一人称研究のすすめ ── 知能研究の新しい潮流』(pp. 3-44)，近代科学社

2　Goodwin, C., & Goodwin, M. H. (2004). Participation. In A. Duranti (Ed.), *A companion to linguistic anthropology* (pp. 222-244). Blackwell.

Streeck, J., Goodwin, C., & LeBaron, C. (Eds.). (2011). *Embodied interaction: Language and body in the material world*. Cambridge University Press.

3　Tomasello, M. (1999). *The cultural origins of human cognition*. Harvard University Press.（大堀壽夫・中澤恒子・西村義樹・本多啓訳，2006『心とことばの起源を探る ── 文化と認知』勁草書房）

4　Goodwin, C. (1981). *Conversational organization: Interaction between speakers and hearers*. Academic Press.

5　高梨克也・坂井田瑠衣 (2022).「日常生活場面の相互行為分析」鈴木宏昭編『認知科学講座 3 心と社会』(pp. 103-140)，東京大学出版会

6　高梨・坂井田 (2022).

7　西澤弘行・南保輔・秋谷直矩・坂井田瑠衣 (2016).「『今，ここ』を引き延ばすこと ── 歩行訓練における環境構造化実践の相互行為分析」『常磐大学大学院学術論

257），生活書院

11 「ラーメンがあまり好きでない」という障害者に出会ったことがある。本人は脳性麻痺者だが，私はその言を信じていない。「ラーメンが好きではない／嫌いだ」という人間にめったに会わない，ということもあるが，その「好きでない」は「熱い食べ物があまり好きでない」，厳密に言えば，「熱い食べ物を食べる（ための介助を受ける）のがわずらわしい」ことに起因しているのではないかと考えるからである。もちろん，「食べることのわずらわしさ」と「味」は分けて考えるべきことなのかもしれないが，しかしそれらを厳密に分けることなどできるのだろうか。そもそも，ある食べ物が「好き」であることは，純粋にその「味」だけに照準した感覚なのだろうか。そうではないだろう。また，冷ましたり細かく切ったりして食べなくてはならない自分は，「ラーメンの本当のおいしさ」を知りえないというあきらめからきている可能性も捨てきれない。とすれば，彼に「ラーメンがあまり好きでない」と言わしめているのは，その人の個人的な「味覚」なのではなくて，「介助されて食べる」という型そのものがもってしまう困難さなのかもしれない。

12 前田拓也 (2022).「介助が『できるようになる』とはどのようなことか —— 身体障害者の自立生活運動における介助者の経験と語りから」『現象学と社会科学』5, 31-41.

13 とはいえ，介助内容を細部にわたって「厳密に指示すべき」だとするわけにもいかない。当事者が「確固たる主体性」を有することを前提として，徹底的に自己決定を求められることは，なにより当事者自身にとってしんどいことだからである。自立生活を実践する障害者が，日々おこなう自己決定の中で近代的な主体であることを証明すべく強迫的な〈強い障害者像〉にとらわれることの問題性については，油田（2019）にくわしい。

油田優衣 (2019).「強迫的・排他的な理想としての〈強い障害者像〉—— 介助者との関係における『私』の体験から」熊谷晋一郎編『当事者研究をはじめよう』（臨床心理学増刊第 11 号，pp. 27-40），金剛出版

14 海老田大五朗 (2020).『デザインから考える障害者福祉 —— ミシンと砂時計』ラグーナ出版，p. 7.

15 石島健太郎 (2021).『考える手足 —— ALS 患者と介助者の社会学』晃洋書房

16 前田 (2009), pp. 306-307.

17 石島 (2021).

18 健常者スタッフにすっかり「引き継ぎ」を任せてしまう利用者の存在については，現場でも評価が分かれている。それを，自立生活運動における「障害者自身が介助を教えなければならない」という規範からの逸脱であると見なす否定的な評価が一方の極に存在することはいうまでもないが，同時に，「新人介助者が入

が，当人に教えてもらいながら行う。それでなにか不都合があることはまずない。（立岩，2012, p. 364）

しかし現状，介助を実際に仕事として始めるには，障害者総合支援法に基づいて，重度訪問介護従業者資格のための養成研修が必要になっている。立岩は，こうした状況へと至る以前に，自立生活運動の側には「そもそもなんの資格も研修もなくて，利用する側が介助者を集めてきて，自分でやり方を教えて，できるようにさせてきた」し，「へんなことを学校で教わってくるよりこのほうがずっとうまくいく，実際うまくいっている」という考えがあったと述べている（立岩，2021, pp. 71-72）。

ともあれ，現場は「研修」を全否定しているわけではない。「資格」のためにフォーマルな「研修」を実施しなければならないことに複雑な思いを抱きながらも，「せっかくやるんだったらよりマシなものを」と真摯に考えてやっている。しかし，障害者の暮らしは障害者自身が主体的につくっていくものなのだから，それをアシストする役割を担う介助者は，介助のやりかたを，本来であれば障害者自身に教わるべきであるという障害者運動の理念を，大前提としてもち続けていることを疑う余地はないだろう。

立岩真也 (2012).「私が決め，社会が支える，のを当事者が支える ── 介助システム論」安積純子・岡原正幸・尾中文哉・立岩真也『生の技法 ── 家と施設を出て暮らす障害者の社会学〔第 3 版〕』(pp. 354-413)，生活書院

立岩真也 (2021).『介助の仕事 ── 街で暮らす／を支える』筑摩書房

10　障害者が，食事を含めた生活上のさまざまな行為を，健常者中心的な身体規範に照らし合わせて「お行儀よく」実践できないことによる「羞恥」は，身体に深く食い込んでいる。そのため，そう簡単に拭い去れるものではないことは，岡原・立岩（2012）に指摘されている。一方で，だからこそ「堂々と」「ひらきなおって」「お行儀の悪い」食べかたをすることを通して，障害のある身体を少しずつ肯定しようとすることもあるだろう。とすれば，介助者が食事における「お行儀のよさ」を志向し，本人にとって「不本意」な介助をおこなうのだとすれば，こうした規範的なまなざしに介助者も同調し，障害者のアイデンティティを否定することになってしまいかねないことにも注意が必要である。「羞恥」の対象としての障害者の身体と他者のまなざし，および障害者のアイデンティティの関係については星加（2002）を参照。

星加良司 (2002).「『障害』の意味付けと障害者のアイデンティティ ── 『障害』の否定・肯定をめぐって」『ソシオロゴス』*26*, 105-120.

岡原正幸・立岩真也 (2012).「自立の技法」安積純子・岡原正幸・尾中文哉・立岩真也『生の技法 ── 家と施設を出て暮らす障害者の社会学〔第 3 版〕』(pp. 232-

び声を挙げ，授業中の教員から叱責を受けたことや，大学職員からふざけている学生を報告されたこともある。活動当初は何度が注意したが，最近は悩みながらもあえてそのままにしておき，後でスライド等の資料で，体験への批判的意見を提示する。学生は，そのときはじめて，そのようなつもりはなかったとしても，みずからの行為が「無意識の偏見」だったと気づく。しかし，事故の発生や「偏見のバラマキ」との批判から，体験の実施自体が危ぶまれることにもなりかねない。悩ましいところである。

第 5 章

1 細馬宏通 (2016).『介護するからだ』医学書院，p. 275.

2 細馬 (2016), pp. 274-275.

3 石岡丈昇 (2017).「癖の社会学」『現代思想』3 月号，125-139, pp. 126-127.

4 障害者運動の中でも，時に「CIL モデル」（天畠，2022）と称されることもあるこの事業スタイルは，介助を「サービス」と捉え，同時に，それら「介助サービス」を利用する障害者たちを「消費者」と捉える。

有償で提供されることの主たる意義は，介助「量」の安定と確保，および，介助者に責任をもって介助を担わせることにある。同時に，介助を利用する障害者に，あくまでも介助サービスを利用する「消費者」としての自覚を促すことにもある（中西，1998）。また，介助が有償であることによって，先に述べた「自己決定する自立」が実現できるとされる。

天畠大輔 (2022).『しゃべれない生き方とは何か』生活書院

中西正司 (1998).「消費者コントロールの介助制度の提案 ── 新しい障害者介護保障に向けてのセルフマネジドケア（試案）」『季刊 福祉労働』*81*, 138-143.

5 前田拓也 (2009).『介助現場の社会学 ── 身体障害者の自立生活と介助者のリアリティ』生活書院

6 立岩真也 (1999).「自立」庄司洋子・木下康仁・武川正吾・藤村正之編『福祉社会事典』（pp. 520-521），弘文堂，p. 520.

7 福島智 (2005).「『今後の障害保健福祉施策について（改革のグランドデザイン案）』に関する意見書 ── 生存と魂の自由を 障害者福祉への応益負担導入は，『保釈金』の徴収だ」『総合ケア』*15*(2), 86-89.

8 介助者手足論の現場での具体的な用いられ方と意義については，拙著（前田，2009）ですでに詳細に検討したので，そちらを参考にしてほしい。

9 立岩真也は，「家族の介助によらず，施設にも住まない人」の暮らしを支援する手段としての介助者について，1990 年の時点で以下のように述べている。

介助の内容は生活に関わる全て。今までこの類の経験をしたことのない人達密な関係を融合できるよう準備された「生まれながらのサイボーグ」であり，「道具はわたしたちである」（翻訳書 pp. 8-9）。

Clark, A. (2003). *Natural-born cyborgs: Minds, technologies and the future of human intelligence*. Oxford University Press.（呉羽真・久木田水生・西尾香苗訳，2015『生まれながらのサイボーグ──心・テクノロジー・知能の未来』春秋社）

43 Merleau-Ponty, M. (1945). *Phénoménologie de la perception*. Gallimard.（中島盛夫訳，1982『知覚の現象学』ウニベルシタス叢書 112，法政大学出版局）

44 伊藤 (2019).

45 細馬宏通 (2016).『介護するからだ』医学書院

46 細馬 (2016), p. 57.

47 異なる空間知覚能力を有する視覚障害者とガイドヘルパーが，共有可能で利用可能な方法や知識を探りながら調整する様子は，秋谷ら（2014）の歩行訓練の実践研究が参考になる。

秋谷直矩・佐藤貴宣・吉村雅樹 (2014).「社会的行為としての歩行──歩行訓練における環境構造化実践のエスノメソドロジー研究」『認知科学』*21*(2), 207-275.

48 前川幸子 (2011).「『わざ言語』が促す看護実践の感覚的世界」生田久美子・北村勝朗編著『わざ言語──感覚の共有を通しての「学び」へ』（pp. 135-162），慶應義塾大学出版会

49 視覚障害体験である「ダイアローグ・イン・ザ・ダーク」や聴覚障害体験である「ダイアローグ・イン・サイレンス」を主宰するダイアローグ・ジャパン・ソサイエティは，「エンターテイメントとして楽しみながら人と出会う。そして対話する。何かが始まる。それは自分を変化させ世の中の変化に繋がっています」として，多様性の理解を促すことを目的にこれらの体験環境を提供している（一般社団法人 Dialogue Japan Society; https://djs.dialogue.or.jp/）。筆者は，みずからの生活世界において「他者」と出会うときに比べ，おのずから「他者」の世界に参入する方が，不安や恐怖が和らぐと考える。さらに，楽しみながら体験できることに大きな可能性を感じている。

50 ヘッドマウント・ディスプレイを用いたVRなどで行われる発達障害や精神障害の疑似体験については，どこまでを身体的な制限と見なすかなど，本稿の疑似体験と同列に扱うか議論が必要である。今後の課題としたい。

51 男女共同参画学協会連絡会 (2019).「無意識のバイアス──Unconscious Bias──を知っていますか？」https://djrenrakukai.org/

52 残念ながら一部学生の行為により，体験活動を中止したことがある。中止にまで至らなくとも，必ずガイドヘルプするとの約束事を守らず，アイマスクの学生を1人にし，困っている様子を動画撮影する学生や，手拍子で誘導する学生，スロープの上で介助の手を放す学生もいる。また，学内で活動中に多数の学生が叫

29　トヴェルスキー，B.（渡会圭子訳）(2020).『Mind in Motion ── 身体動作と空間が思考をつくる』森北出版

30　荒木裕樹は，理解の暴力性について次のように述べている。

> そもそも「他人」を理解するとは，その他人が自分とは異なる存在であることを認めるところから始まります。「相手は自分とは異なる存在なのだから，相手のことを勝手に決めてはならない」という最低限の一線を守らなければ「相互理解」など成り立ちません。「相手のことを勝手に決めてよい理解」は，強者による弱者の支配に他なりません。こうした「理解」は，「自分の理解を超える者」「自分が心地よく理解できない者」を必ず攻撃します。（荒井，2020, p. 120）

荒井裕樹 (2020).『障害者差別を問いなおす』筑摩書房

31　森田真生 (2018).『数学する身体』新潮社

32　森田 (2018), p. 43.

33　尼ケ崎彬 (1988).「序論」尼ケ崎彬編『芸術としての身体 ── 舞踊美学の前線』（pp. 1-38），勁草書房

34　Butler, J. P. (1990). *Gender trouble: Feminism and the subversion of identity*. Routledge.（竹村和子訳，1999『ジェンダー・トラブル ── フェミニズムとアイデンティティの攪乱』青土社）

35　Merleau-Ponty, M. (1964). *Le visible et l'invisible, suivi de notes de travail*. Les Éditions Gallimard.（滝浦静雄・木田元訳, 1989『見えるものと見えないもの』みすず書房）

36　河野 (2015).

37　伊藤亜紗 (2019).『記憶する体』春秋社

38　言葉は，思考の身体であり器官であり，思考がそこへと浸され，組み込まれている境域《エレメント》である（鷲田，2003）。

鷲田清一 (2003).『メルロ＝ポンティ ── 可逆性』講談社

39　杉野 (2007).

40　杉野 (2007), pp. 141-142.

41　Heidegger, M. (1927). *Sein und Zeit*. Max Niemeyer Verlag.（高田珠樹訳，2013『存在と時間』作品社）

42　道具は身体の延長上にあり，身体・道具・環境の境界は曖昧である。認知科学者のアンディ・クラーク（Clark, 2003）は，「わたしたちの道具の多くは，単なる外的な補助具ではなく，今日人間の知能と見なされている問題解決システムの，根本的で不可欠な部分なのだ。これらの道具は，わたしたちの心を構成する計算装置の固有の部分と考えるべきである」と述べる。人間は非生物的リソースと親

22　わざわざ疑似体験などしなくとも直接障害当事者と関わる機会をつくればよいではないか，という指摘もあるが，残念ながら大学を含めた国内の教育環境が，教員はもとより児童生徒や学生がそのような選択を自由にできる環境になっているとは言い難い（国連子どもの権利条約委員会における複数回の勧告や2022年の障害者権利条約委員会からの分離教育を中止する勧告を受けていることからも明らかである）。「障害」経験を当事者から学ぶ機会が重要であることは論を俟たないが，本稿は，普段の教育環境からは見えにくい「障害」に対して考えるきっかけづくりの試みであり，障害当事者がその経験を「教える」以外の方法を模索している。自身の経験として「できなさ」を共有するのであり，障害者の「痛み」に共感して立場を入れ替えるのではない。「私」を攪乱し，「日常とは異なるみずからの身体を通した経験」を思考することの教育的な可能性について論じている。

23　とくにイギリス障害学においては，戦略的に「障害」を「個人の属性としての障害（impairment）」と「社会制度に起因する障害（disability）」に分けてきたが，その批判や限界については障害学内外で議論がある。本稿でも示すように，身体と社会／環境の境界を明確にすることは容易ではない。「インペアメントとディスアビリティは身体を媒介として出会う」のであり，身体感覚を通じて「ディスアビリティは身体化され，インペアメントは社会化される」（杉野，2007, p. 141）。杉野は，「『障害の個人的経験』は『社会モデル』の射程に入っている」（p. 152）と述べている。

杉野昭博 (2007).『障害学 ── 理論形成と射程』東京大学出版会

24　Deleuze, G. (1985). *Cinéma 2: L'image-temps*. Minuit.（宇野邦一・江澤健一郎・岡村民夫・石原陽一郎・大原理志訳，2006『シネマ2＊時間イメージ』法政大学出版局），翻訳書 p. 263.

25　長瀬修 (1999).「障害学に向けて」石川准・長瀬修編著『障害学への招待 ── 社会，文化，ディスアビリティ』（pp. 11-39），明石書店

星加良司 (2007).『障害とは何か ── ディスアビリティの社会理論に向けて』生活書院

杉野 (2007).

田中耕一郎 (2007).「社会モデルは〈知的障害〉を包摂し得たか」『障害学研究』*3*, 34-62.

26　河野哲也 (2015).『現象学的身体論と特別支援教育 ── インクルーシブ社会の哲学的探究』北大路書房

27　伊藤亜紗 (2015).『目の見えない人は世界をどう見ているのか』光文社

28　石野由香里 (2015).「演じる行為が自己相対化と他者理解を促す効果 ── 問題発見型フィールドワークで遭遇したシーンを再現する手法の開発」『生活学論叢』*27*(0), 17-28.

7　DET はファシリテーターとして研修を受け，資格を得た障害当事者しか実施できない。認定するのは，国内においては東京都にある NPO 法人障害平等研修フォーラムのみであり，ファシリテーターの数は 2022 年 3 月現在 118 名となっている（https://detforum.org/）。

8　本稿では，「経験」を「感覚・知覚から始まって，道徳的行為や知的活動までを含む体験の自覚されたもの」（新村，2008）として，「体験」とは明確に区別する。

新村出編 (2008).『広辞苑〔第六版〕』岩波書店

9　田中智志 (2002).『他者の喪失から感受へ ── 近代の教育装置を超えて』勁草書房

10　岡真理 (2000).『彼女の「正しい」名前とは何か ── 第三世界フェミニズムの思想』青土社

11　岡 (2000), pp. 226-227.

12　鈴木治郎 (2006).「当事者の役割と福祉教育・ボランティア学習への期待」『福祉教育・ボランティア学習と当事者性』福祉教育・ボランティア学習研究年報 Vol. 11（pp. 56-59），万葉舎

13　谷内孝行 (2012).「地域における『障害理解プログラム』の実施に関する一考察」『桜美林論考 自然科学・総合科学研究』*3*, 63-71.

14　杉野昭博・KDSG (2005).「障害疑似体験の自省的考察 ── 体験者と実施者の意識調査から」『関西大学社会学部紀要』*37*(1), 123-138.

15　兵藤智佳 (2016).「『体験の言語化』科目の授業内容」早稲田大学平山郁夫記念ボランティアセンター編『体験の言語化』（pp. 95-114），成文堂

16　河井亨 (2016).「『体験の言語化』における学生の学びと成長」早稲田大学平山郁夫記念ボランティアセンター編『体験の言語化』（pp. 158-188），成文堂

17　秋吉恵・河井亨 (2016).「大学生のリフレクション・プロセスの探究 ── サービス・ラーニング科目を事例に」『名古屋高等教育研究』*16*, 87-109.

18　近年，このような体験を言葉で表現することで学びを促進する取り組みが注目されている。たとえば早稲田大学のプロジェクトである「体験の言語化プログラム」では，「言葉を与える」のではなく，学生みずからが言葉を紡ぐプロセスを支援する。主体的に学び・行動できるよう学生自身が変容することに到達目標が置かれている。

19　綾屋紗月・熊谷晋一郎 (2008).『発達障害当事者研究 ── ゆっくりていねいにつながりたい』医学書院

20　Turner, B. S. (1984). *The body and society: Explorations in social theory*. Basil Blackwell.（小口信吉・藤田弘人・泉田渡・小口孝司訳，1999『身体と文化 ── 身体社会学試論』文化書房博文社）

21　Turner (1984), 翻訳書 p. 120.

40　原田琢也 (2018).「インクルーシブ教育に関する日英比較研究――『特別な教育的ニーズ』概念の違いに注目して」『法政論叢』*54*(2), 159-178.

41　Queensland Government (Department of Education). (2018). Inclusive education: Policy statement. https://education.qld.gov.au/student/inclusive-education/Documents/policy-statement-booklet.pdf

42　小国喜弘編 (2019).『障害児の共生教育運動――養護学校義務化反対をめぐる教育思想』東京大学出版会

43　原田琢也・濱元伸彦 (2017).「ロンドン・ニューアム区の学校のインクルーシブ教育実践（Ⅱ）――個のニーズへの対応と集団への包摂の両立を目指して」『金城学院大学論集 社会科学編』*14*(1), 1-23.

44　原田琢也・濱元伸彦・竹内慶至 (2018).「オーストラリア・クイーンズランド州のインクルーシブ教育制度と実践」『金城学院大学論集 社会科学編』*15*(1), 24-43.

45　Bowles & Gintis (1976).

46　毎日新聞 (2019); 三浦 (2020).

47　金 (2020).

第4章

1　文部科学省が推進する体験活動においても障害疑似体験が紹介されている。たとえば，文部科学省の初等中等教育局特別支援教育課の「交流及び共同学習オンラインフォーラム」では，障害を疑似的に体験する活動が多く例示されている。しかし，活動の問題点についてはまったく示されない。

2　French, S. (1992). Simulation exercises in disability awareness training: A critique. *Disability, Handicap & Society*, *7*(3), 257-266.

3　西舘有沙・水野智美・徳田克己 (2016).「地域で実施されている福祉体験講座の問題点と改善策の提案――視覚障害歩行体験と車いす体験に焦点を当てて」『障害理解研究』*17*, 1-16.

4　松原崇・佐藤貴宣 (2011).「障害疑似体験の再構成――疑似体験から協働体験へ」『ボランティア学研究』*11*, 85-98.

5　Gillespie-Sells, K., & Campbell, J. (1991). *Disability equality training*. Central Council for Education & Training in Social Work.（久野研二訳，2005『障害者自身が指導する権利・平等と差別を学ぶ研修ガイド』明石書店），翻訳書 pp. 27-28.

6　芝田（2007）は，これまでの視覚障害の歩行疑似体験の研究成果から，不安や恐怖を低減させるには30～40分の慣らす時間が必要であり，いきなり階段の昇降などをすることは適切な体験方法ではないとする。

　芝田裕一 (2007).「視覚障害の疑似体験実施の方法及び留意点――手引きによる歩行を中心として」『兵庫教育大学研究紀要』*30*, 25-30.

Columbia University Press.（熊沢誠・山田潤訳，1985『ハマータウンの野郎ども――学校への反抗 労働への順応』筑摩書房）
24 Bernstein (1973).
25 Willis (1977).
26 池田寛 (1996).「学力と自尊感情」『学力と自己概念――人権教育・解放教育の新たなパラダイム』(pp. 196-198)，解放出版社
27 原田琢也 (1995).「学校文化：その差別の構造――服装・頭髪指導という〈葛藤の場〉より」『解放社会学研究』9, 31-63.
原田琢也 (2007).『アイデンティティと学力に関する研究――「学力大合唱の時代」に向けて，同和教育の現場から』批評社
28 Foucault, M. (1975). *Surveiller et punior: Naissance de la prison*. Gallimard.（田村俶訳，1977『監獄の誕生――監視と処罰』新潮社）
29 木村祐子 (2015).『発達障害支援の社会学――医療化と実践家の解釈』東信堂
30 Minow, M. (1990). *Making all the difference: Inclusion, exclusion and the American law*. Cornell University Press, p. 20.
31 Minow (1990), p. 20.
32 苅谷剛彦 (1995).『大衆教育社会のゆくえ――学歴主義と平等神話の戦後史』中央公論社
33 松浦加奈子 (2019).「発達障害児をめぐる｛支援者－被支援者｝の関係――通常学級における支援の担い手としての児童に着目して」『子ども社会研究』*25*, 107-126.
34 Parsons, T. (1951). *The social system*. Free Press.（佐藤勉訳，1974『社会体系論』青木書店），翻訳書 p. 435.
35 石川准 (1992).『アイデンティティ・ゲーム――存在証明の社会学』新評論，p. 118-119.
36 文部科学省 (2004)「小・中学校における LD（学習障害），ADHD（注意欠陥／多動性障害），高機能自閉症の児童生徒への教育支援体制の整備のためのガイドライン（試案）」
37 中央教育審議会初等中等教育分科会特別支援教育の在り方に関する特別委員会 (2012).「共生社会の形成に向けたインクルーシブ教育システム構築のための特別支援教育の推進（報告）」文部科学省 http://www.mext.go.jp/b_menu/shingi/chukyo/chukyo3/044/attach/1321669.htm
38 文部科学省 (2007).「特別支援教育の推進について（通知）」
39 Gov.UK. (2015). Special educational needs and disability code of practice: 0 to 25 years, p. 98. https://assets.publishing.service.gov.uk/government/uploads/system/uploads/attachment_data/file/398815/SEND_Code_of_Practice_January_2015.pdf

9　堀家由妃代 (2012).「特別支援教育の動向と教育改革 ── その批判的検討」『佛教大学教育学部学会紀要』*11*, 53-68.

10　堤英俊 (2019).『知的障害教育の場とグレーゾーンの子どもたち ── インクルーシブ社会への教育学』東京大学出版会

11　榊原賢二郎 (2016).『社会的包摂と身体 ── 障害者差別禁止法制後の障害定義と異別処遇を巡って』生活書院

12　田中宏樹 (2017).「インクルーシブ教育 ── 通級指導と特別支援学級の選択は中立的か？」『総政リレーコラム』https://sosei.doshisha.ac.jp/column/20171011.html

13　2002 年 3 月に 1969 年から続いてきた同和対策特別措置法が終結しており，現在では「同和地区」は存在しない。「旧同和地区」という言葉が使われることがあるが，ここでは原著の表記にならってこの語を用いた。

14　原田琢也 (2011).「特別支援教育に同和教育の視点を ── 子どもの課題をどう見るか」志水宏吉編『格差をこえる学校づくり ── 関西の挑戦』（pp. 83-100），大阪大学出版会

15　毎日新聞 (2019).「外国籍は通常の 2 倍 特別支援学級在籍率 日本語できず知的障害と判断か」8 月 31 日 https://mainichi.jp/articles/20190831/k00/00m/040/156000c

　三浦美恵子 (2020).「特別支援学級における外国人児童生徒の在籍状況に関する一考察」『宇都宮大学国際学部研究論集』*50*, 205-219.

16　金春喜 (2020).『「発達障害」とされる外国人の子どもたち ── フィリピンから来日したきょうだいをめぐる，10 人の大人たちの語り』明石書店

17　堤 (2019).

18　国立大学法人お茶の水女子大学 (2014).「平成 25 年度全国学力・学習状況調査（きめ細かい調査）の結果を活用した学力に影響を与える要因分析に関する調査研究」国立教育政策研究所 https://www.nier.go.jp/13chousakekkahoukoku/kannren_chousa/pdf/hogosha_factorial_experiment.pdf

19　Bowles, S., & Gintis, H. (1976). *Schooling in capitalist America: Educational reform and contradictions of economic life*. Basic Books.（宇沢弘文訳，1986『アメリカ資本主義と学校教育 ── 教育改革と経済制度の矛盾 I』岩波書店）

20　Bowles & Gintis (1976), pp. 196-211.

21　Bourdieu, P., & Passeron, J.-C., (1970). *La reproduction*. Editions de Minuit.（宮島喬訳，1991『再生産 ── 教育・社会・文化』藤原書店）

22　Bernstein, B. (1973). Social class, language and socialization. In A. S. Abramson et al. (Eds.), *Current trend in linguistics* (Vol. 12). Mouton Publishers.（佐藤智美訳，1980「社会階級・言語・社会化」潮木守一・天野郁夫・藤田英典編訳『教育と社会変動』（下，pp. 237-262），東京大学出版会）

23　Willis, P. (1977). *Learning to labour: How working class kids get working class jobs.*

践』明石書店
46 岡田敬司 (2014).『共生社会への教育学 ── 自律・異文化葛藤・共生』世織書房, p. 73.
47 岡田 (2014), p. 72.
48 藤田修 (1998).「『共に学ぶ教育』とは ── 大阪の『共に学ぶ教育』その現状と課題」藤田修編『普通学級での障害児教育』(pp. 73-136), 明石書店, p. 83.
49 本稿では，健太自身が学級コミュニティの生成変化にコミットしていく局面について論じることができなかった。この点については，当時C小学校で筆者と共同研究を行っていた久保田裕斗が同じ全盲児（健太）にフォーカスしながら，周囲との相互作用について詳細な分析を行っているので，そちらを参照されたい。
久保田裕斗 (2019).「小学校における『合理的配慮』の構成過程 ── 障害児による『再参入の手続き』を中心に」『教育社会学研究』*105*, 71-91.
50 本研究は，JSPS 科学研究費補助金（課題番号：21K13541，研究代表者：佐藤貴宣）の調査研究成果の一部である。

第 3 章

1 遠藤俊子 (2011).「特別支援学校における生徒増加に関する一考察 ── 特別支援教育コーディネーター活用による制度内要因」『日本女子大学大学院人間社会研究科紀要』*17*, 1-13.
文部科学省 (2019).「日本の特別支援教育の状況について」https://www.mext.go.jp/kaigisiryo/2019/09/__icsFiles/afieldfile/2019/09/24/1421554_3_1.pdf
2 柴垣登 (2020).「特別支援教育対象児童生徒増加の要因についての考察 ── 都道府県間の特別支援教育対象率の差異に注目して」『岩手大学教育学部研究年報』*79*, 23-40.
3 鈴木文治 (2010).『排除する学校 ── 特別支援学校の児童生徒の急増が意味するもの』明石書店
4 遠藤 (2011).
5 熊地需・佐藤圭吾・斎藤孝・武田篤 (2012).「特別支援学校に在籍する知的発達に遅れのない発達障害児の現状と課題 ── 全国知的障害特別支援学校のアンケート調査から」『秋田大学教育文化学部研究紀要 教育科学』*67*, 9-22.
6 木村祐子 (2006).「医療化現象としての『発達障害』 ── 教育現場における解釈過程を中心に」『教育社会学研究』*79*, 5-24.
7 窪島務 (1991).「『障害児学級』についての教育学的考察」『季刊障害者問題研究』*64*, 21-33.
8 古谷義博・岡輝彦・広瀬信雄 (2009).「政策としての特別支援教育は何を生み出しているか？」『教育実践学研究』*14*, 128-138.

「社会的コンピテンスと状況的学習」の項で検討するコンピテンスの相互的な学習の文脈において，健太と同じ幼稚園出身者が一定の役割を果たしていたことは間違いなく，その解明も興味深い論点ではあるのだが，本稿ではそこまでの細かな分析はできていない。

32 上野 (1999), p. 134.

33 『テルミ』の公式ホームページには，「主な読者対象」に関して，「全ての視覚障害児，主に小学校中学年の子どもたちですが，インクルーシブ教育が叫ばれる現在，晴眼者と一緒に手に取って読んでもらいたいと考えます」と書かれている。
テルミウェブサイト https://faje.or.jp/terumi/terumi.html

34 西阪仰 (2008).『分散する身体 ── エスノメソドロジー的相互行為分析の展開』勁草書房，p. 152.

35 西阪 (2008), p. 152.

36 山田富秋 (2002).「相互行為と権力作用 ── 批判的エスノメソドロジーの実践」伊藤勇・徳川直人編『相互行為の社会心理学』(pp. 123-139)，北樹出版，p. 128.

37 酒井朗 (2018).「幼小連携における教育臨床社会学の有効性」北澤毅・間山広朗編『教師のメソドロジー ── 社会学的に教育実践を創るために』(pp. 57-68)，北樹出版，pp. 59-60.

38 串田秀也 (2006).『相互行為秩序と会話分析 ──「話し手」と「共－成員性」をめぐる参加の組織化』世界思想社，p. 5.

39 ただ，周囲が騒がしいとき，健太は何を言われているのか，自分が話しかけられているのかどうかを理解できずにいるということも少なくなかった。その場合にはNが間に入って，「いま○○さんが××してくれるっていってるよ」などとクラスメートの行為の意図を解釈し，健太に伝えるなどしていた。こうしてNは両者のコミュニケーションを仲介する役割も担っていたのだが，そうした活動は子ども同士の関係性を調整する機能を果たしているようにも思われた。

40 串田 (2006), p. 5.

41 ソーヤーりえこ (2006).「社会的実践としての学習 ── 状況的学習論概観」上野直樹・ソーヤーりえこ・柳町智治・岡田みさを編『文化と状況的学習 ── 実践，言語，人工物へのアクセスのデザイン』(pp. 41-89)，凡人社，p. 67.

42 Lave, J., & Wenger. E. (1991). *Situated learning: Legitimate peripheral participation*. Cambridge University Press.（佐伯胖訳，1993『状況に埋め込まれた学習 ── 正統的周辺参加』産業図書），翻訳書 p. 77.

43 杉万俊夫 (2017).「コミュニティデザイン（1）── 規範の創出」山内裕・平本毅・杉万俊夫『組織・コミュニティデザイン』(pp. 91-107)，共立出版，p. 100.

44 杉万 (2017), pp. 101-102.

45 堀正嗣 (2021).『障害学は共生社会をつくれるか ── 人間解放を求める知的実

内を転々と移動することになる。

21　視覚障害者用の各種用具については日本点字図書館の以下のサイト内に詳細な説明があるので，そちらを参照されたい。

わくわく用具ショップウェブサイト https://yougu.nittento.or.jp/

22　健太は視覚障害の中でも全盲の子どもである。また，1 年 3 組には所属していなかったが，晴眼の子どもの中には別の障害をもつ者も含まれる。概念上のこうした区別を念頭に，これ以降，「盲」と「障害」を，「健常」と「晴眼」をそれぞれ文脈に応じて互換的に用いていく。

23　N が 1 年 3 組に入り込む週あたりの時間数は，25 時間中 24 時間であった。

24　以下，フィールドノート（fieldnote）からの引用は FN，インタビュー（interview）からの引用は IN と記す。また，★は筆者の発言を表し，〔〕内は筆者の補足である。なお，健太以外の子どもの名前は任意のアルファベット 2 文字で表記する。

25　本稿では，健太が所属する学級における授業実践の具体的な方法や形式，進行過程については論じることができなかった。授業場面を構成する独特の秩序の様相については別稿にてくわしく考察する。

26　北澤毅 (2011).「『学校的社会化』の問題構成――『児童になる』とはどういうことか」北澤毅編『〈教育〉を社会学する』（pp. 212-237），学文社

27　N だけでなく K も健太に向けて学級活動にコミットすることを積極的に促してきた。たとえば，ある日の 1 時間目の算数の時間，K は「健太さん，聞いてな」と，パーキンスでノートをとろうとしている健太に声をかけ，作業を止めさせ，他の子どもの発言を聞くように指示していた（【FN20151113】）。特別支援学級籍の児童であっても，その処遇責任は支援担だけでなく原担もともに担うべきだという考え方は，C 小学校の教師たちにとってある程度共通した認識となっていた。

28　北澤 (2011), p. 225.

29　上野直樹 (2001).「状況論的アプローチ」上野直樹編『状況のインタフェース』（pp. 1-23），金子書房，p. 19.

30　橋爪大三郎は，言語ゲームについての解説の中で，ヴィトゲンシュタインは「われわれが現に生きてしまっている生活の形式」が「われわれの思考や主体性やその他の制度や社会的現実をうみだすのだ」と洞察したと述べている。この解釈に基づくならば，人々の「流儀」をその「生活形式」に根差したものとして位置づけようとする本稿の観点もあながち的外れなものではないだろう。

橋爪大三郎 (1985).『言語ゲームと社会理論――ヴィトゲンシュタイン・ハート・ルーマン』勁草書房，p. 52.

31　健太と同じ幼稚園から入学してきた子どもが同じクラスに少なくとも 5，6 人はいたので，厳密に考えれば N のこうした言い方は正しくない。なお，後の第 5 節

F. Armstrong, D. Armstrong, & L. Barton (Eds.), *Inclusive education: Policy, contexts and comparative perspectives* (pp. 78-98). David Fulton Publishers, p. 78.

7 西倉実季 (2018).「『統合』『異化』の再検討 ── 容貌障害の経験をもとに」『障害学研究』*13*, 56-72, p. 62.

8 青山新吾 (2016).「インクルーシブ発想とは」青山新吾編『インクルーシブ教育ってどんな教育？』(pp. 6-13), 学事出版, p. 10.

9 志水宏吉 (2008).『公立学校の底力』筑摩書房, p. 27.

10 Massey, D. (2005). *For space*. Sage.（森正人・伊澤高志訳, 2014『空間のために』月曜社）, 翻訳書 p. 282.

11 加藤浩・鈴木栄幸 (2004).「学校・教育工学・CSCL ── コンピュータを通した協同の学び」山崎敬一編『実践エスノメソドロジー入門』(pp. 211-228), 有斐閣, p. 219.

12 香川秀太 (2011).「状況論の拡大 ── 状況的学習, 文脈横断, そして共同体間の『境界』を問う議論へ」『認知科学』*18*(4), 604-623, p. 605.

13 上野直樹 (1999).『仕事の中での学習 ── 状況論的アプローチ』東京大学出版会, pp. 128-129.

14 上野 (1999), p. 134.

15 野家啓一 (1998).「生活形式」廣松渉・子安宣邦・三島憲一・宮本久雄・佐々木力・野家啓一・末木文美士編『岩波 哲学・思想事典』(p. 890), 岩波書店

16 二見妙子 (2017).『インクルーシブ教育の源流 ── 一九七〇年代の豊中市における原学級保障運動』現代書館, p. 10.

17 この点に関わって当時学校長の任にあったFは,「絶対にどんな子どもも分けない教育をしましょう, そして, どんな子どもにも支援がいるんだっていうことは常に先生たちにお話ししていたかなと思います」と回顧している（2020年12月6日に視覚障害児の親の会主催で行われた学校教育についての講演会でのFの発言)。

18 健太の受け入れに関する以下の記述は, 注17と同様の親の会でのFの発言による。

19 障害児の受け入れを積極的に進めてきたFの哲学はたとえば以下のような発言からも読み取れる。「私たちの中には, 個別の指導で教室じゃないところで学習する, そういう感覚まったくなくて, 一緒にやるなかで困り事も一緒に考えていく, 学習の内容も考えていくっていうことをずっとやってきました（中略）いろんな子がいる教室でそれぞれの子たちに考えられる, できうる限りの支援だとか配慮だとかしていくっていう形で教育を進めてきていると思っています」(注17と同様の親の会でのFの発言)。

20 とはいえ, その後は健太だけ座席を固定するのは不自然であるとの判断や本人の希望もあり, 席替えが行われるたびに健太の座席も他の子どもと同様にクラス

9 Gilligan, C. (1982). *In a different voice: Psychological theory and women's development*. Harvard University Press.（岩男寿美子監訳，1986『もうひとつの声 ── 男女の道徳観のちがいと女性のアイデンティティ』川島書店）

10 Noddings, N. (2013). *Caring: A relational approach to ethics and moral education* (2nd ed.). University of California Press.（立山善康・林泰成・清水重樹・宮﨑宏志・新茂之訳，1997『ケアリング ── 倫理と道徳の教育 ── 女性の観点から』晃洋書房）

11 Keats, J. (1958). To George and Tom Keats, 21, 27(?) December. 1817. In H. E. Rollins (Ed.), *The letter of John Keats, 1814-1821* (Vol. 1, pp. 191-194). Harvard University Press.

12 この一連の行為もまたショーンのいうリフレクションに通じうる。ショーンは従来の専門家観の刷新を主眼としているが、ショーンの提起するリフレクションは専門家に限らず人間が日々行っている行為を表すものである。佐伯他（2018）を参照のこと。

13 伊藤亜紗 (2020).『手の倫理』講談社

14 伊藤 (2020).

15 鈴木忠 (2009).「自己を越える／現実を越える ── アイデンティティ概念再考」『生涯発達心理学研究』*1*, 19-30.

16 Noddings (2013).

17 Piaget (1932).

18 Noddings, N. (2010). *The maternal factor: Two paths to morality*. University of California Press.

第2章

1 榊原賢二郎 (2016).『社会的包摂と身体 ── 障害者差別禁止法制後の障害定義と異別処遇を巡って』生活書院，p. 291.

2 榊原 (2016), pp. 293-316.

3 三井さよ (2015).「就学運動から学ぶもの」『支援』*5*, 59-72.

4 この他，地方自治体が独自の予算措置によって配置する加配スタッフもまた，障害児のインクルーシブ教育を支える主要な担い手となっている。だが今後，真剣に「インクルーシブ教育」への転換を目指そうとするのであれば，障害児の学籍も普通学級に一元化し，状況に応じて加配スタッフを配置できるような仕組みを構築することが求められるように思う。健太の場合もそうだが，学校でのすべての時間を普通学級ですごしていたとしても，学籍自体が特別支援学級に登録されているとすれば，その障害児はやはり制度レベルで密かに排除されているといってよい。

5 榊原 (2016), p. 291.

6 Booth, T. (2000). Inclusion and exclusion policy in England: Who controls the agenda? In

第 1 章

1　Piaget, J. (1932). *Le jugement moral chez l'enfant*. Felix Alcan.（大伴茂訳，1954『臨床児童心理学 3 児童道徳判断の発達』同文書院）

2　本章で紹介するエピソードの詳細は，水津（2020）を参照。なお，登場する子どもの名前はすべて仮名である。

水津幸恵 (2020).『保育の場における子どもの対人葛藤 ── 人間理解の共感的まなざしの中で』ミネルヴァ書房

3　刑部育子 (1998).「『ちょっと気になる子ども』の集団への参加過程に関する関係論的分析」『発達心理学研究』9, 1-11.

4　小原敏郎・入江礼子・白石敏行・友定啓子 (2008).「子ども同士のトラブルに保育者はどうかかわっているか ── 保育者の経験年数・トラブルが生じる状況による分析を中心に」『乳幼児教育学研究』*17*, 93-103.

5　小原他 (2008).

友定啓子 (2017).「対人葛藤における社会化 ── 自己創出を支える」友定啓子・青木久子『幼児教育 知の探究 16 領域研究の現在〈人間関係〉』(pp. 108-155)，萌文書林

6　Schön, D. A. (1984). *The reflective practitioner: How professionals think in action*. Basic Books.（柳沢昌一・三輪建二監訳，2007『省察的実践とは何か ── プロフェッショナルの行為と思考』鳳書房）

7　ショーンのリフレクション論は，過去やいまの反省や振り返りを通した専門性の向上のサイクルと結びつけられやすいが，筆者のショーンのリフレクション論理解はそれとは異なる。ショーンのいうリフレクションとは「状況との省察的な対話」(Schön, 1984）であり，そこで起こってくることや関わり合う相手を既存の枠組みによって捉えて理解して処理するのではなく，そこで起こってくることや関わり合う相手に開かれて応答するなかであれこれ試してみたり，そこでの感覚や感触，違和感や驚きを大切にし，すでに自分がもっている枠組みや前提を疑って一度崩して考えてみたりすることによって探求し続けることといえる。これについては佐伯他（2018）を参照のこと。

佐伯胖・刑部育子・苅宿俊文 (2018).『ビデオによるリフレクション入門 ── 実践の多義創発性を拓く』東京大学出版会

8　Benhabib, S. (1992). The generalized and the concrete other: The Kohlberg-Gilligan controversy and moral theory. In *Situating the self: Gender, community, and postmodernism in contemporary ethics* (pp. 77-95). Polity Press.（ベンハビブ，S.，1997「一般化された他者と具体的な他者 ── コールバーグ－ギリガン論争と道徳理論」マーティン・ジェイ編，竹内真澄監訳『ハーバーマスとアメリカ・フランクフルト学派』(pp. 171-214)，青木書店）

注・文献

はじめに

1　法務省人権擁護局 (2022).『人権の擁護』, p. 10.

序章

1　杉野彰博 (2007).『障害学 ── 理論形成と射程』東京大学出版会

2　アメリカ北東部にあるマーサズ・ヴィンヤード島では，17 世紀，聴覚障害を生じやすい遺伝を有したイギリス人が入植したのをきっかけに，19 世紀後半頃まで，聞こえの程度に関係なく，誰もが手話を当たり前のように用いていた。聞こえない（聞こえにくい）者は聞こえる者と同様に仕事につき，漁業や農業を営み，貧しいものもいれば豊かな者もおり，結婚や財産管理も他の者と同様で，とくに制限されることもなかった。この島を調査したノーラ・E. グロースが当時を知る島民にろう者のことを尋ね歩き，以下にまとめている。

Groce, N. E. (1985). *Everyone here spoke sign language: Hereditary deafness on Martha's Vineyard*. Harvard University Press.（佐野正信訳，1991『みんなが手話で話した島』築地書館／佐野正信訳，2022『みんなが手話で話した島』早川書房）

3　Lave, J., & Wenger. E. (1991). *Situated learning: Legitimate peripheral participation*. Cambridge University Press.（佐伯胖訳，1993『状況に埋め込まれた学習 ── 正統的周辺参加』産業図書）

4　下位の対抗的公共圏のこと。

徐阿貴 (2012).『在日朝鮮人女性による「下位の対抗的な公共圏」の形成 ── 大阪の夜間中学を核とした運動』御茶の水書房

5　沖潮（原田）満里子 (2013).「対話的な自己エスノグラフィ ── 語り合いを通した新たな質的研究の試み」『質的心理学研究』*12*, 157-175.

6　専門家の定義でなく当事者みずからが，自分のことを自分の言葉で語れるよう，仲間と共に研究していく実践。たとえば，以下など。

浦河べてるの家 (2005).『べてるの家の「当事者研究」』（シリーズ ケアをひらく）医学書院

7　論文引用回数の指標で，論文の影響力の高さを示す。

8　鷲田清一 (2018).「解説」西村ユミ『語りかける身体 ── 看護ケアの現象学』（pp. 273-283）講談社

325
ブラット，バートン　286
ブルデュー，ピエール　96
古谷義博　90
フレイザー，ナンシー　279
フロイト，ジークムント　250
ベル，リーランド　281
ベルナール，クロード　293
ボウルズ，サミュエル　95, 119
星加良司　338
細馬宏通　148, 157
堀家由妃代　90

ま行

前川幸子　150
牧口一二　219, 220
松浦加奈子　107
マッシー，ドリーン　50
マッシェライン，ジャン　290, 300
松原崇　124, 126
ミノウ，マーサ　105
耳塚寛明　94
メルロ＝ポンティ，モーリス　146, 148
茂木俊彦　224
森正司　225, 226
森下直貴　295
森田真生　145
モンダダ，ロレンザ　206, 208

や行

山岸倫子　219
山田富秋　73
油田優衣　337

ら行

ラッセル，ダイアナ　330
リーダー，ドルー　147
レイヴ，ジーン　8, 77
ロウダー，イワン　328

わ行

鷲田清一　17
渡邊芳之　230

コント，オーギュスト　293

さ行

佐伯胖　352
榊原賢二郎　48, 91
サックス，ハーヴィー　197
佐藤貴宣　124, 126
佐藤達哉　235
ジェファーソン，ゲイル　208
柴垣登　90
芝田裕一　344
清水貞夫　325
清水寛　324
シモンズ，マールテン　290, 300
シャロック，ウェス　328
ショーン，ドナルド　27, 351, 352
水津幸恵　352
杉野昭博　128, 147, 342
杉万俊夫　79
鈴木治郎　128
鈴木忠　37
鈴木文治　90
セガン，エドゥアール　280, 283, 326

た行

タイオワ，ピーター　281
立岩真也　338, 339
ターナー，ブライアン　129
田中宏樹　91
田中祐理子　296
谷内孝行　128
ダント，アーサー　254, 329
土田耕司　221
土本秋夫　308
堤英俊　91, 93
手塚博　294, 296
ドゥルーズ，ジル　143
トレント，ジェームス　279, 280, 326

な行

ナイト，ジョージ　281
中園康夫　325
中村満紀男　324, 326
西倉実季　49
西阪仰　208
西舘有沙　124, 126
ヌスバウム，マーサ　278
ノディングズ，ネル　31, 42

は行

ハイデガー，マルティン　148
ハウ，サミュエル・グリドレイ　326
橋爪大三郎　349
パスロン，ジャン＝クロード　96
パーソンズ，タルコット　107
ハッキング，イアン　244, 246–253, 255–257, 259–272, 293, 326–331
ハドック，エイドリアン　329
パトナム，フランク　330
バトラー，ジュディス　146
林直樹　232
バーンステイン，バジル　96
ピアジェ，ジャン　43
ビネ，アルフレッド　293
平野真理　238
フェザーストーン，ヘレン　303, 304
フーコー，ミシェル　99, 262, 263, 282–284, 290, 292, 294, 296, 305,

人名索引

あ行

秋谷直矩　340
荒木裕樹　341
アルヴァックス，モーリス　266
アンスコム，エリザベス　258
池田寛　97
石岡丈昇　157
石川准　107
石島健太郎　174
石野由香里　145
伊藤亜紗　35, 145, 146
ウィトゲンシュタイン，ルートヴィヒ　53, 349
ウィリス，ポール　96–99
ウィル，マデライン　324
ウィンター，アリソン　330
上野直樹　52, 70
ウェンガー，エティエンヌ　8, 77
ヴォルフェンスベルガー，ヴォルフ　286–290, 303, 305, 324, 325
エスキロール，ジャン・エティエンヌ　279, 283
エスポジト，ロベルト　300
遠藤俊子　90
岡真理　127
岡田敬司　82
重田園江　293
オルポート，ゴードン　233, 235, 236, 332

か行

カサヴェテス，ジョン　275
苅谷剛彦　106
カーリン，アイザック　281, 282
川田隆一　227
カンギレム，ジョルジュ　292–296, 301, 305
カント，イマヌエル　262, 263
キーツ，ジョン　34
キテイ，エヴァ・フェダー　297–305, 323
金春喜　93
木村祐子　90, 101
キャンベル，スー　264–267, 327
ギリガン，キャロル　298
ギンタス，ハーバート　95, 119
窪島務　90
久保田裕斗　347
熊地需　90
クラーク，アンディ　341
クレンショー，キンバリー　209, 211, 213
グロース，ノーラ・E.　353
ケトレ，アドルフ　293
河野哲也　144, 225
ゴードン，リンダ　279
ゴフマン，アーヴィング　286
ゴルトン，フランシス　293
コールバーグ，ローレンス　31, 43

反学校文化　97
パンジーメディア　310
引き継ぎ　177
人か状況か論争　233
「人－世界－人」という三項関係　186
一人の中にある無限　35
非認知能力　236
病人役割　107
病　理　295
貧　困　94
フェミニズム哲学　264
複感覚性　203
複合感性的構造　72
「普通」　276, 300
不適応　229
文化的環境　242
文化的再生産論　97
平　均　293
保　育　23
包摂的異別処遇　48
歩行訓練士　189
歩行訓練場面　189

ま行

マイノリティ　94, 113
マキャベリアニズム　237
学びの契機　130
マルチモーダル相互行為分析　205
免疫化　300
物　語　253
物語文　254

や行

よい性格　236

ら行

理解の実演　197
理解の主張　197
リフレクション（論）　10, 27, 352
ルビンの盃　2
労働者階級　96
魯　鈍　282

わ行

わるい性格　237

生活形式　53, 68
晴　眼　185
正　常　277, 292
正常化＝規範化　282
精神障害　226, 241
精神遅滞　285
精神薄弱　281
性的虐待　251
正統的周辺参加　8
生　物　294
生物学的規範　294
世　界　148
全国青い芝の会　219
全米遅滞児協会　285
想　起　245
相互行為　187, 287
　介助者間の──　174
想定可能な行為　79
遡及的再記述　250, 261

た行

対人葛藤　24
ダーク・テトラッド　237
ダーク・トライアド　237
他　者　127
　一般化された──　30
　具体的な──　30
多重人格障害　244
脱施設化　286
知的障害　226, 275, 278, 298, 307
知能検査　293
中産階級　96
聴覚経験　192
聴覚障害　353
通　級　88
通常学級への統合　289
通状況的一貫性　232
ディシプリン権力　99
『テルミ』　71
転記記号　208
点　字　69
道具使用　52, 69
当事者　124, 226, 342
　──からの情報発信　307
当事者研究　11
統治性　290
道徳的痴愚　282
道徳判断発達理論　31, 43
ドゥーラ　299
特別支援学級　55, 88
特別支援学校　88
特別な教育的ニーズ　112

な行

ナルシシズム（自己愛傾向）　237
日本の特別支援教育制度の特質　110
ニューカマー　92
人間理解の共感的まなざし　35
認定特別支援学校就学者　114
ネガティブ・ケイパビリティ　34
ノーマライゼーション　286, 303

は行

白　痴　279
パーソナリティ　230
　──の一般因子（GFP）　238
パーソナリティ障害　232
発達障害　89, 101, 226
「発達障害」概念の曖昧さ　100
場のデザイン　171
ハビトゥス　96

経験的知識　262
経時的安定性　232
原学級保障　55
言　語　97
健　康　295
言語化　198
健常主義　183
合理的配慮　66
個人差　229, 293
個人的記憶　265
個人モデル　3, 119, 144
個　性　217
　──の尊重　222
コミュニケーション　50
コミュニティ　8, 51
　──の相互的構成　51

さ行

サイコパシー傾向　237
再生産論　97
再創造論　97
差異のジレンマ　105
サディズム　237
差別選別教育論　106
参　加　8, 49
ジェンダー　209
ジェンダーギャップ指数　213
支援担　56
視覚障害　58, 185
思　考　143
自己エスノグラフィ　10
自己決定　159
事後性　250
自己理解　242
児童虐待　251
社会経済的状況　94
社会情動的能力　236
社会適応　285
社会的規範　296
社会的コンピテンス　73
社会モデル　3, 144
周　縁　248
集合的記憶論　266
守秘義務　172
障害学　124, 342
障害疑似体験　123
障害個性論　218
障害者基本法　5, 47
障害者権利条約　5, 47
障害者差別解消法　213, 276
障害者福祉　286
障害者役割　107
障害特性　230
障害平等研修（DET）　125
状況依存性　203
状況的学習論　51
状況的認知論　186
状況に埋め込まれた学習　51
省察的実践家　27
情　動　129
触覚経験　192
自　立　278, 298
自立生活　159
新自由主義　290
身　体　143
身体化　145
身体障害　226
診断概念　243
心理学モデル　4
スティグマ　278
『ステージ』　309
性　格　230

事項索引

アルファベット

CIL（障害者自立生活センター）　158
DSM　101, 330
IQ テスト　95

あ行

アイデンティティ　66
アイデンティティ形成　118
アイマスク体験　123, 131
アンコンシャス・バイアス　152
医学モデル　3, 119, 144
異　常　277, 283
異常者　283, 296
依　存　278, 298
一貫性論争　233
逸脱的行動　287
イデオロギー　119, 287
意図的行為　258
意味論的感染　256
インクルーシブ教育　47, 111
インクルージョン　82
インターセクショナリティ（交差性）　209

か行

外傷的記憶　245
外傷的経験　245
介助現場　156
介助者手足論　160
介助の失敗　165
概念的変化　250
下位文化　96
解離性障害　244
学　習　8
過去の不確定性　248
学級コミュニティ　54
学校教育法　113
学校的社会化　66
学校文化　96
感覚経験　190
感覚の様式転換　206
感覚モダリティ　188
環　境　294
　──への適応　233
関係的自己　43
間主観性　188
基礎的環境整備　58
規　範　79
教育基本法　223
境界的オブジェクト　66, 72
共　感　127
共通特性　236
共同的記憶　265
虚偽記憶論争　246, 256
車いす体験　123, 133
ケアリング　42
経験学習　129

めに』（共編，ナカニシヤ出版，2016 年），「他人の暮らしに上がりこむ ── 身体障害者の自立生活と介助者の経験」（『理論と動態』*8*, 39-54，2015 年），『介助現場の社会学 ── 身体障害者の自立生活と介助者のリアリティ』（生活書院，2009 年）など

坂井田瑠衣（さかいだ るい）　［第 6 章］
公立はこだて未来大学システム情報科学部准教授
主要著作・論文：『出会いと別れ ── 「あいさつ」をめぐる相互行為論』（分担執筆，ナカニシヤ出版，2021 年），「盲ろう者にマルチモダリティを伝える指点字通訳者のワーク」（共著，『質的心理学研究』*20*(Special), S118-S124，2021 年），『「間合い」とは何か ── 二人称的身体論』（共著，春秋社，2020 年）など

渡邊 芳之（わたなべ よしゆき）　［第 7 章］
帯広畜産大学人間科学研究部門教授
主要著作・論文：『カルドゥッチのパーソナリティ心理学』（共監訳，福村出版，2021 年），『心理学・入門 ── 心理学はこんなに面白い〔改訂版〕』（共著，有斐閣，2019 年），『性格とはなんだったのか ── 心理学と日常概念』（新曜社，2010 年）など

浦 野　茂（うらの しげる）　［第 8 章］
三重県立看護大学看護学部教授
主要著作・論文：『ソーシャル・マジョリティ研究 ── コミュニケーション学の共同創造』（共著，金子書房，2018 年），『概念分析の社会学 2 ── 実践の社会的論理』（共編，ナカニシヤ出版，2016 年），『概念分析の社会学 ── 社会的経験と人間の科学』（共編，ナカニシヤ出版，2009 年）など

渋 谷　亮（しぶや りょう）　［第 9 章］
龍谷大学文学部准教授
主要著作・論文：『すき間の子ども，すき間の支援 ── 一人ひとりの「語り」と経験の可視化』（分担執筆，明石書店，2021 年），「動く世界を生きる ── 多動と注意についての一考察」（『現代思想』*46*(17), 85-94，2018 年），『発達障害の時代とラカン派精神分析 ── 〈開かれ〉としての自閉をめぐって』（分担執筆，晃洋書房，2017 年）など

秋風 千恵（あきかぜ ちえ）　［コラム①］
特定非営利活動法人社会倫理・動態研究所所員
主要著作・論文：「軽度障害者の語りにみるディスアビリティ経験」（『フォーラム現代社会学』*17*, 175-187，2018 年），『軽度障害の社会学 ── 「異化&統合」をめざして』（ハーベスト社，2013 年），「軽度障害者の意味世界」（『ソシオロジ』*52*(3), 53-69，2008 年）など

打浪 文子（うちなみ あやこ）　［コラム②］
立正大学社会福祉学部准教授
主要著作・論文：『災害・感染症対応から学ぶ 子ども・保護者が安心できる園づくり』（分担執筆，ぎょうせい，2022 年），『〈やさしい日本語〉と多文化共生』（分担執筆，ココ出版，2019 年），『知的障害のある人たちと「ことば」──「わかりやすさ」と情報保障・合理的配慮』（生活書院，2018 年）など

執筆者紹介

佐藤 貴宣（さとう たかのり）　　［編者，第 2 章］
立命館大学衣笠総合研究機構専門研究員
主要著作・論文：「インクルージョン実践における［排除］の可能性 ── 全盲児の学級参加をめぐる教師の経験とその論理」（『教育学研究』*86*(2), 287-299, 2019 年），「インクルーシブ教育体制に関する社会学的探究 ── 全盲児の学級参画とメンバーシップの配分実践」（『フォーラム現代社会学』*17*, 188-201，2018 年），「盲学校における日常性の産出と進路配分の画一性 ── 教師たちのリアリティワークにおける述部付与／帰属活動を中心に」（『教育社会学研究』*93*, 27-46, 2013 年）など

栗田 季佳（くりた ときか）　　［編者，序章］
三重大学教育学部准教授
主要著作・論文：「排除しないインクルーシブ教育に向けた教育心理学の課題 ── 障害観と研究者の立場性に着目して」（『教育心理学年報』*59*, 92-106，2020 年），『難聴者と中途失聴者の心理学 ── 聞こえにくさをかかえて生きる』（分担執筆，かもがわ出版，2020 年），『偏見や差別はなぜ起こる？ ── 心理メカニズムの解明と現象の分析』（分担執筆，ちとせプレス，2018 年）など

水津 幸恵（すいづ ちさえ）　　［第 1 章］
三重大学教育学部講師
主要著作・論文：『保育の場における子どもの対人葛藤 ── 人間理解の共感的まなざしの中で』（ミネルヴァ書房, 2020 年），「幼児間のいざこざにおける保育者の介入行動 ── 気持ちを和ませる介入行動に着目して」（共著，『保育学研究』*53*, 273-283，2015 年）など

原田 琢也（はらだ たくや）　　［第 3 章］
金城学院大学人間科学部教授
主要著作・論文：『人権論の教科書』（分担執筆，ミネルヴァ書房，2021 年），『新自由主義的な教育改革と学校文化 ── 大阪の改革に関する批判的教育研究』（共編，明石書店, 2018 年），『アイデンティティと学力に関する研究 ── 「学力大合唱の時代」に向けて，同和教育の現場から』（批評社，2007 年）など

村田 観弥（むらた かんや）　　［第 4 章］
立命館大学産業社会学部准教授
主要著作・論文：『障害支援と関係の教育学 ── 専門性の権力をめぐって』（生活書院, 2018 年），「関係に着目した『発達障害』概念の様相」（『質的心理学研究』*15*(1), 84-103，2016 年），「相互教育における主体形成の関係論的再考 ── 発達支援記録の実践分析研究として」（『生涯学習・社会教育研究ジャーナル』*7*, 59-79, 2013 年）など

前田 拓也（まえだ たくや）　　［第 5 章］
神戸学院大学現代社会学部准教授
主要著作・論文：『最強の社会調査入門 ── これから質的調査をはじめる人のた

点訳，音読，拡大写本の制作について，視覚障害の方の利用に限り，本書の内容の複製を認めます。ただし，営利を目的とする場合は除きます。

本書をご購入いただいた方のうち，視覚障害，肢体不自由などの理由で書字へのアクセスが困難な方に本書のテキストデータを提供いたします。希望される方は以下のとおり，お申し込みください。

・お名前，ご住所，メールアドレスを記載した用紙，本ページ下部の引換券（コピー不可）を同封の上，小社までお送りください。
・メール添付にてお送りいたしますので，必ずメールアドレスをご記入ください。

送付先
〒 157-0062
東京都世田谷区南烏山五丁目 20-9
ハウス・アム・バンホフ 203
ちとせプレス　宛

キリトリ線

引換券
障害理解のリフレクション

障害理解のリフレクション
行為と言葉が描く〈他者〉と共にある世界

2023年3月10日　第1刷発行

編　者　佐藤貴宣
　　　　栗田季佳
発行者　櫻井堂雄
発行所　株式会社ちとせプレス
〒157-0062
東京都世田谷区南烏山5-20-9-203
電話　03-4285-0214
http://chitosepress.com
装　幀　山影麻奈
印刷・製本　中央精版印刷株式会社

ISBN 978-4-908736-30-8　C3036